A. S. DE DONCOURT

LES

[illegible]NDES ENTREPRISES

AU XIXe SIÈCLE

orné de huit gravures

LIBRAIRIE DE J. LEFORT
IMPRIMEUR ÉDITEUR
LILLE | PARIS
[illegible] CHARLES DE MUYSSART [illegible] | RUE DES SAINTS-PÈRES [illegible]

LES

GRANDES ENTREPRISES

AU XIXᴱ SIÈCLE

Grand in-8° 1re série.

« . . . Avec la grâce de Dieu, je commande que la mer reprenne son ancien lit!. . . »

A. S. DE DONCOURT

LES GRANDES ENTREPRISES AU XIXe SIÈCLE

orné de huit gravures

LIBRAIRIE DE J. LEFORT

IMPRIMEUR ÉDITEUR

LILLE
RUE CHARLES DE MUYSSART, 24

PARIS
RUE DES SAINTS-PÈRES, 30

1878

INTRODUCTION

I

Un simple coup d'œil jeté sur l'histoire de l'humanité depuis ses origines jusqu'à nos jours, démontre clairement que chaque époque a un caractère qui lui est propre; une passion dominante, si l'on peut ainsi parler, surgit tout à coup, et, s'étendant de proche en proche, s'empare des esprits, exalte les imaginations et entraîne, dans une même voie, les nations aussi bien que les individus.

C'est ainsi qu'après avoir admiré l'élan généreux qui, pendant une longue période, fait converger tous les désirs, tous les vœux vers la délivrance de la Terre-Sainte, on voit au XVe et au XVIe siècles la soif de l'or et des richesses, le goût des expéditions aventureuses, l'espoir d'acquérir quelque célébrité en attachant son nom à la gloire de découvertes de terres nouvelles, ou à l'honneur de faire connaître quelque île ou quelques nations jusqu'alors ignorées, animer les premiers navigateurs et faire encore battre le cœur de ceux qui plus tard, en entrant dans cette carrière périlleuse, ne devaient avoir que la pénible tâche de glaner dans des régions où leurs devanciers avaient fait une si ample moisson...

Mais, lorsque, le globe étant connu dans ses masses principales, les voyageurs ont dû renoncer à étonner par la grandeur de leurs découvertes, la curiosité, l'enthousiasme ont dû se déplacer, et comme l'ardeur des découvertes ne s'était pas calmée, elle s'est portée vers un autre ordre d'observations et d'études : c'est à la science que l'on a demandé les conquêtes que le globe terrestre ne permettait plus d'espérer.

Les navigateurs eux-mêmes n'ont plus, dans les expéditions qu'ils entreprennent, les mêmes aspirations, le même but; ils cherchent bien moins à signaler quelque terre oubliée ou dédaignée « qu'à revenir sur les détails déjà donnés; ils apportent tous leurs soins à *éclaircir* la science géographique plutôt qu'à l'augmenter et, renonçant à étonner par la grandeur de leurs découvertes, ils s'appliquent à se faire remarquer par l'exactitude de leurs travaux, par l'attention minutieuse qu'ils apportent dans leurs observations. »

« Cette tâche, disions-nous ailleurs (1), est plus utile que brillante; elle ne peut être célèbre comme les entreprises de ces fameux navigateurs dont le nom se perpétue avec la terre qu'ils ont montrée aux autres hommes; mais, qui le croirait? avec moins d'éclat elle offre plus de difficultés.

» On pouvait autrefois reconnaître l'existence d'une île et en tracer le contour sans qu'il fût nécessaire de s'approcher beaucoup au delà du point choisi pour le mouillage; on doit aujourd'hui pénétrer en quelque sorte

(1) *Les Fastes de la marine. — Marine marchande. — Découvertes. — Explorations scientifiques.*

dans les moindres enfoncements, reconnaître les récifs, sonder toutes les passes; et l'on conçoit que cette obligation devient d'autant plus périlleuse qu'on est plus dépourvu de ressources en cas d'accidents ou plus éloigné des pays civilisés. »

Ainsi dépouillés du prestige aventureux qui frappait l'imagination et des avantages matériels qui séduisaient les esprits positifs, les voyages d'exploration, sauf en ce qui concerne les expéditions polaires ou celles qui ont l'Afrique-Centrale pour but, ont pris un caractère purement scientifique ou politique qui n'offre au public qu'un intérêt secondaire.

II

Le courant ouvert par les premiers voyages de découvertes, ayant dû se déplacer, s'est naturellement porté vers les mystères de la science. Il y avait là un vaste champ à exploiter, et les esprits curieux et investigateurs ne lui ont pas fait défaut.

Grâce à ces efforts, la chimie qui, chez les anciens Egyptiens, avait reçu le nom d'art sacré, mais qui jusqu'à nos jours était demeurée à l'état d'enfance, « se constitue comme science, » et reçoit bientôt dans les arts industriels des applications inattendues et vraiment merveilleuses.

Une autre branche des sciences, la physique, sortie de ses langes au XVIIe siècle seulement, prend un développement non moins prodigieux. Des agents nouveaux, des forces naturelles jusque-là ignorées, viennent, serviteurs dociles, se mettre à la disposition de l'homme.

Enfin la mécanique, aidée et stimulée par les découvertes faites en chimie et en physique, entre dans une phase nouvelle, et ainsi « se trouvent en quelque sorte transformées les conditions de l'existence humaine. »

C'est ici surtout que se multiplient les découvertes, les améliorations, les modifications, de telle sorte que « l'art de construire les machines a dû se spécialiser dans chacune des branches de l'industrie manufacturière..... Le genre d'outils, le mode d'exécution qui convient à l'une de ces branches, ne saurait jamais s'approprier complétement aux besoins d'aucune des autres, quelle que soit, en apparence, l'affinité qui existe entre elles; » le constructeur est donc amené, de modification en modification, à des perfectionnements dont chacun profite sans que personne puisse, à proprement parler, en réclamer l'honneur.

« Les inventions en mécanique, en effet, sont plus encore que dans les autres sciences le résultat d'efforts successifs et l'effet d'améliorations que la pratique de chaque jour introduit dans les procédés ; de là, le plus souvent, la grande difficulté de connaître le véritable inventeur..... Souvent d'ailleurs l'existence de cet inventeur, utile, mais modeste et ignorée, se poursuit dans l'ombre d'un de ces ateliers, où, suivant une parole restée célèbre, « il y a parfois plus de science réelle que dans mainte académie. »

Qui donc donnerait de la notoriété à son nom, à lui-même, tant lui semble simple et naturelle la modification qu'il a apportée à l'œuvre de ses devanciers, modification si heureuse cependant qu'elle constitue une véritable invention; lui-même, disons-nous, ne se rend pas compte du mérite réel de son œuvre. Il a doté l'industrie d'un trésor nouveau, et il ne croit avoir travaillé que pour lui, pour la réputation de son usine, peut-être pour l'avancement de sa fortune.

III

Arrêtons-nous un instant sur les services ainsi rendus à la science par des hommes dont le savoir toujours plus que modeste est quelquefois presque entièrement nul, mais chez lesquels l'intelligence, l'esprit d'observation, la justesse de coup d'œil suppléent si merveilleusement à l'instruction qui leur a manqué. Après avoir rendu hommage aux efforts, aux succès de ces hommes vraiment utiles, jetons un rapide coup d'œil sur ce que, dans toutes ses branches, l'industrie doit à une autre classe d'inventeurs auxquels un savant appréciateur des choses de l'industrie consacre les lignes suivantes :

« Beaucoup de nos grandes découvertes sont dues à cette classe d'infatigables chercheurs qui, sans trop de connaissances techniques, avec un bagage scientifique des plus minces, s'en vont, loin des chemins courus, par monts et par vaux, cherchant l'impossible, appelant l'imprévu....

» La race des demi-savants est trop dédaignée; il est peut-être bon de n'en pas trop médire. Les demi-savants, en effet, font peu de mal à la science et, de loin en loin, ils ont des trouvailles inespérées. Précisément parce qu'ils sont malhabiles à apprécier d'avance les éléments infinis d'un fait scientifique, ils se jettent du premier coup tout au travers des difficultés les plus ardues ; ils touchent intrépidement aux questions les plus élevées et les plus graves, comme un enfant insouciant et curieux touche, en se jouant, aux ressorts d'une machine immense, et parfois ils arrivent ainsi à des résultats si étranges, à de si prodigieuses inventions, que les véritables savants en restent eux-mêmes confondus d'admiration et de surprise.

» Ce n'est pas un savant qui a découvert la boussole, c'est un bourgeois du royaume de Naples; ce n'est pas un savant qui a découvert le télescope, ce sont deux enfants qui jouaient dans la boutique d'un lunettier de Midlebourg; ce n'est pas un savant qui a découvert les applications de la vapeur, c'est un ouvrier; ce n'est pas un savant qui a trouvé la vaccine, ce sont les bergers du Languedoc; ce n'est pas un savant qui a imaginé la lithographie, c'est un chanteur du théâtre de Munich; ce n'est pas un savant qui a imaginé les aérostats, c'est une femme, Mme Montgolfier, un jour qu'elle s'avisa de faire sécher son jupon sur un panier; ce n'est pas un savant qui a découvert le galvanisme, c'est un médecin de Bologne, qui, en traversant sa cuisine, s'arrêta devant sa ménagère occupée à préparer un bouillon de grenouilles. Il est donc prudent de ménager un peu cette race utile des demi-savants (1). »

Il faut, ce nous semble, plus que la ménager, il faut

(1) M. Louis Figuier. — *Revue des deux Mondes.*

l'encourager en lui recommandant toutefois de se défier de l'infatuation orgueilleuse que « la demi-science » développe trop souvent chez celui qui la possède.

IV

Les découvertes faites en chimie et en physique, les inventions, grâce auxquelles la mécanique devenait en quelque sorte un art nouveau (1), devaient entraîner nécessairement à leur suite, une véritable révolution dans les arts et dans l'industrie.

Aussi le XIXe siècle « recevra-t-il dans l'histoire le titre de siècle de l'application par excellence. Jamais à aucune autre époque, les principes scientifiques n'ont obtenu des développements aussi gigantesques : application de la vapeur à la locomotion sur terre et sur mer, application de l'électricité à la transmission de la pensée ; application de la lumière à la reproduction instantanée des images, application des lois économiques aux rapports commerciaux des peuples..... Quels sujets d'orgueil, si l'humanité pouvait jamais oublier que la grande science doit enseigner la grande modestie.

» Comment, en effet, le génie de l'homme ne reste-

(1) Le souvenir des monuments de l'Egypte, de la Grèce et de Rome, fait attribuer généralement aux procédés mécaniques des anciens, une idée de supériorité et de prépondérance sur notre mécanique moderne, qui est loin d'être aussi fondée qu'on pourrait le croire. Il faut, en effet, tenir compte de la lenteur des moyens employés et de l'énorme dépense de force humaine qu'exigeaient ces appareils pour leur fonctionnement. Les machines jouaient alors un rôle inerte et passif; aujourd'hui, nos applications mécaniques sont essentiellement actives et réduisent l'homme au rôle de simple spectateur de leurs ingénieuses et puissantes évolutions. (*Biographie des grands inventeurs dans les sciences, les arts et l'industrie.*)

rait-il pas confondu devant le suprême Créateur de ces féconds agents naturels, dont il s'approprie la vertu, sans pouvoir en expliquer l'origine (1).... »

Ces applications si multipliées et si diverses des découvertes de la science moderne, ont inspiré ou tout au moins facilité l'exécution des merveilles dont nous allons entretenir nos lecteurs. Il était donc de toute justice qu'avant d'aborder notre sujet proprement dit, nous jetions un coup d'œil sur l'origine et la marche des moyens que tout à l'heure nous allons voir mettre en œuvre.

Les grandes découvertes et les grandes entreprises étant le caractère distinctif de notre siècle, il serait difficile de les isoler complétement, alors même que les unes ne seraient pas le résultat nécessaire des autres; alors même que dans les progrès de la science, on ne devrait pas chercher l'activité prodigieuse qu'on apporte à notre époque, à entreprendre et à mener à bonne fin, les œuvres qui, il y a un demi-siècle à peine, eussent semblé impossibles.

C'est qu'avec plus de moyens d'action non-seulement on fait mieux et « plus grand, » mais on est entraîné à faire toujours davantage. Par contre-coup, chaque entreprise considérable, en nécessitant un développement des inventions précédentes, provoque d'incessants progrès dans les constructions des machines-outils; — témoin le canal de Suez et le percement du Mont-Cenis.

Ces améliorations successives, cet accroissement dans

(1) *Biographie des grands inventeurs dans les sciences, les arts et l'industrie*, par Ch. Beaufrand et G. Desclosières.

la puissance de la mécanique permettant de songer à la réalisation de travaux plus gigantesques encore que ceux qui ont été exécutés, on se demande où s'arrêtera l'industrie humaine....

On se le demande avec d'autant plus de raison, que, dans sa marche ascendante, l'audace industrieuse de l'homme arrive à des résultats incomparablement supérieurs et rencontre de moins en moins de difficultés. Quelle comparaison par exemple pourrait-on établir entre le percement du tunnel de la Tamise (1825 à 1842) et celui qui, en préparation en ce moment, mettra en communication la France et l'Angleterre en traversant la Manche ?

Certes, l'un pourra sembler un jeu d'enfant comparé à l'autre, et cependant la nouvelle entreprise ne rencontrera assurément ni les lenteurs ni les obstacles qui ont placé la première au rang des merveilles de l'industrie moderne.

V

Si nous voulions seulement mentionner toutes les entreprises remarquables inscrites depuis le commencement de notre siècle au bilan de la France, les pages de ce volume n'y suffiraient pas.

Mais notre cadre est plus étroit. Nous n'entendons raconter que celles de ces entreprises qui font époque dans les annales de l'art ou de l'industrie; celles qui ont un caractère spécial d'utilité, non-seulement pour une ville ou un pays, mais pour le progrès de la civilisation soit à notre époque, soit dans les siècles à venir; celles qui, dans leur exécution, ont réuni la grandeur d'intelligence de l'homme qui en avait conçu le plan et préparé les moyens, à l'énergie, à la persévérance de ceux qui les ont exécutées.

On ne s'étonnera donc pas de nous voir passer sous silence ces transformations merveilleuses opérées dans nos cités au multiple point de vue des voies de communication, de l'architecture, de la salubrité, de l'éclairage, des plantations d'arbres parvenus déjà à un développement qui permet de créer des ombrages en quelque sorte instantanés, des établissements publics, etc., etc.

On comprendra que nous ne parlions pas davantage de ces réseaux de routes sillonnant aujourd'hui les parties les plus négligées, les plus désertes naguère de notre territoire, et y apportant le mouvement, la vie, la richesse...; de ces gigantesques travaux de canalisation et de barrages qui, d'une part, ont si grandement facilité notre navigation fluviale et, d'autre part, ont doté nos campagnes de moyens puissants d'irrigation, — moyens dont les avantages ne sont encore ni assez appréciés, ni surtout assez utilisés, mais qui, dans un temps prochain, seront appelés à décupler la richesse productive de certains de nos départements....

Nous ne décrirons pas ces conduits souterrains qui circulent sous nos grandes villes pour recevoir et emporter loin d'elles ces détritus de toutes sortes qui, il y a si peu d'années encore, coulaient dans les ruisseaux de nos rues d'où s'élevaient leurs miasmes corrompus et où, trop souvent, séjournait leur limon pestilentiel.

Certes, et pour ne parler que de Paris, ce n'est pas une des entreprises les moins remarquables, une des curiosités les moins étonnantes que ce réseau de conduits aboutissant à une large voie souterraine, dite égoût collecteur, dans laquelle on peut, selon les circonstances, circuler en voiture, en chemin de fer, en bateau. Cette puissante artère, qui est tout à la fois tunnel et canal et où affluent toutes les eaux ménagères, tous les détritus de la grande cité, va se dégager dans la Seine, en aval de la grande cité, et de manière à ce que l'eau reçoive et charrie la masse de corruption qui lui est confiée sans que les habitants de ses rives aient à en souffrir (1).

VI

Dans un autre ordre de faits, n'est-ce pas une entreprise digne d'illustrer une époque que ce vaste système de canalisation à fleur de terre qui, sous le nom de *drainage*, assainit les sols marécageux, rend à la culture des terrains improductifs et permet l'introduction de cultures nouvelles et avantageuses dans des terres qui, autrefois, n'auraient pu les recevoir. Si l'on tient compte de la triple influence exercée par le drainage : « Assainissement, aération et échauffement du sol, »

(1) Il est question, paraît-il, de créer un canal spécial qui recevrait les eaux et les immondices de l'égoût collecteur, et les apporterait à la mer, de manière à ce que, au moyen de saignées, les agriculteurs, dont les terres seraient sur son parcours pussent prendre et utiliser, pour fertiliser leurs champs, ces eaux qui seraient en même temps un engrais et un arrosement.

on comprend quelle source de richesse peut en découler pour nos populations agricoles.

Encore n'est-ce pas là le seul avantage que la plupart du temps il y ait à en retirer. En effet, toutes les fois qu'il est possible d'employer les eaux surabondantes du sol écoulées par les drains (1), à l'arrosage des terres en culture situées à un niveau inférieur, ces terres profitent des substances nutritives entraînées en solution dans les liquides filtrés au travers des couches de terre végétale et des argiles du sous-sol.... La pensée de cette utile application accessoire du drainage — ainsi que la première idée du drainage lui-même, — remonte au temps d'Ollivier de Serres qui l'exprima en termes précis et formels, alors que le nom du drainage moderne n'était pas inventé, et qu'on y suppléait incomplétement à l'aide de fossés d'écoulement empierrés ou maintenus par des fascines allignées au fond des rigoles et recouvertes de terre.

Disons, en passant, que le premier essai, en France, du drainage tubulaire, eut lieu vers 1845 sur une propriété appartenant à M. Lupin, dans le département du Cher. Mais cette innovation que l'on devait à l'Angleterre n'ayant pas eu les résultats qu'on en attendait, une commission, présidée par le savant chimiste M. Payen, fut envoyée vers 1850 en Angleterre pour y étudier les procédés en usage dans les fermes et les usines de la

(1) On appelle *drains*, le réseau de fossés de diverses grandeurs destinés à l'écoulement des eaux. Les plus petits de ces fossés sont appelés *petits drains;* ceux qui reçoivent directement les eaux des petits drains sont nommés *collecteurs de premier ordre;* ceux qui reçoivent les eaux des collecteurs de premier ordre, sont nommés *collecteurs de deuxième ordre*, etc. Les tuyaux sont placés dans les drains.

Grande-Bretagne.... En aucun pays, la nature du sol n'aurait pu mieux faire ressortir les avantages du drainage ; nulle part non plus le génie particulier qui incline les habitants des campagnes à comprendre et à développer tout ce qui peut ajouter à la valeur du sol et augmenter le rendement des terres, n'aurait fourni à l'observation des membres de la commission, des procédés mieux imaginés et des résultats plus prompts.

Ces procédés, tant pour la fabrication des drains que pour leur pose, furent soigneusement étudiés par M. Payen qui, après les avoir encore améliorés, les introduisit en France.

On en fit les premiers essais à la ferme-école de Grignon. De là, le drainage a passé dans la pratique où il tend heureusement à se généraliser.

Et si, à la suite de ces quelques détails, le lecteur a la curiosité de nous demander quelles sont les terres qui réclament le drainage, nous leur répondrons avec M. Barral :

« Partout où, quelques heures après une pluie, on aperçoit de l'eau qui a séjourné dans les sillons; partout où la terre est forte, grasse, où elle s'attache aux souliers, où le pied soit des hommes, soit des chevaux, laisse après le passage des cavités dans lesquelles l'eau demeure comme dans de petites citernes; partout où le bétail ne peut pénétrer après un temps pluvieux sans s'enfoncer dans une sorte de boue; partout où le soleil forme sur la terre une croûte dure, légèrement fendillée, resserrant comme dans un étau les racines des plantes; partout où l'on voit des dépressions de terrain notablement plus humides que le reste des pièces trois ou quatre jours après la pluie; partout où un bâton, enfoncé dans le sol à une profondeur de quarante à cinquante centimètres, forme un trou qui ressemble à une sorte de puits, au fond duquel l'eau stagnante s'aperçoit, on peut affirmer que le drainage produira de bons effets. »

Pour nous résumer : dégagement des eaux souterraines, aération du sol, élévation de la température moyenne et assainissement des localités humides, résultats directs qui ont eux-mêmes pour conséquence de favoriser la végétation des plantes, d'accroître et d'améliorer les récoltes tout en les rendant plus hâtives, de préparer le sol à recevoir de riches engrais et des irrigations fécondantes, tels sont les principaux effets de cette importante entreprise du drainage qu'on ne saurait trop encourager, non plus que cette science également nouvelle des assolements, c'est-à-dire de l'appropriation sage et raisonnée du terrain aux différentes cultures, grâce à laquelle on transforme en terres fécondes des landes jusqu'alors stériles : on arrête ici un empiétement des sables; là ceux des flots de l'Océan; plus loin on introduit de précieuses cultures exotiques, et par suite on acclimate des races et des espèces nouvelles d'animaux domestiques ou de produit.

Qui pourrait contester que ce ne soient là des entreprises d'un ordre supérieur et d'une très-grande importance pour le progrès agricole d'un pays?

VIII

Dans les arts industriels, la passion des entreprises ne s'est pas manifestée avec moins de puissance.

L'introduction de la vapeur dans les usines, repoussée d'abord par les ouvriers qui croyaient y voir une redoutable concurrence pour la main d'œuvre, bien loin de nuire aux intérêts des classes laborieuses a, au contraire, par suite de l'accroissement de la production, décuplé le nombre des ouvriers employés par les diverses industries.

Les usines qui font vivre des centaines de familles ne sont plus rares en France, et la masse de produits qu'elles jettent dans la circulation, alimente dans les deux hémisphères un commerce considérable.

Ce commerce lui-même, au lieu d'être, comme par le passé, divisé en une multitude de genres distincts qu'exploitaient séparément une infinité de familles ou même d'individus isolés, est généralement aux mains de grandes sociétés qui groupent, dans un colossal ensemble, tous les objets relatifs à un ordre de consommation et, opérant par millions, employent, comme les usines, des centaines de travailleurs.

Ces grandes maisons de commerce, basées pour la plupart sur le système de la commandite ou de l'association, que sont-elles sinon d'immenses entreprises dont nos pères n'avaient pas même l'idée.

Si nous interrogeons la vie sociale telle qu'elle tend

à s'organiser autour de nous, nous y verrons poindre et grandir ce besoin, cette passion d'établir en commun sur la plus vaste échelle possible, des centres puissants d'action : efforts collectifs des travailleurs, sociétés coopératives de consommation, caisses de secours ou d'assurances; qu'est-ce que tout cela sinon des entreprises dans lesquelles cherchent à se grouper et à se confondre les intérêts matériels et moraux des populations.

Ainsi entreprises administratives ou communales, entreprises agricoles, entreprises industrielles et commerciales, entreprises populaires sont établies, fonctionnent et tendent à se multiplier, de toute part, autour de nous.

Nous avons dit à quel ordre d'idées et de faits appartiennent celles qui vont trouver place dans les pages de ce livre.

LES

GRANDES ENTREPRISES

AU XIXe SIÈCLE

I

Le premier pont suspendu en France.

I

Tout le monde maintenant connaît en France sinon les ponts suspendus eux-mêmes, du moins le système de câbles ou de chaînes de fer tendus d'une rive à l'autre, d'après lequel ils sont construits, et auquel ils doivent leur nom.

Ils se sont, si l'on peut ainsi parler, si bien acclimatés chez nous; ils s'y sont multipliés de telle sorte, que grand est l'étonnement des nouvelles générations, quand on leur apprend que leur introduction en France ne remonte guère au delà d'un demi-siècle, et qu'elle est due à un ingénieur célèbre, mort l'an dernier seulement.

2

« Les avantages de ces ponts, dit un écrivain compétent (1), sont leur position indépendante du lit des fleuves et de l'impétuosité des torrents, au-dessus desquels il ne serait pas possible d'établir des piles en pierre; la facilité, la promptitude et l'économie de leur construction; enfin leur hardiesse, leur légèreté et leur élégance.

» Tandis que, dans les ponts fixes, la largeur des arches n'a jamais dépassé 60 mètres lorsque la voûte est en pierre, 73 mètres quand elle est en fer, et 119 mètres quand on emploie seulement le bois, la portée des arches des ponts suspendus peut atteindre jusqu'à 500 mètres. Ils franchissent les vallées les plus profondes et relient entre eux les faîtes les plus escarpés. D'autant plus solides et moins dangereux que leur portée est plus grande, ils deviennent, par la grâce et la légèreté et leurs courbes, l'ornement architectural des abîmes (2). »

Nous sommes redevables de leur invention à l'Asie; on en trouve de très-remarquables spécimens au Thibet et en Chine où on leur donne le nom pittoresque de *ponts-volants* (3). Il est probable que les missionnaires envoyés en Chine au commencement de notre siècle, de retour, en ont donné la description à nos ingénieurs et

(1) M. Louis Figuier.

(2) *Les Grandes Inventions anciennes et modernes.*

(3) Ces ponts sont souvent si élevés qu'on ne peut s'aventurer à les traverser sans émotion. Les voyageurs en citent un entre autres, dans la province de Shenise (Chine), qui s'étend d'une montagne à l'autre, sur une longueur de 133 mètres dans le vide. Du tablier à la surface des eaux, dans le précipice, on compte 166 mètres. Il est assez large pour que quatre hommes à cheval puissent y marcher de front. Des balustrades solides et élégantes sont placées de chaque côté.

ont été ainsi la cause première de leur introduction en Europe.

Quoi qu'il en soit, des ingénieurs anglais, qui avaient vu celui construit en Amérique par M. Findlen, les introduisirent dans leur pays qui vit presque simultanément s'en élever plusieurs sur divers points de son territoire.

Ces constructions étaient récentes, et en France on n'avait encore rien fait en ce genre, lorsqu'un jeune et habile ingénieur, neveu des frères Montgolfier, si justement célèbres, non-seulement dans l'industrie du papier, mais encore et parmi les grands inventeurs, M. Seguin d'Annonay, qui devait lui-même prendre un rang distingué dans la science de la mécanique, fit un premier essai dans sa ville natale. Le succès de ce pont, qui n'était destiné qu'aux piétons, encouragea le jeune constructeur qui, aidé de ses frères, en entreprit un nouveau sur le Rhône, entre Tain et Tournon, et celui-là propre à la circulation des voitures les plus lourdement chargées.

Cette entreprise, non-seulement dota la France d'une industrie nouvelle, mais encore, en permettant à ce savant ingénieur d'expérimenter la résistance du fer, elle rendit un service signalé à la science et à l'industrie.

Le pont de Tournon, qui a été le modèle et le point de départ des nombreuses constructions analogues que possède la France, est surpassé en dimension par beaucoup d'entre elles et notamment par les ponts de Cubzac (1)

(1) Le pont de Cubzac, supporté par des colonnes de fonte, a cinq travées et mesure 500 mètres de longueur. Les plus forts bâtiments à voiles passent aisément dessous.

et de Rouen (1), jetés, le premier, presque à l'embouchure de la Gironde, le second, presque à l'embouchure de la Seine, c'est-à-dire sur la plus grande largeur qu'atteignent ces deux fleuves.

Ces deux magnifiques travaux d'art n'ont que deux rivaux en Europe : le pont de Fribourg en Suisse, qui, jeté sur une profonde vallée avec ses chaînes amarrées dans le roc, n'a qu'une seule travée mesurant 265 mètres de longueur, et le pont de Menay en Angleterre qui est formé de trois travées élevées de trente mètres au-dessus de la mer.

Mais quelque admirables, on pourrait presque dire quelque merveilleux qu'ils soient, ces ponts gigantesques sont tous dépassés par celui qui, en 1859, a été jeté en Amérique, sur le Niagara, à quelque distance des chutes célèbres de ce grand fleuve (2).

II

Le mode de construction des ponts suspendus, doit nous arrêter quelques instants, et c'est à un auteur qui nous a déjà servi de guide en plusieurs de nos récits, à M. Louis Figuier, que nous en demanderons les détails techniques.

(1) « Le pont de Rouen possède une arche très-élevée placée au milieu de la Seine. On la franchit à l'aide d'un pont-levis qu'on soulève lors du passage des navires. »

(2) Ce pont qui relie les deux rives du Niagara en un endroit où la rapidité et la force du courant ne permettraient ni la construction d'un pont ordinaire, ni même l'établissement d'un bac, et où le fleuve peut à peine être franchi par les pirogues légères et habilement manœuvrées des Indiens, est à deux étages, dont l'un supporte la voie du chemin de fer et l'autre donne passage aux voitures et aux piétons.

PONT SUSPENDU DE FRIBOURG

« Les câbles qui doivent servir à supporter le tablier d'un pont suspendu, sont tendus d'un bord à l'autre du cours d'eau qu'il s'agit de franchir. Ils sont formés de fils de fer ayant tous la même longueur, non tordus ensemble, mais juxta-posés parallèlement et reliés de distance en distance à l'aide de fils recuits qu'on nomme *ligatures* (1). »

Ces fils doivent être tendus d'une manière égale, afin d'éviter les ruptures partielles qui, en se produisant, si un petit nombre seulement supportaient l'effort calculé pour leur ensemble, compromettraient la solidité de l'ensemble.

Pour la fabrication de ces câbles — fabrication très-facile et relativement peu coûteuse, — on fait subir au fil de fer une préparation spéciale; cette préparation consiste en un bain d'huile et de litharge dans laquelle on fait bouillir le fil de fer.

Le câble, étant préparé et posé, reçoit une couche de peinture à l'huile qui empêche l'oxydation.

« Plus la courbure du câble est oblique par rapport au sol, moins l'effort qu'ils ont à supporter est considérable. » De là le soin que l'on prend de leur donner la plus grande courbure possible, en élevant très-haut les massifs qui leur servent de point d'appui, ces massifs sont ou des colonnes de fonte ou des piles de maçonnerie.

Le tablier se compose de traverses reliées aux deux

(1) En Angleterre, au lieu de câbles, on emploie généralement des chaînes formées de barres de fer forgées, reliées entre elles par des boulons. L'usage de ces chaînes tend à s'introduire en France pour les ponts d'une grande longueur.

bouts par les tiges de suspension (1) et reliées entre elles par des longuerines formant trottoir.

Sur la partie du milieu, c'est-à-dire sur la chaussée du pont, les traverses reçoivent un plancher formé de forts madriers fixés dans le sens perpendiculaire aux leurs, et de planches épaisses clouées sur les madriers en travers du pont.

Le plancher des trottoirs est fait au moyen de planches clouées à un bout sur les longuerines placées au bord des traverses, et à l'autre bout, sur les longuerines qui bordent la chaussée.

Rien, on le voit, de mieux imaginé et de plus simple que ce mode de construction, dont la seule difficulté consiste à asseoir solidement les colonnes de soutien et à calculer bien exactement la force de résistance des câbles (2).

Du reste, un pont suspendu n'est jamais livré à la circulation sans avoir été soumis à une épreuve préalable, et cette épreuve doit être faite non en vue du poids habituel qu'on suppose que le pont aura à supporter, mais en vue « d'une charge calculée de manière à dépasser de beaucoup celle qu'ils supporteraient s'ils étaient couverts d'hommes se coudoyant les uns les autres. »

(1) Les câbles attachés à la cime de la colonne d'appui, redescendent en arrière et sont fixés définitivement dans des chambres souterraines.

(2) On exige en effet, ajoute M. Louis Figuier, qu'un pont suspendu puisse soutenir pendant vingt-quatre heures la charge de 200 kilog., par mètre de surface; or des hommes en se coudoyant n'y produiraient en moyenne qu'une charge de 70 kilog., et l'ouragan le plus furieux ne produirait pas plus d'effet qu'une charge de 68 kilog.

III

Après avoir parlé de l'œuvre, parlons de celui qui, le premier, l'a conçue et exécutée en France. Mort récemment, M. Seguin n'a eu encore sa vie racontée que dans bien peu de recueils biographiques. A part quelques mentions faites à propos des ponts suspendus et des machines à vapeur, son nom ne figure guère, croyons-nous, que dans le *Dictionnaire des contemporains.*

Ce nom, cependant, mérite à tous égards d'être popularisé. Il s'attache aux plus grandes conquêtes préparées par la science et accomplies par l'industrie moderne et ce qui, non moins honorable, n'est pas surtout d'un moins bon exemple, il évoque des souvenirs de travail et de patriotisme, de services rendus et de vertus privées qu'on ne saurait trop mettre en lumière.

Le nom de Marc Seguin vient d'être mis en regard de ceux des hommes les plus marquants dans l'histoire de la science appliquée à l'industrie.

« Moins brillante peut-être que celle de Georges Stephenson, la carrière du célèbre ingénieur français, dit M. Figuier, n'a pas été moins utile.

» Né à Annonay (Ardèche) en 1786, Marc Seguin trouva dans son oncle Montgolfier, l'inventeur des aérostats, le meilleur et le plus dévoué des maîtres. »

Dès l'année 1820, le jeune ingénieur se distinguait, ainsi que nous l'avons dit plus haut, par la construction du pont suspendu de Tournon.

Cinq ans plus tard, de concert avec ses frères et avec

son cousin, le fils de Montgolfier, il faisait les premières tentatives de navigation à vapeur sur le Rhône, et obtenait la concession du chemin de fer de Saint-Etienne à Lyon, premier essai qui ait été fait en France de l'application de la vapeur à la locomotion.

Déjà appelé à étudier une locomotive Stephenson, achetée en Angleterre pour servir de modèle aux constructeurs français, il avait reconnu que le défaut de vitesse de cette locomotive résultait d'un vice dans la forme de la chaudière.

M. Seguin donna une solution des plus extraordinaires et des plus brillantes au problème du perfectionnement de la locomotive, en corrigeant le défaut qu'il avait tout d'abord reconnu et signalé, lequel consistait dans l'insuffisance de la surface de la chaudière mise en communication avec le foyer.

Il imagina la chaudière tubulaire dont nous n'avons pas à faire ici la description, et pour laquelle il prit un brevet d'invention en 1828.

Cette chaudière, appliquée en même temps sur le Rhône et sur la voie ferrée de Lyon à Saint-Etienne, dépassa les espérances de Seguin lui-même.

Il est vrai que « nos bons voisins les Anglais, qui veulent accaparer à leur profit toute invention et toute gloire, se sont plus d'une fois hasardés à attribuer l'importante invention des chaudières tubulaires à M. Booth, secrétaire de la Compagnie du chemin de fer de Manchester à Liverpool. Mais cette prétention, qui n'est appuyée sur aucune preuve, ne mérite pas d'être réfutée. »

C'est bien Marc Seguin qui, « en mettant le foyer là où l'on avait songé à placer le liquide, et l'eau à l'endroit où devait se trouver le combustible, a le premier résolu le problème pratique dont dépendait l'existence et la possibilité des locomotives à grande vitesse.

» Il n'a jamais réclamé l'invention des chaudières tubulaires *en général*, puisqu'elles étaient déjà connues et désignées en physique sous le nom de *chaudières de Perkins*, mais il les a transformées de manière à leur donner une puissance inouïe.

» Ce serait donc porter atteinte à l'une de nos gloires nationales, que de disputer au vénérable doyen de l'industrie française, l'invention de la véritable chaudière tubulaire, de la *chaudière* dite à *tubes à feu*.

» L'exécution du chemin de fer de Saint-Etienne présentait de grandes difficultés. Seguin ne recula pas devant les travaux que nécessitait le tracé de ce chemin, qui fut considéré comme défectueux par beaucoup d'ingénieurs de cette époque, mais qui excita toute l'admiration des deux Stephenson.

» En 1842, Marc Seguin était élu correspondant de la section de mécanique de l'académie des sciences de Paris. En 1867, il était nommé officier de la légion d'honneur. Justement honoré, riche et entouré d'une belle et nombreuse famille, il vit paisiblement dans sa retraite d'Annonay, où, malgré ses quatre-vingts ans, il continue à étudier avec ardeur une nouvelle machine qui fonctionnerait toujours avec la même vapeur à laquelle on restituerait à chaque coup de piston, la chaleur dispensée pour produire son effet mécanique. »

Depuis que M. Figuier a écrit ces lignes (1), le savant ingénieur auquel elles sont consacrées, après avoir poursuivi pendant sept années encore ses travaux, a été enlevé au monde savant et industriel.

M. Marc Seguin est mort entre les bras de ses enfants, le 24 février 1875, laissant, en plus de la célébrité attachée à son nom, le souvenir des qualités privées et publiques qui constituent l'*homme de bien* dans la plus large acception de ce mot.

(1) *Les Merveilles de la science*, tome I. 1867.

II

Le tunnel de la Tamise.

I

Ainsi que nous en aurons d'ailleurs plusieurs fois l'occasion, dans les pages qui vont suivre, nous prions nos lecteurs de nous permettre de les conduire sur une terre étrangère.

— Pourquoi, nous demandera-t-on peut-être, placer ainsi dans un volume destiné à populariser les grandes entreprises tentées et exécutées au XIXe siècle par le génie et l'industrie de la France, une œuvre qui ne nous appartient pas ?

— Parce que cette œuvre, bien que réalisée sur un sol étranger, par des ouvriers étrangers, n'en est pas moins une conquête due à l'initiative française.

C'est à un Français, en effet, que la première pensée en est venue, c'est lui qui a eu l'honneur de la préparer et la gloire de la réaliser. La revendiquer à notre profit, la faire entrer dans le bilan des services rendus à l'humanité, des progrès imprimés à la civilisation par notre génie national, est un acte de justice, que nous avons le devoir d'accomplir.

Le nom et le souvenir d'un ingénieur français à jamais inséparables de ce passage souterrain qui, à l'époque où il fut percé, pouvait passer à bon droit pour une nouvelle merveille du monde, ne permettent à personne de nous disputer une partie de la gloire que ce beau travail a acquis à son auteur, et Londres, qui en retire le profit, est forcé d'en partager l'honneur avec nous.

On comprend toutefois que, dans le cas présent, l'homme doit nous occuper plus encore que son œuvre, puisque c'est par lui et par lui seul que celle-ci nous appartient.

Brunel naquit en 1769, à Bacqueville, petit village normand, qui appartient aujourd'hui au département de l'Eure. Dès sa plus tendre enfance, il manifesta un goût et une aptitude remarquables pour la mécanique, et lorsque la république le réclama pour le service de la marine, il apporta à bord une aptitude d'observation, une facilité à comprendre et à s'approprier tous les enseignements qui frappaient son regard et son oreille, que ses chefs en furent surpris et ne tardèrent pas à utiliser ses talents naturels, il eut toute liberté pour étudier.

Cependant les excès du terrorisme ne tardèrent pas à inquiéter l'esprit doux et réfléchi du jeune savant. Les principes d'une jeunesse pieuse et le respect professé pour les traditions du passé se trouvant froissés, il crut devoir profiter de l'occasion de passer à l'étranger qui lui fut offerte en 1793.

Il s'établit d'abord aux Etats-Unis où, tout en complétant ses études, il exécuta d'avantageux et importants travaux. Plus que partout ailleurs dans ce pays neuf, où tout était à créer et où, si l'argent et la volonté de « faire grand, » comme on disait alors, abondaient, les hommes instruits et capables étaient rares, il lui était facile d'atteindre rapidement à la fortune et à la gloire.

Cependant, soit que le désir de se rapprocher de la patrie, qui lui était fermée, l'attirât en Europe; soit qu'il fût influencé par le pressentiment secret de la célébrité qui l'y attendait, il quitta l'Amérique et alla s'établir en Angleterre, où l'avait précédé la réputation acquise par lui dans le Nouveau-Monde.

A peine à Londres, il prit des brevets pour plusieurs inventions ingénieuses et utiles, notamment une machine à fabriquer des poulies pour la marine, un moulin à scier pour l'arsenal de Chatam, une scierie de bois de marqueterie, etc...

Non-seulement ces diverses inventions enrichirent l'habile ingénieur, mais elles lui acquirent une notoriété suffisante pour faire prendre en considération une proposition qui, présentée par un homme n'ayant pas encore donné des marques aussi irrécusables de son savoir-faire, eût été probablement écartée comme émanant d'un esprit dérangé.

Il ne s'agissait, en effet, de rien moins que de mettre en communication les deux rives de la Tamise, non par un pont qui, sur le point où cette communication devenait de plus en plus indispensable, eût gêné la navigation, mais par un passage souterrain, creusé sous le lit même du fleuve.

Certes, au point où en était encore la science à cette époque, et aux moyens dont l'industrie disposait pour mener à bien une semblable entreprise, en concevoir même la pensée, devait sembler le fait d'une audace inouïe; aussi les contradicteurs ne manquèrent-ils pas à l'éminent ingénieur, qui dût lutter pendant plusieurs années contre les objections et les difficultés tour à tour suscitées contre lui.

Ainsi son projet, présenté dès 1819 et presque aussitôt accepté par l'administration, n'entra qu'en 1825 dans sa première période d'exécution.

Les travaux débutèrent le 1er avril, par le percement d'un puits ou descente qui, percé à une petite distance de la Tamise, fut prolongé jusqu'à la profondeur de vingt-huit mètres. Ce puits avait pour objet non-seulement de préparer la descente jusqu'au point où on creuserait la galerie horizontale du tunnel, mais encore de permettre une étude attentive de la nature du sol, à partir du fond du fleuve jusqu'à la profondeur où cette galerie devait être ouverte.

Brunel, bien renseigné sur la nature des couches dans lesquelles il devait opérer, et déjà fixé auparavant par des sondages de la plus grande exactitude dans le lit du fleuve, établit l'ouverture du tunnel à vingt et un mètres.

Les sept mètres de différence entre la profondeur du puits et l'ouverture de la galerie étaient destinés à recevoir les eaux d'infiltration qu'il serait facile d'épuiser au moyen de pompes.

Ces mesures et ces précautions prises, on se mit à l'œuvre avec ardeur.

II

Placé entre l'inconvénient de placer trop profondément l'entrée du tunnel et la crainte de ne pas donner une épaisseur suffisante aux terrains qui au-dessus devaient soutenir le poids des eaux, le savant ingénieur imagina de suivre dans la construction de la galerie la courbe décrite par le lit du fleuve, c'est-à-dire qu'il lui donna dans la moitié de sa longueur une inclinaison descendante de vingt-deux millimètres par mètre, et dans l'autre moitié la même inclinaison remontante.

« A mesure que l'on avançait, on construisait sur deux rangées parallèles des voûtes solides destinées à supporter le poids énorme des terres et des eaux supérieures. La construction du tunnel se faisait ainsi au fur et à mesure du percement. Pour cela, on se servait d'un appareil inventé par Brunel et nommé par lui *bouclier*.

» Ce bouclier, ou armature en fonte, consistait en douze grands châssis juxtaposés que l'on faisait avancer alternativement et indépendamment les uns des autres, au moyen de vis horizontales placées en haut et en bas de l'appareil et appuyées contre la maçonnerie.

» Ces châssis étaient divisés en trois étages, en sorte que leur ensemble présentait trente-six cellules pour les ouvriers, savoir : les mineurs qui faisaient les déblais et assuraient les terrains en avant et en arrière; les maçons, qui bâtissaient simultanément.

» On était arrivé à peu près au tiers de la largeur

du fleuve sans avoir rencontré de difficultés sérieuses, lorsque tout à coup les couches de terrain, au milieu desquelles on opérait, se ramollirent, et il fut bientôt reconnu que ces couches ne pouvaient résister, surtout au moment des grandes marées, au poids énorme qu'elles avaient à soutenir.

» Un ruisseau noir, mélangé d'eau et de terre, se fit enfin jour au sommet du bouclier, et peu après une véritable inondation se produisit. »

Les prévisions des adversaires de l'ingénieur français devaient-elles donc se réaliser, et la nature un instant domptée allait-elle reprendre sa fière indépendance?

Tout le monde le crut, et les amis, les admirateurs les plus dévoués de Brunel l'engagèrent à s'avouer vaincu. Mais, avec l'opiniâtreté de l'homme qui a foi dans ses calculs et dans son énergie, Brunel seul ne se découragea pas.

« Il eut l'ingénieuse idée de combler les trous et les fissures avec un mélange de terre glaise et de gravier. On employa quatre mille tonnes de cette espèce de mortier. A mesure que les ouvertures qui donnaient passage à l'eau étaient ainsi calfeutrées, des machines à vapeur épuisaient l'eau des galeries.

Que de temps, d'énergie et de patience exigèrent ces périlleuses opérations! Que d'occasions pour le courageux promoteur de l'entreprise de montrer son mépris du danger et son infatigable sollicitude pour les braves travailleurs associés à son œuvre!

Avec un homme aussi énergique et aussi dévoué à leur tête, les constructeurs de la voie souterraine ne pouvaient se laisser déconcerter ni par les fatigues, ni par les périls. Le sort de ceux qui succombaient n'arrêtait pas l'énergie de leurs compagnons; l'œuvre du maître était, si l'on peut ainsi parler, devenue celle de chacun d'entre eux, et tous se faisaient un égal point d'honneur de la mener à bonne fin.

Brunel avait eu le talent rare et précieux de faire passer quelque chose de lui-même dans l'âme de ses rudes collaborateurs.

Y avait-il un essai, un effort à tenter, pour si dangereux qu'ils pussent être, il n'avait qu'un signe à faire, qu'un mot à dire, et on se précipitait sans calculer les difficultés.

Il est vrai que dans ces occasions Brunel donnait toujours l'exemple et marchait le premier. On savait qu'on le rencontrerait sur le point le plus exposé, et on n'était pas moins sûr de le voir accourir au moindre signal de détresse.

Aussi, et grâce à l'heureux ascendant que la vaillance et le dévouement exercent sur les foules, était-il maître du cœur et de la confiance de ses ouvriers. Il pouvait se vanter de tenir leur volonté entre ses mains, et, sur ses pas, ils affrontaient sans sourciller une mort presque certaine.

Ainsi, une fois entre autres qu'il s'agissait de profiter d'une baisse momentanée des eaux pour aller reconnaître l'excavation qui leur donnait issue, Brunel s'étant jeté dans une barque, cette barque est en quelque sorte prise d'assaut par les ouvriers qui veulent y monter près de lui.

La barque disparaît dans la sombre ouverture du tunnel. Quelques instants s'écoulent, tout à coup un murmure lointain sort des entrailles de la terre.... Ce bruit bien connu, c'est le flot qui grandit et qui avance dans la galerie souterraine. Il n'y a pas de force humaine capable de lutter avec lui; dans quelques minutes peut-être il montera jusqu'à la voûte!... Cette fois, c'en est fait de Brunel et de ses compagnons.

Soudain un cri d'appel se fait entendre; une main sort de l'obscurité et se crispe à l'ouverture du gouffre; la tête, les épaules suivent la main.

— Hourrah! le ciel a fait un miracle; Brunel est sauvé!

Encore n'est-il pas sauvé seul. Il ramène à la nage un de ses compagnons..... Tous les autres ont péri.

C'est au milieu de ces péripéties dramatiques, c'est marquée par des actes incessants de sang-froid, de bravoure et de dévouement que l'intrépide savant poursuit sa glorieuse entreprise.

Enfin, à force d'industrie et de persévérance, on parvient à épuiser entièrement l'eau, « et après dix-sept années d'un travail souterrain ou plutôt sous-marin, on voit briller l'éclat du jour sur la rive opposée du fleuve.

» Le tunnel était percé.....

» Cette galerie merveilleuse a une longueur d'environ 400 mètres sur 12 de large et 7 de haut.

» A chaque extrémité, on monte au niveau du sol par deux voies circulaires de 65 mètres dont l'une sert à pénétrer dans le tunnel, l'autre à en sortir (1). »

(1) Les parties guillemetées de ce récit sont empruntées à l'excellent ouvrage de MM. Beaufrand et Desclosières : *Biographie des grands inventeurs dans les sciences, les arts et l'industrie.*

Quand, en présence de l'ouvrage cyclopéen de Brunel, on voit la foule s'engager sous ces voûtes profondes au-dessus desquelles les paquebots transatlantiques sillonnent les flots écumeux de la Tamise, on se sent pénétré d'un sentiment indéfinissable dans lequel se mêlent l'étonnement et l'admiration.

On se demande jusqu'où ira le génie de l'homme... où s'arrêteront ses empiètements sur les lois naturelles qui régissent l'univers?

Sur la rivière, les flots domptés s'écartent sur le passage des véritables villes flottantes que met en mouvement l'eau d'une chaudière mise en ébullition par un peu de charbon!...

Au-dessous de la rivière se meuvent des hommes, des chevaux, des voitures, se transportent des marchandises, s'agite, en un mot, toute une foule d'hommes actifs, affairés, courant à leurs plaisirs ou à leurs occupations, et cela, ayant au-dessus de sa tête, au lieu de cet air et de cette lumière qui sont nécessaires à la vie, une lourde masse de terre et une masse plus lourde encore d'eau.

Qu'a-t-il fallu pour tenir cette terre et cette eau en suspension? quelques pierres disposées selon les principes de l'art architectural par un homme de génie.

Brunel assista au succès complet de son œuvre. Le tunnel, livré depuis sept ans à la circulation, avait fait ses preuves de solidité lorsqu'en 1849, son habile constructeur, entouré de l'estime générale et comblé des faveurs de la fortune, mourut à Londres (1).

(1) Brunel était membre titulaire de la Société royale de Londres, et membre correspondant de l'Académie des sciences de Paris.

III

Transport en France et érection, sur la place de la Concorde à Paris, de l'obélisque de Luxor.

1830 — 1836

I

Au cours des travaux entrepris pour relever en France le goût des arts et y rétablir la marche ascendante de l'industrie, arrêtés un instant par les troubles et les guerres de la République, Napoléon, se souvenant de la vive impression que lui avait fait éprouver la vue de ces géants de pierre, que la vieille Egypte dressait à l'entrée de ses palais et de ses tombeaux, comme pour les garder et les protéger, conçut le projet de doter la France d'un de ces monolithes imposants.

C'était d'ailleurs un moyen de populariser et, en quelque sorte, d'éterniser le souvenir de l'expédition audacieuse et brillante qu'il avait commandée, et à la gloire de laquelle nos savants avaient contribué pour une si large part.

Des préoccupations plus sérieuses, plus pressantes

surtout, firent, à diverses reprises, ajourner ce projet qui, en définitive, demeura à l'étude jusqu'à la fin de l'empire.

Savants et artistes cependant s'en étaient émus, et le gouvernement de la Restauration, sur les instances qui lui furent faites, jugea qu'il y avait là l'objet d'une entreprise de nature à faire honneur à notre génie national.

Des démarches furent faites auprès de Méhemet Ali, pour obtenir celle des deux aiguilles de Cléopâtre qui restait debout devant Alexandrie (1). Mais MM. Delaborde et Champollion jeune, ayant fait observer que ce monolithe était affreusement dégradé, tandis que ceux qui décoraient l'entrée du palais de Luxor étaient en parfait état de conservation, ceux-ci furent demandés et accordés.

Cependant le succès de ces démarches diplomatiques, auxquelles le baron Taylor, qui plus tard devait avoir la direction de l'entreprise, avait pris une part qu'il est de notre devoir de signaler dès à présent, n'étaient que la partie la plus aisée et comme le prélude de l'entreprise.

L'abattage et le transport d'une semblable masse granitique, et, après ces deux importantes opérations, son érection sur un piédestal nouveau présentaient, en effet, des difficultés qu'à première vue on pouvait croire insurmontables.

Peut-être même, la facilité avec laquelle le pacha avait adhéré à la demande de la France, était-elle en grande

(1) L'autre avait été concédée aux Anglais.

partie due à l'espoir que l'enlèvement des obélisques ne serait pas possible.

Il fallait, en effet, « construire un navire qui pût à la fois tenir la mer et naviguer dans le Nil, où il ne reste que très-peu d'eau sur certains bancs ; qui fût assez étroit pour passer entre les arches de tous les ponts qui traversent la Seine ; qui pût porter l'obélisque et tous les agrès nécessaires à l'abattage; qui logeât enfin cent trente-six hommes d'équipage et leurs vivres (1).

» C'étaient là autant de conditions jugées inconciliables, mais heureusement, ce qui est théoriquement impossible devient exécutable, tant à l'aide de ce mystérieux défaut de précision que l'on remarque dans les phénomènes naturels, dont nous croyons connaître exactement les lois, qu'à l'aide de la volonté et de la puissance de l'homme, dont le dévouement incalculable est toujours prêt à combler les lacunes des calculs. »

II

Le navire, construit selon des devis longuement préparés, quitta le port de Toulon le 15 avril 1830. Il était commandé par M. Verninhac de Saint-Maur, officier distingué; l'équipage avait été choisi avec un soin minutieux, et des savants du plus grand mérite accompagnaient, avec le baron Taylor, l'expédition.

(1) Pendant que nous écrivons ces lignes, les journaux annoncent le transport en Angleterre d'une des aiguilles de Cléopâtre. Le monolithe a, paraît-il, reçu comme une carapace de bois imperméable calculé de manière à flotter en manière de radeau; lequel radeau est remorqué par un bâtiment à vapeur. L'expédition est en route en ce moment. (5 novembre 1877.)

Arrivé à la barre du Nil, le 17 juin, il fallut, pour pouvoir entrer dans le fleuve, décharger presque entièrement le navire, afin de l'amener à ne plus tirer que deux mètres d'eau environ. Encore s'en fallut-il de peu qu'il restât engagé dans le sable.

Ce ne fut pas là une des moindres émotions de l'entreprise : être arrêté par la première des difficultés prévues, ne pas même arriver à destination ; il y avait certes là matière à déconcerter les moins enthousiastes.

Cependant à l'aide des populations arabes du littoral, que les Turcs du pacha, à la juste indignation de nos hommes, « chassaient devant eux à coups de bâton, » le navire fut halé le long du fleuve, qu'il remonta jusqu'en vue de Luxor, c'est-à-dire sur un parcours de près de 500 kilomètres.

Cette pénible et souvent dangereuse navigation fluviale avait employé soixante-huit jours.

Il était temps d'arriver : « Au dernier coude du fleuve, à cinq lieues de Thèbes, il ne restait plus qu'un seul canot qui tînt l'eau et deux cordages hors de service. »

Mais quelles compensations aux fatigues et aux inquiétudes du voyage nos marins ne trouvèrent-ils pas dans le splendide spectacle qui les attendait ?

« Après avoir suivi, en partant du village de Karnac, dans la Haute-Egypte, une avenue de sphinx antiques, dont une grande partie est enfouie sous les décombres et le limon du Nil, on arrive en face du palais de Luxor.

» Les monuments de grandeur colossale accumulés sur ce point, ont toujours frappé les voyageurs d'admiration, mais on remarquait avant tout les obélisques en granit rouge, placés comme deux sentinelles gigantesques devant la principale porte du palais (1).

» On voit derrière les obélisques, à droite et à gauche, les bustes de deux colosses dont le reste du corps est enseveli sous les décombres. Leurs visages sont fort mutilés, et leurs formes méconnaissables ; les parties enfoncées ne sont pas en meilleur état.

» Ils ont sur la tête des bonnets très-élevés, qu'on désignait dans la langue égyptienne sous le nom de *pschent ;* cette coiffure symbolique était composée de deux parties dont les prêtres et les rois se coiffaient, employant tantôt l'une, tantôt l'autre, et souvent les deux superposées, comme on le voit sur la tête des colosses de Luxor.

» Au-dessous du bonnet, la tête paraît recouverte d'une étoffe dont les plis réguliers, partant du front, se réunissent par derrière, tandis que deux bandes se déploient sur les épaules et tombent en avant, sur la poitrine.

» Ces statues ont de riches colliers, et sur le bout de leurs bras, sont gravées des légendes en caractères hiéroglyphiques exprimant, comme sur les obélisques, les noms et les titres de *Amon-Mai-Ramessès-Sesostris*, dont elles sont l'image.

» Leur unique vêtement est une espèce de caleçon d'une étoffe rayée et plissée, attachée autour des reins

(1) Ces deux monuments n'étaient pas d'égale hauteur (*) le plus élevé, celui de gauche mesure 25 mètres 5 centimètres, sa base a 2 mètres 51 centimètres de largeur en tout sens.... Celui de droite a 23 mètres 57 centimètres de haut, et 2 mètres 32 centimètres de largeur à la base. Ce dernier a été transporté à Paris.

(*) Cette différence de hauteur s'explique par la difficulté de tailler dans une semblable proportion deux monolithes, c'est-à-dire deux monuments d'un seul bloc de pierre, tels que le sont les obélisques, absolument pareils, dans une matière aussi difficile à exploiter que le granit rouge.

par une ceinture et serrée au-dessus des genoux.

» Elles sont chacune d'un seul morceau de granit de Siène, mélange de rouge et de noir comme celui des obélisques, et s'élèvent à treize mètres de hauteur au-dessus du sol ancien (1), et sont assises sur des dés cubiques, dont les dimensions sont en harmonie avec leurs colossales proportions.

» L'ensemble de ces constructions qui ne formait qu'une partie très-minime de Thèbes, la puissante cité aux cent portes, devait au temps de la splendeur de cette magnifique capitale, produire un effet d'autant plus merveilleux, que tous ces monuments — on en a maintenant la preuve incontestable — étaient peints, au dehors comme au dedans, des couleurs les plus variées et les plus éclatantes. »

Encore aujourd'hui, c'est-à-dire telles que sous le ciel immense et radieux de l'Orient, elles apparurent à l'état-major et à l'équipage du *Luxor*, ces ruines colossales imposent l'admiration et le respect; elles frappent le regard d'étonnement; elles s'emparent de l'imagination et, évoquant tout un monde à jamais évanoui, elles donnent la plus haute idée de la magnificence des dynasties qui ont fait exécuter de si gigantesques travaux. En un mot, ces merveilles de force et d'art justifient amplement l'admiration dont Sésostris, qui vivait au xve siècle avant l'ère chrétienne, et Aménophis II, qui régnait trois siècles plus tard, ont toujours été l'objet.

(1) Pour donner au lecteur une idée de l'aspect colossal de ces statues, il nous suffit de dire qu'elles mesurent d'une épaule à l'autre 4 mètres, et que l'index de leurs mains a 54 centimètres.

Dépouillé d'un de ses obélisques, cet ensemble a, depuis le moment dont nous parlons, singulièrement perdu de son imposant aspect, sa symétrie est détruite, et si nous nous décidions jamais à aller chercher le second, l'intérêt qui s'attache à ces ruines se trouverait singulièrement affaibli.

Les obélisques, en effet, « bien qu'étant les monuments les plus simples de l'architecture égyptienne, sont cependant les plus intéressants que l'antiquité nous ait transmis, tant par la matière qui leur assure une longue durée et par la perfection du travail, que par leur masse prodigieuse.

» Les savants ne sont pas d'accord sur la destination donnée dans l'origine à ces monuments, mais leur emploi dans la décoration des édifices et la nature des sculptures dont ils sont revêtus, ne laissent aucun doute sur ce fait, qu'ils étaient spécialement consacrés par les anciens Pharaons au dieu Soleil, *arouéris*, dont l'épervier, à cause de l'élévation de son vol et de la hardiesse de son regard, était le symbole. D'ailleurs, le nom même des obélisques signifie en langue égyptienne *rayons de soleil*, et leur forme en a la ressemblance. »

III

M. Lebas, ingénieur de la marine, chargé de l'abattage et du chargement de l'obélisque à bord du *Luxor*, était arrivé depuis un mois et avait fait procéder aux premiers préparatifs d'abattage et de transport. Il avait tracé le chemin du temple au lieu d'embarquement, commencé le déblaiement des bases des obélisques et acheté une trentaine de maisons qui, les unes, parce qu'elles gênaient l'opération, les autres, parce qu'elles pouvaient en souffrir, devaient au préalable être démolies.

Le 14 août, jour de l'arrivée, « le navire fut échoué et à demi enterré dans le sable, pour éviter les dangereux effets du soleil. L'équipage mis à terre, installé dans une des salles du palais des Pharaons, accrocha ses hamacs le long de ces vénérables murs tout couverts d'hiéroglyphes et de sculptures. »

Cependant, disons-le bien vite, « il y avait plus d'honneur que de plaisir et surtout de sécurité à habiter ce royal logement où, à chaque instant, on voyait un scorpion sortir des crevasses, un serpent se glisser le long du plancher, une araignée monstrueuse descendre du plafond et un lézard, *geckos*, courir allégrement par une température de 30° à 35° réaumur. »

Mais ce qui dès l'abord dédommagea nos hommes des inconvénients de l'habitation et des excessives ardeurs du climat, ce fut le résultat rapide — nous pourrions dire féerique — de leurs essais de culture.

Des graines de toutes sortes, apportées d'Europe et confiées au sol environnant, à peine remué mais abondamment arrosé chaque jour avec de l'eau du Nil, germaient, levaient et donnaient des fruits en quelques semaines. Ainsi, par exemple, « en semant des haricots le 1er du mois, on pouvait servir, le 30, des haricots verts sur la table de l'état-major. »

Dans leurs moments de loisirs, les officiers allaient

à la chasse, où ils ne trouvaient qu'un maigre gibier, mais d'où ils revenaient chargés de précieux échantillons d'histoire naturelle.

Malgré les fréquentes suspensions apportées aux travaux par l'accablement, résultant pour des Européens de l'élévation de la température ; malgré les inquiétudes provoquées par les atteintes du choléra, mal terrible qui, inconnu encore en France, éclata tout à coup dans la partie de l'Egypte où est situé Luxor, les populations, épouvantées, étaient décimées par le fléau qui s'attaqua au village de Luxor, dont plusieurs habitants furent frappés et, malgré les soins des médecins de l'expédition, expirèrent dans d'horribles souffrances.

A l'opposé de ce qui a lieu pour les maladies endémiques des autres contrées, lesquelles s'attaquent plus particulièrement aux étrangers, le choléra égyptien respecta nos marins, pas un seul d'entre eux ne succomba, tandis que les pertes des populations environnantes étaient évaluées à un huitième.

Le 1er novembre 1831, l'obélisque, depuis tant de siècles immobile sur sa base, s'ébranla enfin. Le moment décisif était proche : l'opération allait-elle réussir ? le monolithe serait-il descendu intact, ou ce chef-d'œuvre de l'art ancien serait-il brisé par les mains profanes qui osaient s'attaquer à lui ?

Trois voyageurs anglais et un grand nombre d'ingénieurs accourus en apprenant que le moment de l'opération était enfin arrivé, assistaient à cet émouvant spectacle.

Tous les regards étaient fixés sur l'appareil prêt à

fonctionner ; un silence solennel permettait d'entendre la plus légère vibration de la voix de M. Lebas, commandant les diverses phases de la manœuvre.

Cette attention mêlée d'une involontaire angoisse, ne dura pas une demi-heure ; à la vingt-cinquième minute écoulée depuis le commencement de l'opération, le géant des siècles était couché dans la poussière.

« L'obélisque abattu, on le fit avancer sur un chemin en bois composé de quatre pièces qui pouvaient se mettre bout à bout ; trois de ces pièces représentaient la longueur du monolithe, de sorte que, lorsqu'il était arrivé à l'extrémité *du glissoir*, on pouvait retirer la pièce de derrière pour la reporter en avant.

» L'entrée à bord eut lieu le 17 novembre. Pour charger et loger l'obélisque, on coupa en travers l'avant du navire, que l'on mit de côté ; le fond de cale se trouvait alors former prolongement du chemin de bois.... L'obélisque, ayant pris la place qui lui avait été destinée, fut soigneusement assujetti, afin de ne pas être endommagé par le roulis ; après quoi on rajusta au navire la poutre de l'avant qui avait été préalablement sciée. »

Quand ces divers travaux qui furent longs et minutieux permirent de partir, l'état du Nil ne permettait plus de s'éloigner du rivage.

Plusieurs mois se passèrent ainsi dans l'inaction et dans l'attente. Enfin le 25 août 1832, survint une crue suffisante pour pouvoir redescendre le fleuve. Ce ne fut toutefois que le 1er janvier 1833 que le navire, après avoir surmonté des difficultés plus grandes que celles qui avaient manqué le faire échouer lors de son entrée dans le fleuve, parvint à en franchir une seconde fois la barre et cette fois, grâce à Dieu, pour le retour.

A Alexandrie, où il se rendit directement, il attendit pendant plusieurs mois le bateau à vapeur *le Sphinx*, chargé de le remorquer.

L'expédition toucha à Zante, à Toulon, à Gibraltar, à la Corogne, à Cherbourg et arriva au Havre, le 13 septembre 1833.

Restait à remonter la Seine jusqu'à Paris, et ce n'était point la partie la moins inquiétante de l'entreprise.

« A Rouen, il fallut démâter le navire et raser les bastingages afin de le faire passer sous les ponts de la Seine. On le remorqua avec quinze et même trente chevaux; enfin le 23 décembre, il mouillait auprès du pont de la Concorde.

» Le 8 juillet suivant, on déposait sur le sol français l'obélisque des Pharaons encore emmaillotté comme une momie dans ses bandelettes, dans ses planches et poutrelles..... »

IV

Voilà donc Paris, la grande cité des temps modernes, en possession d'un des principaux monuments légués par Sésostris à la postérité.

Où placera-t-on ce grandiose et muet témoin d'une civilisation à jamais évanouie?

Les avis se partagent : et malgré l'insistance du commandant Verninhac de Saint-Maur et de son lieutenant Joannis, qui voudraient voir l'obélisque, qu'ils ont la gloire d'avoir amené en parfait état, s'élever au centre de la cour carrée du Louvre, l'opinion penche enfin pour la place qui lui est définitivement assignée au centre de la place de la Concorde.

En vain d'éminents artistes réclament contre ce choix, qui a l'inconvénient de couper la vue de l'Arc-de-Triomphe, de la Madeleine, de la Chambre des députés, du pavillon central des Tuileries, « l'administration estime, et elle a raison, » qu'on ne saurait donner trop d'air et d'espace à cette pierre vénérable, accoutumée, pendant tant de siècles, à dominer les plaines immenses de l'Egypte.

Après sa première prise de possession du sol français, l'obélisque devait attendre plus de trois ans, couché dans la poussière, que les préparatifs de son érection fussent achevés.

Le 25 octobre 1836 seulement, furent achevés les travaux de toutes sortes faits en vue de cette érection. Ce fut pour Paris un grand jour. Une population nombreuse se pressait aux abords de la place de la Concorde, l'élite des savants et des artistes avaient été convoqués, et l'anxiété était grande parmi tous ceux qui, de près ou de loin, avaient pris part ou devaient prendre part à cette entreprise, une des plus remarquables qu'eût encore essayée la mécanique moderne.

Il est vrai que l'opération qui se préparait n'était, à vrai dire, que la seconde partie de celle qui avait eu lieu à Luxor. Les mêmes moyens employés pour faire descendre le monolithe de son antique base, devaient servir à le placer sur son piédestal nouveau; mais la seconde épreuve aurait-elle le même succès que la première?... Les machines fonctionneraient-elles avec la même précision?... Le voyage n'avait-il pas causé dans le vieux granit quelque lésion invisible qui se développerait au moment où on le mettrait en mouvement, et amènerait quelque irréparable accident?... Une foule de motifs de crainte se produisaient, sans compter le danger que certains des ouvriers employés à l'érection pouvaient courir à un moment donné.

Profonde était donc l'émotion des assistants, lorsque, à un signal donné, on entendit le grincement des poulies et le craquement des cordages qui se tendaient sous les premiers efforts des machines.

Mais avant de décrire les diverses phases de l'opération, rendons-nous compte de l'aspect offert au public par la place de la Concorde, au moment où commence l'opération.

Le piédestal était placé au centre de la place; une maçonnerie partant à fleur de terre, non loin du quai, et s'élevant graduellement jusqu'à la hauteur du piédestal, avait servi de chemin pour faire monter l'obélisque couché sur un train de bois ou *ber*, qui l'enveloppait de façon à le mettre à l'abri de tout contact qui eût pu l'endommager.

Le sommet de l'obélisque était entouré d'une cravate de cordages, lesquels cordages étaient fixés à une double traverse horizontale.

« Cette traverse réunissait, en forme de chevalet, les têtes de dix gros mâts de sapin où *bigues* longs de

21 mètres, cinq à droite et cinq à gauche de l'obélisque. Les pieds de ces bigues étaient assemblés dans une pièce de bois faisant fonction de charnière, et couchée horizontalement sur un mur perpendiculaire au plan incliné.

» Ainsi les dix bigues peuvent tourner autour de leurs pieds, et passer graduellement, de la position presque verticale, à la position presque horizontale. »

L'appareil ainsi décrit, passons à l'explication de son mécanisme.

« Du sommet des dix bigues partent, à droite, des câbles qui descendent sur la place de la Concorde, où ils sont enroulés autour des cabestans. En faisant tourner les cabestans, on oblige le chevalet formé par les dix bigues à tourner autour de la charnière, à se rabattre graduellement vers la droite, et à entraîner dans ce mouvement l'obélisque, auquel il est invariablement fixé par les cordages de gauche (1).

Au moyen de cette opération, dont il est facile de se rendre compte, s'accomplit la première phase de l'érection, celle où l'obélisque s'enlève en tournant autour d'une des arêtes de sa base, et atteint une position presque verticale. Arrivé à ce point, l'obélisque aurait pu se mettre seul d'aplomb sur sa base; mais il eût été à craindre que, se redressant trop vite, il dépassât la position d'équilibre, et qu'alors, abandonnant son piédestal, il tombât à droite sur la place.

Afin d'obvier à ce danger, on avait tendu des chaînes

(1) Nous ne croyons pas devoir entrer ici dans le détail des mouffles, des poulies de renvois et des autres machines, accessoires obligés de la manœuvre.

en fer qui, fixées au sommet du monolithe, et passant dans des poulies disposées au bas du plan incliné, ont

OBÉLISQUE DE LUXOR

été, au moment où l'obélisque les a roidies, pliées peu à peu, de manière à faire descendre avec précaution le monument sur sa base.

Cette base formée de blocs de granit de Cherbourg, avait, à cause de la difficulté du travail exigé par sa taille, amené le retard de près de deux années subi par l'érection de la pyramide (1).

Ce piédestal, construit d'après les données de l'architecture grecque et romaine, a suscité une critique qui nous semble justifiée. Cette objection la voici : « un piédestal imité de l'Egypte et semblable à ceux qui, non-seulement à Luxor, mais partout en Egypte, soutiennent les monolithes du même genre, eût mieux convenu. »

Ces piédestaux se composent d'un cube ou d'un carré de même matière que les obélisques, dont ils dépassent à peine la largeur. Ils sont posés eux-mêmes sur plusieurs degrés. Chacune de leurs faces est décorée de figures et de caractères hiéroglyphiques sculptés en creux avec le plus grand soin (2), et que l'on suppose avoir été autrefois peints de diverses couleurs, ainsi que les temples dont ils décoraient l'entrée et les statues faites de la même matière.

Mais revenons à l'érection de la place de la Concorde, et avec les critiques spéciaux, constatons la parfaite exécution de cette délicate opération, « dont la simplicité a été le grand mérite, en même temps que la précision des manœuvres en faisait la grande difficulté.

(1) Cette érection avait été fixée, dans le principe, aux derniers mois de l'année 1834.

(2) Quelques obélisques, tels que celui d'Arles et celui que l'on voit encore couché à Siène, dans la carrière antique d'où il n'a jamais été retiré, ne portent pas d'hiéroglyphes, cela tient à qu'ils n'ont pas été achevés.

» C'est sous ces deux points de vue — ainsi que nous aurons occasion de le faire observer plus d'une fois au cours de cet ouvrage — qu'il faut comparer la mécanique d'aujourd'hui à la mécanique des temps passés : Faire avec des machines et peu de monde, ce qui ne s'exécutait que par des milliers de bras, tel est le problème à résoudre.

» Ajoutons que cette dernière condition était surtout importante pour nous en Egypte (1). »

Résumons cet article par quelques chiffres qui, à eux seuls, disent l'importance de l'entreprise menée à bonne fin par le savant et habile M. Lebas.

L'obélisque de Luxor, dressé sur la place de la Concorde, pèse 460 tonnes.

Son piédestal qui est formé de cinq pièces, pèse le même poids : 460 tonnes.

Le dé seul, qui a cinq mètres de haut sur cinq mètres de large, pèse 200 tonnes.

Les dépenses totales du transport et de l'érection du monument, ont coûté 1,350,000 francs.

V

Comme tous les monuments du même genre, élevés par les rois de la vieille Egypte, soit pour orner les

(1) L'idée du mode d'abattage appartenait à M. Mimerel, ingénieur de la marine, que des raisons d'avancement avaient empêché de partir avec l'expédition. M. Lebas, également ingénieur de la marine, modifia et exécuta fort habilement le plan de son prédécesseur, tant dans l'abattage en Egypte que dans l'érection à Paris.

temples de leurs dieux, soit pour décorer leurs propres palais, l'obélisque de Luxor est formé d'une seule pierre taillée à quatre faces, lesquelles s'élèvent en diminuant d'épaisseur jusqu'à une certaine hauteur, où ils se terminent en une pointe pyramidale appelée *pyramidion*.

Les caractères distinctifs de ce genre d'architecture se rencontrent avec une grande pureté dans l'obélisque, dont il est ici question (1). Les arêtes sont rivées et bien dressées (2), « mais les faces ne sont pas entièrement planes; elles ont une convexité de quinze centimètres, exécutée avec tant de soin, qu'il est impossible de douter que les Egyptiens n'aient eu pour objet de corriger ainsi l'effet qu'elles auraient produit, si elles eussent été complétement planes; car elles auraient alors paru concaves par l'opposition de la lumière et de l'ombre sur les angles.

» Les hiéroglyphes et les animaux qui décorent ce monument ont été sculptés avec une précision, un fini et une pureté de dessin fort remarquables.

» Ils sont disposés sur trois lignes ou colonnes verticales; dans celles du milieu, ils ont un poli parfait, et sont creusés à la profondeur de 15 centimètres, tandis

(1) L'Egypte possédait au moment où nous avons obtenu l'obélisque transporté en France, et elle possède encore aujourd'hui un assez grand nombre de monolithes dans un parfait état de conservation, « toutefois, les plus intéressants et les plus beaux étaient ceux de Luxor. »

(2) De grandes précautions ont été prises, non-seulement ainsi que nous l'avons dit lors du transport, mais aussi lors de l'abattage et de l'érection, afin que ses arètes n'eussent pas à souffrir. Pour cela on avait construit une solide carapace formée d'un énorme madrier arrondi à l'extérieur et ayant à l'intérieur la forme exact de l'obélisque, de façon à lui servir de moule. Ce madrier se logeait, et au besoin se tournait dans une autre pièce de bois creusée en gouttière. Après avoir été dressé seulement, le monolithe a été dépouillé de cette gigantesque enveloppe.

que dans les colonnes latérales ils ont été seulement piqués à la pointe.

» Cette différence dans le travail établit des tons variés, et des oppositions telles, que l'on en distingue clairement jusqu'aux moindres détails. La profondeur donnée aux hiéroglyphes, qui est plus grande dans le haut que dans la partie inférieure des signes, a été elle-même calculée pour concourir au même effet. On sait aujourd'hui que ces hiéroglyphes ont pour objet de conserver à la postérité les noms, prénoms et titres honorifiques du roi Sésostris, ou Ramessès, qui l'a fait ériger, ainsi que les formules de sa dédicace à la divinité (1)...

Sur le granit du piédestal, des artistes français, afin de mettre la base en harmonie avec la pyramide, ont gravé le nom du navire de transport *le Luxor*, ceux des officiers et de l'ingénieur qui ont dirigé l'entreprise, la date de l'érection, et enfin le modèle des machines employés, et le dessin des principales phases de l'opération.

VI

Avant de terminer cet article, nous avons quelques détails à donner sur la matière durable et précieuse, employée par les Egyptiens pour leurs monuments et en particulier pour les obélisques.

Le granit n'est pas formé, comme la plupart des autres

(1) Les inscriptions du second obélisque encore sur sa base à Luxor, bien qu'il nous ait été concédé, sont identiquement les mêmes. Les frais de l'entreprise et la difficulté surtout de remonter le Nil, ont fait sinon abandonner, du moins remettre à un autre temps le transport de ce second monolithe.

pierres, d'une seule substance ; il résulte de l'aggrégation intime de *felspath*, de *quartz* et de *mica*.

On appelle *felspath* la substance qui forme la principale partie du granit ; cette matière est si dure, qu'il n'est pas possible de la rayer avec un instrument d'acier (1).

Le *quartz* est la pierre à feu dont la résistance et la solidité sont connues.

Enfin le *mica*, matière moins dure et divisée par lames, a été placée par la nature dans le granit pour y former ces petits grains épars de couleur sombre, qui lui ont valu son nom.

Il y a plusieurs variétés de granit, le plus beau est le granit rouge d'Egypte, qui a servi aux obélisques et aux autres monuments de Luxor.

Ce granit est rare et estimé ; on ne le trouve guère en France, croyons-nous, que dans certaines régions des Vosges (2).

Les granits gris, qui sont beaucoup moins appréciés, se trouvent en beaucoup d'endroits, et notamment dans les montagnes du centre et du midi de la France.

« La grande valeur des granits, nous apprennent les auteurs compétents, vient de la grande dureté qui rend leur polissage très-difficile, et par conséquent très-coûteux. Aussi leur préfère-t-on, pour les usages domestiques, les marbres qui sont d'un prix bien moins élevé, et dont l'aspect est généralement plus riche et plus flatteur.

(1) C'est avec le *felspath* qu'est formée la matière solide et brillante employée pour le vernissage de la porcelaine.

(2) C'est avec ce granit rouge des Vosges qu'ont été exécutées les parties décoratives du Panthéon, à Paris.

» Mais, tandis que le marbre se détériore par le temps et l'action de l'air, le granit résiste victorieusement à toute espèce d'influences; aussi mérite-t-il d'être considéré comme la matière monumentale par excellence. »

En effet, « le marbre, quand il demeure longtemps à l'air, se corrode ; le bronze et les autres métaux tentent la cupidité des ravisseurs en temps de conquête et même, en dehors de cette éventualité, sont exposés à se voir transformés de façon à servir à d'autres usages; les pierres précieuses se brisent ou s'égarent ; les tableaux se rongent ou s'obscurcissent; les manuscrits et les livres tombent en poussière; seuls entre tous, les monuments de granit restent intacts et semblent défier la main du temps qui efface toutes choses.

» Il n'y a pas de substance à l'aide de laquelle les hommes puissent plus sûrement communiquer, en dépit de tous les obstacles, avec les générations les plus éloignées d'eux dans la série des âges. Ainsi l'Egypte a taillé dans le granit ses statues et ses obélisques, et ses statues et ses obélisques sont immortels.

» Ce n'est donc ni sur la pierre commune, ni sur l'airain, ni même sur le marbre que les peuples doivent écrire leurs noms, s'ils veulent le faire en caractères ineffaçables ; c'est sur le granit qui ne prend les empreintes que lentement et à force de peine, mais qui les garde.

» Le porphyre (1) a été quelquefois employé par les

(1) Les mêmes éléments qui composent le granit entrent dans la formation du porphyre, et celui-ci est encore plus difficile à travailler que l'autre. Au contraire du granit, dans lequel les substances qui concourent à sa formation se trouvent distinctes, bien que parfaitement adhérentes les uns aux autres, les éléments du porphyre sont fondus en une sorte de pâte dans laquelle apparaissent seulement çà et là quelques cristaux isolés. On connaît une grande variété de porphyres. Il y

Egyptiens à la confection de leurs monuments, témoin l'obélisque de Sixte-Quint, à Rome, qui est en porphyre rouge (1).

» Le prix de main-d'œuvre de ces belles pierres, granit ou porphyre, est si élevé qu'il n'y a guère que les gouvernements qui puissent en faire usage (2).

» Il est donc aisé de calculer quelle est, indépendamment de la valeur historique et artistique qui est inappréciable, la valeur matérielle des monuments égyptiens. Par exemple, l'obélisque de Luxor, en le supposant brute et débité en morceaux, fournirait encore au commerce pour plus de 600,000 francs de pierres (3). »

en a de rouges, de verts, de noirs, de gris, de bruns de diverses nuances. Les rouges sont les plus estimés.

(1) Rome possède trois obélisques qui y ont été transportés d'Egypte à différentes époques, mais aucun de ces monolithes n'est aussi beau que celui qui a fait l'objet de cet article.

(2) Le prix de 10,000 francs, payé par Mme de Pompadour pour une cheminée en granit d'Egypte, donne une idée de la cherté de ces pierres travaillées, encore eût-elle coûté beaucoup plus en porphyre.

(3) *Magasin pittoresque*, 6e année, pages 226 et 227.

IV

Les puits artésiens à Paris et en Algérie.

I

Les eaux souterraines.

L'existence d'immenses nappes d'eau circulant à une profondeur plus ou moins grande « dans une couche de terrain perméable, comprise entre deux couches imperméables (1), » était connue des anciens qui, dès les temps les plus reculés, essayèrent, sur les points du globe où manquait l'eau potable, de faire jaillir ces eaux souterraines afin de les utiliser à leur profit.

D'où viennent ces immenses nappes d'eau? Telle est la question qu'à toutes les époques se sont posée les savants, sans qu'aucun d'eux ait pu jusqu'ici lui donner une solution certaine.

Après avoir longtemps pensé qu'elles étaient dues aux

(1) La couche imperméable où se trouvent les eaux dites artésiennes, parce que les premiers essais de forage faits en France pour y parvenir eurent lieu en Artois, est ou sablonneuse, ou formée de calcaire désagrégé, ou même composée de roches compactes, mais comprenant des fissures profondes. Les couches imperméables sont de l'argile, du granit, de la marne, de la craie ou toute autre roche compacte et sans fissures.

infiltrations de la mer, dont les eaux avaient laissé leur salure dans les couches de sable qu'elles avaient dû traverser, on en est venu de nos jours à accepter à peu près généralement une hypothèse toute différente. On suppose que les eaux souterraines sont dues aux infiltrations des eaux pluviales qui ainsi, après avoir pénétré dans le sol, traverseraient les couches perméables du globe terrestre pour former dans ses cavités, non des lacs souterrains comme le croyaient les anciens, mais des cours d'eau s'alimentant et se renouvelant sans cesse.

Cette théorie étant admise, la formation de toutes les eaux qui sortent de la terre ou qui se cachent dans son sein seraient dues à la même cause : l'infiltration des eaux de pluie (1).

Les rivières et les lacs souterrains ont été pour les savants l'objet d'intéressantes découvertes.

M. Arago, dans sa remarquable Notice sur les puits artésiens, cite à cet égard des faits très-curieux. Il mentionne notamment le lac de Zirknitz, en Carniole,

(1) Cette théorie, aujourd'hui généralement admise, a été longtemps repoussée par la plupart des savants qui, ayant observé que l'eau de pluie, quelque abondante qu'elle soit, ne pénètre jamais à plus de deux ou trois mètres dans la terre végétale, en concluaient qu'elle ne pouvait donner naissance aux fontaines situées sous une grande épaisseur de terrain. Mais cette conclusion, qui, au premier abord, semble juste, est détruite, par ce fait que la surface du globe est couverte dans beaucoup de ses parties, soit d'une couche de terre végétale moindre de deux mètres, soit de sable à travers lequel l'eau filtre aisément, soit enfin de roches nues ou mal reliées par une sorte de cailloutage à travers lequel l'eau circule librement. L'infiltration des eaux s'expliquerait donc tout naturellement, alors même qu'elle ne serait pas prouvée par des expériences irrécusables, et notamment par le fait, qui ne saurait recevoir d'autre explication, du mouvement des eaux dans les galeries les plus profondes des mines situées au milieu de certains calcaires, et où la crue se produit régulièrement peu d'heures après que la pluie a commencé à tomber au dehors.

lequel « a environ deux lieues de long sur une lieue de large.

» Vers le milieu de l'été, si la saison est sèche, son niveau baisse rapidement, et en peu de semaines il est complétement à sec. Alors on aperçoit distinctement les ouvertures par lesquelles les eaux se sont retirées sous le sol, ici verticalement, ailleurs dans une direction latérale vers les cavernes dont se trouvent criblées les montagnes environnantes (1).

» Immédiatement après la retraite des eaux, toute l'étendue du terrain qu'elles couvraient est mis en culture et, au bout d'une couple de mois, les paysans fauchent du foin ou moissonnent du seigle ou du millet là où, quelque temps auparavant, ils pêchaient des tanches et des brochets.

» Vers la fin de l'automne, après les pluies de cette saison, les eaux reviennent par les mêmes canaux naturels qui leur avaient ouvert un passage au moment de leur disparition.... Quelquefois même, en été, après une abondante pluie d'orage sur les montagnes dont Zirknitz est entouré, le lac souterrain déborde et, pendant quelques heures, il couvre de ses eaux le terrain supérieur.

» Les diverses ouvertures du sol par lesquelles les eaux arrivent et se retirent présentent des différences singulières : les unes fournissent seulement de l'eau;

(1) Les eaux formant, dans les couches perméables de l'enveloppe terrestre, des nappes liquides se mouvant avec une certaine vitesse, il est facile de se rendre compte du déplacement ou plutôt des vides par le frottement continu de ces eaux courantes, s'efforçant de se creuser un passage, entraînant les sables, arrachant parfois des fragments de roche, en un mot, « opérant de grands vides là où primitivement tout se touchait. »

d'autres donnent passage à des poissons plus ou moins gros ; il en est d'une troisième espèce par lesquelles il sort d'abord quelques canards du lac souterrain.

» Ces canards, au moment où le flot liquide les fait pour ainsi dire jaillir à la surface de la terre, nagent bien. Ils sont complétement aveugles et presque entièrement nus. La faculté de voir leur vient en peu de temps, mais ce n'est guère qu'au bout de deux ou trois semaines que leurs plumes, toutes noires excepté sur la tête, ont assez poussé pour qu'ils puissent voler (1). »

M. E. Marzy, après avoir reproduit dans un excellent ouvrage (2) le passage de M. Arago, que nous venons de citer, ajoute :

« La France possède, sur une petite échelle, des lacs du même genre. Ainsi, il existe près de Sablé, en Anjou, au milieu d'une espèce de lande, une source ou plutôt un gouffre de six à huit mètres de diamètre, dont on n'a pu déterminer la profondeur. Ce gouffre, connu dans le pays sous le nom de *fontaine-sans-fond,* déborde quelquefois, et alors il en sort une quantité prodigieuse de poissons et surtout de brochets truités d'une espèce particulière et très-savoureuse (3).

» .... A l'autre extrémité de la France, près de Vesoul, un entonnoir naturel appelé *frais-puits* présente des phénomènes du même genre. En été et en automne,

(1) Valvasor — ajoute M. Arago — visitant le lac de Zirknitz, en 1867, y prit un grand nombre de ces canards et vit les paysans pêcher des anguilles qui pesaient 2 ou 3 livres, des tanches de 6 à 7 livres, enfin, des brochets de 20, de 30 et même de 40 livres. D'après ces chiffres, le poisson n'aurait pas à se plaindre de son séjour dans les eaux souterraines.

(2) L'*Hydraulique* (bibliothèque des merveilles).

(3) Mémoires de l'Académie des sciences, année 1741.

lorsqu'il a plu très-abondamment deux ou trois jours de suite, l'eau s'échappe en bouillonnant par l'ouverture du *frais-puits* et se répand sur toute la contrée environnante. Après que ces eaux se sont retirées, il arrive quelquefois qu'on trouve à la surface du sol des brochets apportés par elle.

» Un autre phénomène, dû aux mêmes causes et qui avait vivement frappé l'imagination des anciens, se rattache à l'existence dans les pays plats de cavités souterraines où s'engouffrent des rivières tout entières.... Telles en France, la Meuse qui disparaît complétement sous terre à Bazoiles; la Drôme, la Rille, l'Aure et beaucoup d'autres petits cours d'eau moins importants qui disparaissent peu à peu, successivement absorbés par des trous, creusés dans leur lit de distance en distance par la nature. Mais c'est surtout l'Espagne qui nous offre un remarquable phénomène de ce genre : une de ses plus grandes rivières, la Guadiana, disparaît tout à coup dans un pays entièrement plat, au milieu d'une immense prairie (1). »

II

Les eaux jaillissantes.

Parmi les nappes d'eaux souterraines, dont nous venons de constater l'existence et qui parfois se tiennent superposées les unes sur les autres dans la couche ter-

(1) De là l'habitude qu'ont les Espagnols, quand on leur parle de quelque grand pont jeté sur un de nos fleuves, de répliquer qu'il en existe un, en Estramadure, sur lequel cent mille bêtes peuvent paître à la fois.

restre, il en est qu'il suffit d'atteindre par un forage pour obtenir un jet plus ou moins abondant et élevé.

Ces eaux jaillissantes, que l'industrie humaine va chercher à de grandes profondeurs, portent le nom de puits artésiens.

Ce nom leur vient de la province d'Artois où furent, dans le principe, forés les premiers puits de ce genre (1).

Mais quelle est la force qui soulève ces eaux et les fait jaillir à la surface du globe?

Tout simplement la tendance, naturelle à tout liquide, de reprendre le niveau qui lui appartient, tendance qu'il est facile de constater au moyen du syphon renversé.

On s'explique donc comment, aussitôt qu'elles trouvent un passage, les eaux souterraines montent vers la surface du sol, d'où part l'infiltration qui les alimente sans cesse. On comprend également que, si cette infiltration part d'un point plus élevé que la surface du sol où est opéré le forage, l'eau montera plus haut et, dans son jet, atteindra justement la hauteur de la colline ou de la montagne qui sert de point de départ à son entrée sous terre.

Nous retrouvons dans cette opération naturelle le principe qui préside à tout notre système scientifique de l'hydraulique.

Cette explication a cependant soulevé, récemment encore, des objections basées sur le rapport existant souvent entre la hauteur du jet artésien et l'altitude de la contrée où il est obtenu.

(1) Le puits artésien le plus ancien de France date du XIIe siècle. Il se voit encore à Lillers (Pas-de-Calais), dans l'enceinte de l'ancien couvent des Chartreux.

Laissons à M. Arago le soin de réfuter ces objections :

« Quelques-unes des fontaines artésiennes, dit-il, jaillissent au milieu d'immenses plaines. La plus insignifiante colline ne se montre d'aucun côté, où donc trouver ces collines hydrostatiques dont la pression doit ramener les eaux souterraines au niveau de leurs points les plus élevés?... Il faut les chercher, si c'est nécessaire, au delà de la portée de la vue, à quinze, à trente, à soixante lieues et même au delà.

» L'existence d'une même nappe liquide souterraine de cent lieues d'étendue ne saurait être, en effet, une objection sérieuse que pour ceux qui prétendraient, contre tous les témoignages de la science, que cent lieues de pays ne peuvent avoir la même constitution géologique.

» Au surplus, voici un fait qui tranche nettement la question :

» Il existe au fond de l'océan des sources d'eau douce qui jaillissent verticalement jusqu'à la surface. L'eau de ces sources vient évidemment de terre par des canaux naturels situés au-dessous du niveau de la mer.

» Eh bien, il y a peu d'années, un convoi anglais, sur lequel M. Buchanan était embarqué, trouva, par un calme plat, dans les mers de l'Inde, une abondante source d'eau à environ cent milles (36 lieues ou 145 kilomètres) du point de la terre le plus voisin. Ce point était dans les Junderbuns.

» Voilà donc un cours d'eau souterrain de plus de 36 lieues d'étendue. Dès qu'une observation incontestable conduit à de pareils nombres, les objections puisées dans des considérations de grandeur doivent tomber d'elles-mêmes. »

III

Les puits artésiens avant l'époque contemporaine

La propriété jaillissante des eaux que nous appelons artésiennes était connue des anciens que nous voyons, dès l'antiquité la plus reculée, se servir de la sonde pour les amener à la surface de la terre dans les pays où manque l'eau potable.

Ainsi que le dit M. Louis Figuier (1), « La Syrie, l'Egypte, les oasis de l'ancienne chaîne lybique, présentent un certain nombre de puits obtenus à l'aide de ce procédé. Olympiodore, qui vivait à Alexandrie, en Egypte, au VIe siècle, dit que, dans les oasis, il existe des puits creusés à 300 et même à 500 aunes (2) qui lancent des rivières à la surface du sol.

» Depuis un temps immémorial, le forage des sources jaillissantes est pratiqué en Chine où, dans la province d'Outong-Kiao, entre autres, sur une étendue de dix lieues de longueur et de quatre de large, on a compté plus de dix-mille puits dont la profondeur atteint parfois jusqu'à 1,000 mètres.

» Les Chinois parviennent à cette grande profondeur au moyen d'un appareil à percussion dont la pièce principale est un cylindre cannelée, en fonte, pesant

(1) *Les Grandes Inventions anciennes et modernes dans les sciences, l'industrie et les arts.*

(2) 48 et 80 mètres.

de un à trois quintaux. Ce cylindre est suspendu à une corde attachée à un arbre incliné, assujetti au sol par une de ses extrémités et ayant son autre extrémité libre. On fait aller et venir ce cylindre au fond du puits comme un pilon dans un mortier, en faisant ployer et se relever brusquement l'arbre auquel il est suspendu. Cet outil si rudimentaire creuse le sol avec une étonnante promptitude. »

L'usage des puits forés, en Europe, semble avoir pris naissance en Italie; c'est là du moins qu'ils acquirent tout d'abord une grande célébrité, ainsi qu'on en peut juger par les armes de la ville de Modène, lesquelles se composent de deux tarières de fontainier avec cette devise : « *Avia pervia.* »

Aussi, lorsque Dominique Cassini (1) vint à Paris, un de ses premiers soins fut-il de faire connaître les procédés en usage dans son pays pour le forage des fontaines jaillissantes qu'il croyait encore inconnues en France.

Mais il dut bientôt reconnaître qu'une de nos provinces au moins, l'Artois, avait peut-être même devancé l'Italie dans l'usage des puits forés.

Quant aux procédés de forage, plus d'un siècle et demi avant lui, un autre observateur, dont s'enorgueillit

(1) Jean-Dominique, le premier et le plus célèbre des quatre observateurs du nom de Cassini qui furent pendant près d'un siècle la personnification vivante de la science astronomique en France. Né à Périnaldo (comté de Nice) et élevé chez les Jésuites, à Gênes, il fut appelé en France par Louis XIV; il consentit, en 1673, à accepter des lettres de naturalisation et occupa dès lors à l'observatoire le logement qui lui avait été destiné. Lorsqu'il mourut, le 14 septembre 1712, il avait, depuis plusieurs années, perdu l'usage de la vue. On sait que le même malheur avait frappé Galilée.

à juste titre l'industrie française, Bernard Palissy, avait imaginé et décrit un instrument qui pouvait lutter sans désavantage avec ceux qu'avait améliorés et que préconisait à ce moment même le savant professeur italien Bernardini Ramazzini (1).

L'instrument, conçu par l'illustre créateur de l'art céramique, en France, « est absolument l'analogue de notre sonde, ou mieux il en est le premier rudiment. »

« En plusieurs lieux, dit-il dans ses Mémoires, les pierres sont singulièrement tendres quand elles sont encore dans la terre; c'est pourquoi il m'a semblé qu'une *torsière* les percerait aisément, et après la torsière, on pourrait mettre l'autre *tarière*, et, par tel moyen, on pourrait trouver du terrain de marne, *voire des eaux pour faire des puits, lesquelles bien souvent monteraient plus haut que le lieu où la pointe de la tarière les aura trouvées, et cela se pourra faire moyennant qu'elles viennent de plus haut que le fond du trou que l'on aura fait.* »

Toute la théorie et tout le mode de forage des puits artésiens sont renfermés dans ces quelques lignes, écrites vers le milieu du XVIe siècle.

Il appartenait à notre siècle, peut-être pourrions-nous ajouter à notre pays (2), de les faire sortir de

(1) Professeur au lycée de médecine de Modène, auteur d'un traité sur l'emploi de la sonde pour le percement des puits, publié en 1691.

(2) « Depuis cinquante ans, dit M. E. Marzy, dans le volume des Merveilles que nous avons déjà cité : *l'Hydraulique*, l'usage des puits artésiens s'est considérablement développé en France, en Allemagne et dans la plupart des pays de l'Europe. Les progrès récents de cet art à la fois si simple et si ingénieux doivent être attribués en grande partie aux efforts des *Sociétés d'encouragement et d'Agriculture* de Paris.

» Prix, programmes, mémoires, ouvrages, ces deux sociétés n'ont rien épargné l'oubli où elles demeuraient plongées, et de multiplier, en Europe, les eaux jaillissant des entrailles de la terre au moyen de la sonde.

IV

Le puits artésien de Grenelle.

« Pour trouver des eaux jaillissantes, on doit rechercher des espaces plus ou moins encaissés dans des saillies dominantes vers lesquelles les couches de la plaine se relèvent quelquefois de manière à présenter leur tranche. Il résulte, en effet, de cette disposition, que les eaux extérieures, s'infiltrant dans les couches perméables, affleurent en venant s'appuyer sur les coteaux de bordure, et, suivant avec ces couches les inflexions du fond, sont d'autant plus susceptibles de remonter par les trous de sonde et de donner naissance à des puits artésiens, que les points d'infiltration sont plus élevés et les points de déperdition plus éloignés. »

D'après ces données, on n'eut pas de peine à reconnaître que le sol, sur lequel s'étend Paris, était admirablement doué sous le rapport des eaux jaillissantes.

En effet, en partant de Paris et en remontant par Provins, Nogent-sur-Seine, Troie, Lusigny, Bar-sur-Seine, s'étend une couche épaisse de sable vert, essentiellement perméable, qui repose sur des couches de craie et d'argile imperméables et vient affleurer à Langres.

pour faire comprendre aux autorités, comme aux simples particuliers, les avantages que présente, dans la plupart des cas, la création de ces sources artificielles. »

Or « le plateau de Langres est parfaitement placé pour recueillir les eaux devant jaillir à une distance quelconque, et dont il est le point de départ, puisque son altitude au-dessus du niveau de la mer est de 473 mètres, tandis que celle de Paris n'est que de 60 mètres.

M. Emmery, ingénieur en chef des ponts-et-chaussées, fit un rapport sur la demande de l'administration municipale de la ville de Paris. Les conditions de succès, si l'on entreprenait le forage d'un puits artésien, présentées par lui comme étant des plus favorables, l'entreprise fut décidée. Restait à fixer l'emplacement sur lequel cette entreprise devait avoir lieu.

Après un sérieux examen, on choisit la plaine de Grenelle, alors dans la banlieue et aujourd'hui dans l'enceinte de la ville.

« Arago, dit M. Louis Figuier, avait calculé approximativement que l'épaisseur des couches à traverser pour atteindre les sables verts, c'est-à-dire la couche aquifère du plateau de Langres, était de 460 mètres. D'après ces calculs, l'ingénieur-sondeur, M. Mulot, commença, le 3 novembre 1833, le forage du puits de Grenelle. »

Les difficultés que l'on avait prévues n'étaient rien en comparaison de celles que l'on rencontra, et il ne fallut rien moins que « la longue expérience que M. Mulot s'était acquise dans ses travaux antérieurs, son intelligente énergie et son invincible opiniâtreté pour lui permettre de surmonter les obstacles sans nombre qui se présentèrent successivement pendant les huit années consécutives qu'exigea cet important travail. »

Ce sont ces difficultés vaincues, plus encore peut-être que l'importance du résultat obtenu, qui placent le forage du puits de Grenelle parmi les plus grandes entreprises de notre siècle,

PUITS ARTÉSIEN DE GRENELLE

On doit tenir compte en premier lieu des moyens d'action possédés par M. Mulot. La mécanique n'avait pas fait les progrès qu'elle a accomplis depuis. « Le creusement était opéré avec les outils ordinaires des sondeurs mus par un manége de chevaux. »

Les outils foreurs qui avaient aisément percé les argiles et les sables ne purent entamer la couche crayeuse. Après des essais infructueux pour vaincre la résistance de cette couche, on eut recours au trépan. Tout marcha bien d'abord. A mesure que le travail avançait, on plaçait une espèce de cuvelage composé de cylindres en bois, en fonte et en tôle, afin de prévenir les éboulements.

Or, « comme ces tubes doivent être emboités les uns dans les autres, leur diamètre doit forcément aller en diminuant depuis le haut jusqu'au bas du forage. Il résulte de cette disposition que lorsque la profondeur du puits dépasse les prévisions, le diamètre des tuyaux inférieurs devenant de plus en plus petit, il peut arriver que la sonde n'ait plus assez de place pour manœuvrer.

» Il faut alors enlever tout l'ensemble de tubes et le remplacer par un autre de diamètre plus fort.

» Au puits de Grenelle, cette opération se répéta cinq fois, et chaque fois il fallut retirer une colonne de tubes de plus de 100 mètres et agrandir le trou sur toute sa hauteur.

» Mais les difficultés d'un semblable travail n'étaient pas les seules qui devaient mettre à l'épreuve l'énergique persévérance du foreur. Au mois de mai 1837, après plus de quatre ans de laborieux efforts, la sonde était arrivée à la profondeur de 380 mètres, une cuillère consistant en un cylindre d'un poids énorme se détacha et tomba au fond du puits, entraînant dans sa chute un bout de tige de plus de 80 mètres de longueur. »

Tous les efforts pour les retirer demeurèrent infructueux. Il ne restait d'autres moyens que de les briser afin de les sortir par morceaux.

Ce fut un travail inouï qui, opéré avec les ciseaux et la lime à cette immense profondeur, ne dura pas moins de quatorze mois.

Ce ne fut pas là le dernier accident; mais ni les travailleurs, ni leur habile conducteur ne se découragèrent. Alors que la France, ou, pour mieux parler, l'Europe entière, qui s'étaient passionnées pour cette entreprise, semblaient désespérer, ils continuaient leur œuvre avec cette patience énergique que donne la confiance dans le succès.

Le 26 février 1841, après huit années d'efforts, la sonde s'enfonça tout à coup de plusieurs mètres.

— Ou l'eau va jaillir, ou la sonde est encore une fois brisée, s'écria M. Mulot fils.

Il y eut alors quelques heures de la plus vive anxiété.

Tout à coup, le sol frémit; un sifflement profond se produit, précurseur de la magnifique colonne d'eau qui jaillit comme un gigantesque panache des entrailles de la terre (1).

Quel moment pour le courageux et persévérant créateur de cette merveille de l'art et de la nature que viennent en foule contempler les curieux.

(1) « La profondeur du puits était de 548 mètres, c'est-à-dire plus de cinq fois la hauteur de la flèche des Invalides au-dessus du sol, plus de huit fois celle des tours de Notre-Dame, plus de dix-sept fois celle de la colonne Vendôme. »

« Pendant un mois, M. Mulot fut l'homme à la mode, cité par tous les journaux, objet d'admiration pour tous et surtout pour ceux qui l'avaient accablé de leurs sarcasmes et de leurs railleries.

» L'œuvre qui venait de s'accomplir si heureusement n'avait pas seulement pour résultat de contribuer à doter Paris d'une eau abondante et salubre, elle n'était pas seulement un triomphe pour l'industrie et le travail de ceux qui en avaient eu l'idée, de ceux qui l'avaient accomplie; elle devait en même temps fournir à la science de précieux renseignements sur « les lois de l'accroissement de la chaleur terrestre à mesure qu'on s'éloigne de la surface du sol. »

Grâce à elle, en effet, MM. Arago et Walferlin ont pu constater qu'il faut descendre de 30 à 32 mètres pour un accroissement de température d'un degré (1).

Dès l'abord et pendant la durée de la première année, le puits de Grenelle lança une énorme quantité de graviers, enfin l'eau devint d'une parfaite limpidité, et le jet se régularisa, donnant 187,500 litres d'eau par heure (2), et s'élevant à une hauteur de 30 mètres au-dessus du sol.

Les calculs de l'ingénieur Héricart de Thury qui, dès 1840 annonçait que l'eau jaillirait des grés verts, qu'elle donnerait 4,000 litres par minute, que sa température

(1) « Les thermomètres placés dans les caves de l'Observatoire, à 28 mètres au-dessous du sol, marquent invariablement 11° 7. En prenant cette profondeur et cette température invariable pour point de départ, l'eau du puits de Grenelle devait avoir 28° à la surface du sol. C'est justement cette température qui a été constatée. »

(2) Ce débit a diminué d'un neuvième environ depuis le jaillissement des eaux de Passy.

serait de 30 degrés, que, douce et limpide, elle dissoudrait parfaitement le savon et serait propre à tous les usages culinaires, se trouvaient exacts.

« Toutes les prédictions de la science s'étaient réalisées. »

V

Le puits de Passy.

L'existence de la nappe aquifère sous la couche de grés verts qui, à moins de 600 mètres, s'étend sous Paris étant prouvée par le forage du puits de Grenelle, on comprend que l'administration, lorsque, quelques années plus tard, elle se trouva en présence de la nécessité de fournir au quartier de Passy et surtout au bois de Boulogne, la quantité d'eau exigée par l'augmentation de population du premier, et aux magnifiques aménagements du second, eut la pensée de recourir à un nouveau puits artésien, au lieu de demander cette augmentation aux eaux de la Seine au moyen d'un dispendieux système de machines élévatoires.

L'administration accepta donc les offres de M. Kind, ingénieur saxon, qui s'engageait, pour une dépense de 350,000 francs, à construire dans un intervalle de un à deux ans, un puits d'un diamètre beaucoup plus considérable que celui de Grenelle, devant fournir au minimum 13,000 mètres cubes d'eau par jour.

A la sonde, ressemblant à un énorme tire-bouchon supporté par une tige de fer, dont on s'était servi à Grenelle, M. Kind substitua une sorte de trépan de son invention, armé de sept dents en acier fondu.

« Ce trépan, du poids de 1,800 kilogrammes, était supporté par des tiges en bois de dix mètres de longueur vissées l'une à l'autre. L'ensemble de ces tiges et du trépan était suspendu à l'une des extrémités d'un balancier, à l'autre extrémité duquel était attachée une tige s'adaptant au piston d'une machine à vapeur.

» A un certain moment et grâce à un déclic que l'on détachait, le trépan se séparait de la tige, et, par la chute de cet énorme poids, la terre était profondément creusée.

» Alors la tige descendait au fond du puits et ressaisissait le trépan. Le tout était remonté à l'aide d'un câble plat enroulé sur un treuil mis en mouvement par la machine à vapeur.

» Les détritus étaient retirés du puits au fur et à mesure que l'outil entamait la terre. On forait pendant six heures, ensuite on procédait au curage pendant le même temps.

» Ce curage se faisait au moyen d'un seau cylindrique en tôle, qu'on descendait au fond du puits après en avoir retiré le trépan. Le fond du seau était formé de deux clapets s'ouvrant du dehors en dedans. Par le choc du seau au fond du puits, les matières boueuses ou pierreuses pénétraient dans son intérieur en ouvrant les clapets qui se refermaient ensuite sous le poids de ces mêmes matières (1). »

Les observations géologiques relevées lors du forage du puits de Grenelle, se trouvèrent exactement confir-

(1) M. Louis Figuier : *les Grandes Inventions anciennes et modernes*.

mées. La nature des couches de terrain traversées ne différait en rien, et la résistance rencontrée par les instruments de forage subissait les mêmes variations. Ainsi dans les couches de craie pure, on obtenait un travail de 5 mètres par vingt-quatre heures, tandis que, dans d'autres couches, on creusait à peine 1 mètre dans un temps égal. Dans le silex, la résistance était telle, que les dents du trépan s'usaient de près d'un centimètre par heure de travail, ce qui nécessitait des réparations incessantes.

Un accident, mais d'un autre genre que celui qui, on s'en souvient, s'était produit à Grenelle, vint tout à coup arrêter le travail (1), qui jusque-là avait marché à souhait. On avait atteint une profondeur de 528 mètres, déjà on touchait à la couche de grés verts, et l'on pouvait s'attendre au jaillissement prochain de l'eau, lorsque les tuyaux de tôle, destinés à retenir les sables aquifères et les argiles, cédèrent à environ 50 mètres du sol à la pression des argiles.

Ce fut en vain qu'on essaya de retirer ces tuyaux. Engagés dans la terre, déformés, brisés pendant qu'ils résistaient à tous les efforts des travailleurs, ils cédaient sous le poids de l'éboulement des terres, de façon à compromettre entièrement le résultat de l'entreprise.

En présence de cet insuccès qu'il eût été facile, pensait-on, de prévenir en donnant une épaisseur plus forte à la tôle des tuyaux, l'administration retira la

(1) Mars 1857. — Le forage, commencé le 15 septembre 1855, durait depuis dix-huit mois.

direction des travaux à M. Kind et en chargea les ingénieurs du service municipal.

Les essais de ceux-ci pour remédier à l'accident, n'ayant pas été plus heureux que ceux de leur devancier, ils se décidèrent à faire creuser autour du puits, qu'il s'agissait de déblayer et dont le diamètre était de 1 mètre, un autre puits ayant 3 mètres de diamètre, lequel descendrait jusqu'à 52 mètres. Ce puits fut garni de cylindres de fonte de 3 centimètres et demi d'épaisseur avec un revêtement intérieur en maçonnerie.

Tout alla bien jusqu'à la profondeur de 40 mètres; mais, à partir de ce point, « les difficultés du travail devinrent insurmontables. Sous la pression des argiles, les tubes de fonte se fendillaient comme une vitre qui s'étoile, et plus d'une fois, les ingénieurs durent descendre au fond du puits et y séjourner pour donner l'exemple aux ouvriers qui, à chaque instant, hésitaient à continuer un travail qui n'était pas sans danger (1), » et qui enfin devint d'une impossibilité absolue.

Alors on imagina de porter le diamètre du second puits à 1 mètre 70 seulement; on revint à la tôle pour le revêtement des parois. On atteignit enfin l'obstacle qui avait arrêté pendant deux ans la marche des travaux.

Après le déblaiement, qui fut long et difficile, on reprit le forage au point où il avait été arrêté. Pendant ce temps, on préparait la difficile opération du cuvelage. Ce cuvelage, composé de pièces de bois reliées par de solides armatures en fer, se terminait sur une longueur

(1) M. Marzy : *L'Hydraulique.*

de 14 mètres par un tube en bronze percé de nombreuses ouvertures, afin de laisser entrer l'eau lorsqu'il serait plongé dans la couche aquifère.

Un nouvel incident, que l'on crut d'abord irrémédiable, se présenta lors du placement de ce tubage.

Les cylindres, descendus sans difficulté jusqu'à 550 mètres au-dessous du sol, s'engagèrent tout à coup de telle sorte, qu'il devint également impossible de les retirer ou de les faire descendre plus bas.

Fallait-il donc renoncer à une entreprise qui avait coûté déjà tant de travail et d'argent (1), et cela au moment où les échantillons de terrains amenés par la sonde indiquaient qu'on touchait au but ?

A cette question qu'on leur posait et qu'ils se posaient à eux-mêmes avec une cruelle anxiété, les ingénieurs répondaient négativement.

Ils résolurent de tourner la difficulté qu'ils ne pouvaient surmonter, c'est-à-dire d'essayer, par un sondage de faible dimension et fait au milieu du puits, d'arriver jusqu'à l'eau.

Cet essai fut couronné d'un heureux et prompt succès. La nouvelle sonde avait à peine traversé 25 mètres cubes que l'eau jaillissait.

Toutefois, ce premier jet n'arrivait pas tout à fait au niveau du sol.

On glissa dans le cuvelage un second tube en tôle et on continua le forage. Bientôt s'éleva du sein de la terre une puissante colonne d'eau débitant 17,000 mètres cubes d'eau par vingt-quatre heures.

(1) La dépense fixée par M. Kind avait été triplée.

Comme celle de Grenelle, cette eau, au niveau du sol, était à la température de 28°.

Après être demeuré pendant plusieurs années stationnaire, le débit de l'eau du puits de Passy diminua peu à peu. Un moment vint où il ne donna plus que 1,500 mètres cubes par vingt-quatre heures, et on dut, pour suffire aux besoins du quartier, réunir à ses eaux celles du réservoir de Chaillot.

On se rendit enfin compte de la cause de cette diminution : sous la pression des terres, quelques-unes des douves du cuvelage s'étaient disjointes, formant « des plans de fuite, » par lesquels une partie de l'eau s'infiltrait dans les terres. Une fois connue, la cause du mal fut vite réparée.

En effet, « malgré les difficultés de toute nature que présentait ce travail exécuté à une grande profondeur au-dessous du sol, il fut entièrement terminé dans un temps relativement très-court, et le débit se trouva ramené à sa valeur primitive. »

VII

Puits de la butte aux Cailles et de la place Hébert.

Les beaux résultats donnés par le forage des puits de Grenelle et de Passy, devaient évidemment attirer l'attention de l'administration sur ce moyen de procurer à la population des quartiers élevés de Paris, une eau salubre et abondante.

La construction de deux autres puits fut donc décidé,

et afin d'éviter un des inconvénients du dernier forage, c'est-à-dire ne pas risquer de diminuer sensiblement le jet des puits déjà creusés, comme c'était arrivé pour Grenelle depuis le jaillissement de l'eau à Passy, on s'attacha à placer les puits le plus loin possible les uns des autres.

Deux points élevés, l'un près de la barrière de Fontainebleau (la butte aux Cailles), l'autre à la Chapelle Saint-Denis (la place Hébert), qui forment à peu près, avec le plateau de Passy, les trois sommets d'un triangle équilatéral, ont été choisis.

Nous nous bornerons à indiquer ici ces nouveaux travaux. Au point de vue où nous nous sommes placés dans notre livre, le forage des puits de Grenelle et de Passy, par la voie nouvelle qu'il a ouverte à une industrie de la plus haute importance, par les études qu'il a nécessitées, les difficultés qu'il a surmontées, se place au nombre des grandes entreprises de notre temps ; de celles qui demandent le plus d'observation, le plus de hardiesse, le plus de persévérante énergie.

Aujourd'hui le chemin est tracé, les outils ont été expérimentés, le résultat est assuré. Il y a vingt-cinq ans, tout était à chercher, tout était à faire.

Aujourd'hui la vapeur simplifie le dur labeur auquel les efforts de l'homme devaient suffire, lors du forage du puits de Grenelle.

Un quart de siècle s'est à peine écoulé depuis cette époque, et qu'il y a loin cependant du manège mis en mouvement par des chevaux, dont se servait M. Mulot, aux puissantes machines à vapeur dont dispose l'industrie.

Quelle distance encore entre les machines-outils tels que les forces de la vapeur permettent de les construire et de les utiliser, avec la sonde employée à Grenelle, avec même le trépan de Passy?....

Le forage d'un puits artésien est ainsi devenu, grâce aux progrès de la mécanique et à l'expérience du passé, une construction offrant des difficultés sans doute, demandant du savoir, du temps, de la persévérance, mais rentrant néanmoins dans le domaine des travaux ordinaires.

A Passy et surtout à Grenelle, elle constituait une œuvre hors ligne, une véritable conquête de l'industrie humaine.

C'est à ce titre que ces deux entreprises ont réclamé ici leur place.

VIII

Les puits artésiens en Algérie.

Au même titre, les puits artésiens, que notre colonisation s'efforce de multiplier en Algérie, doivent également nous occuper.

Nous parlions tout à l'heure de conquêtes de l'industrie humaine; or, si ce mot s'applique au fait d'aller chercher, dans les entrailles de la terre, l'eau qui manque à la surface, pour fournir aux besoins d'une population nombreuse, combien ne sera-t-il pas mieux mérité et plus fortement appliqué, quand il s'agit, non plus de la simple alimentation de l'homme, mais de la transformation même du sol.

C'est cependant ce qui arrive dans les déserts africains. Partout où elle fait arriver de l'eau, la main de l'homme apporte la fertilité. L'oasis prend naissance; la production et la vie se développent là où régnaient en souveraines la stérilité et la mort.

Dans l'ordre moral, le résultat est plus remarquable encore. La conquête dont nous parlons ne porte plus seulement, en effet, sur les forces naturelles; elle n'exerce plus seulement son influence par une augmentation de bien-être; non-seulement elle fait surgir des pays nouveaux, mais elle crée des mœurs nouvelles. En attachant au sol des familles jusqu'alors nomades, elle entraîne des populations entières dans les voies de la civilisation.

C'est ainsi que « les grandes tribus arabes du Sahara qui, à travers les siècles, avaient conservé avec fidélité la langue et les mœurs de leurs ancêtres, sans que rien put les décider à renoncer aux habitudes de la vie de pasteurs, se sont tout à coup assujetties à une vie sédentaire et agricole.

» Il a suffi de quelques puits artésiens pour faire ainsi brèche aux instincts d'une race immuable, malgré ses déplacements fréquents. »

Toutefois, si depuis une vingtaine d'années nos travaux et nos efforts ont doté l'Afrique de nombreux puits artésiens, nous sommes loin d'avoir importé une nouveauté dans ces déserts.

Le forage des puits y était connu et pratiqué depuis

la plus haute antiquité. Et comme « sur une immense étendue à huit cents lieues d'intervalle, depuis l'Algérie jusqu'à l'Egypte, circulent d'immenses nappes d'eaux souterraines auxquelles il suffit d'ouvrir un passage pour qu'elles viennent jaillir à la surface du sol, les générations qui se succédèrent sur ce sol aride, ne manquèrent pas de recourir, selon leurs besoins, à ce moyen de fertilisation. »

Il est notamment hors de doute que la grande oasis qu'on rencontre dans le désert à 150 kilomètres des frontières de l'Egypte, ne doive sa création aux puits jaillissants creusés par la main de l'homme.

Il ne faut pas croire d'ailleurs que ces sortes de puits réclamassent des études et des travaux du genre de ceux dont nous avons parlé au sujet du forage de Grenelle et de Passy.

Après avoir creusé à 20 ou 25 mètres, on rencontre, en général, la roche calcaire sous laquelle coule la nappe des eaux jaillissantes.

La difficulté consistait donc bien moins d'atteindre cette couche de roche et même à la percer, que de maîtriser la force de l'eau, dont l'abondance eût rapidement inondé l'oasis.

« Pour cela les anciens avaient établi des soupapes de sûreté en pierre dure de la forme d'une poire armée d'un anneau en fer, qu'ils plaçaient dans l'algue de la fontaine ou en retiraient à volonté. L'algue est le nom arabe du trou pratiqué dans la roche calcaire. Ce trou, suivant la quantité d'eau qu'on veut rendre ascendante, a de quatre à huit pouces de diamètre..... Dans la construction de ces fontaines, les anciens établissaient un puits carré qu'ils prolongeaient jusqu'à la roche calcaire. Cette roche reconnue, ils garnissaient les quatre parois du puits de planches à triple doublage, afin d'éviter les éboulements de terre.

» Ce travail, qui se faisait à sec, étant achevé, ils perçaient la roche soit avec des tiges de fer, soit avec un fer très-lourd attaché à une poulie. La couche calcaire a de 300 à 400 pieds d'épaisseur.... L'eau qui coule sur un sable semblable à celui qu'on trouve dans le lit du Nil, fournit parfois du poisson en abondance (1). »

Avant de poursuivre notre récit, arrêtons quelques instants notre attention sur un mot que nous avons prononcé plusieurs fois, et qui généralement n'est pas suffisamment compris en Europe.

Nous voulons parler des *oasis*, dont le nom, spécial à l'Afrique et d'origine égyptienne, désigne les parties habitables et cultivables du Grand-Désert, particulièrement la zone qui confine à l'Egypte.

« On a souvent comparé les oasis à des îles au milieu des plaines sablonneuses du Sahara. Il y a cette différence toutefois, que les îles dominent la surface de l'Océan, tandis que les oasis sont des dépressions du sol inférieures au niveau de la Méditerranée. Les oasis doivent leur fertilité aux eaux qu'elles renferment, et qui parfois s'y épanchent en cours d'eau permanent.

» Toute la zone orientale et septentrionale du Grand-

(1) M. Ayme, manufacturier français, gouverneur des deux oasis pour le pacha d'Egypte.

Désert, à l'ouest du Nil d'Egypte et au sud de la région qui borde la Méditerranée, jusqu'aux Syrtes et du pied de l'Atlas, jusqu'à l'Atlantique, renferme un grand nombre d'oasis grandes et petites; mais l'usage a particulièrement consacré sous ce nom celles qui avoisinent l'Egypte à l'ouest, à la distance de quelques journées de marche. Elles forment une chaîne qui commence à la hauteur de Thèbes et qui, se prolongeant au nord, puis à l'ouest, conduit à l'oasis célèbre d'Ammon, appelée aujourd'hui oasis de Siwah. « Par leur position, disait il y a quatre-vingts ans, l'ingénieur de Rosière, ces oasis se trouvent dans une certaine dépendance de l'Egypte à laquelle elles ont été soumises dès les temps les plus reculés ; elles participaient à son régime ancien, et elles possédaient encore des monuments analogues à ceux de la Thébaïde et de la Nubie..... Toutefois elles n'ont plus avec l'Egypte que des relations de commerce; ce sont les stations, les lieux de rafraîchissement des caravanes qui partent chaque année de l'intérieur de l'Afrique, et qui traversent le désert pour se rendre en Egypte.

» Les anciens et les Arabes du moyen-âge ne connaissaient à l'ouest de l'Egypte que trois oasis..... C'est aux récents explorateurs que l'on doit d'avoir enfin des informations précises, sur le nombre, la position et la topographie des oasis égyptiennes. Elles sont au nombre de cinq principales, dans l'intervalle et autour desquelles, il y en a plusieurs de moindre étendue.

» Un trait caractéristique de ces oasis, est la dépression considérable que le sol y présente, par rapport au niveau général des plaines environnantes. Cette particularité est commune à toute la zone littorale du nord de l'Afrique, depuis l'extrémité orientale de l'Atlas jusqu'à la tête du Delta du Nil. On la retrouve dans toute cette longue bande, non pas d'une manière continue, mais sur différents points séparés par de plus ou moins grands intervalles, et, si l'on franchit l'isthme de Suez, elle se continue par une dépression infiniment plus considérable que les autres, dont le fond est occupé par la mer Morte et par la vallée du Jourdain. Ces incidents de la configuration terrestre sont dignes de la méditation des physiciens (1). » Elles ont été récemment étudiées et relevées avec beaucoup de soin, par MM. Rohlfs et Jordan, au cours d'une expédition scientifique dans le désert Libyque et aux oasis égyptiennes, organisée sous les auspices du Khédive.

Les Arabes de nos jours procèdent avec la même simplicité de moyens dans la construction de leurs fontaines jaillissantes. Le travail se fait à la main avec les outils les plus grossiers (2). Ne connaissant pas de procédé pour épuiser les eaux d'infiltration, ils travaillent parfois dans des terrains complétement noyés, exposés à périr par suffocation, ou à contracter les plus cruelles maladies. Leur travail est d'une lenteur effrayante. Il faut souvent quatre ou cinq ans de labeur pour arriver à une profondeur de 60 à 70 mètres.

Aux lenteurs et aux difficultés que présente ce mode

(1) L'année géographique. 1875.

(2) Une petite pioche pour creuser la terre et un panier fixé à une corde pour retirer les déblais.

primitif de creusement, « vient s'ajouter un inconvénient non moins grave, résultant du mode de revêtement des parois, consistant en une espèce de coffrage en bois de palmier grossièrement travaillé.

» Que ce boisage vienne à pourrir et à céder sous la pression des terres, les sables aussitôt font irruption, arrêtent l'écoulement de l'eau, et alors à la place du puits qui répandait autour de lui la fécondité et la vie, le pauvre habitant du désert ne trouve plus qu'un trou rempli d'eaux stagnantes, que les rayons du soleil et les feuilles de palmier transforment rapidement en un réservoir de corruption (1). »

Un officier français, le général Dervaux, pénétré de l'importance de multiplier les puits artésiens en Afrique, et convaincu de l'insuffisance des moyens connus et employés à cet effet par les Arabes, résolut d'attirer sur ce point l'attention du gouvernement français. Cette proposition, du reste, venait en un moment des plus opportuns.

L'année 1854 venait de finir; « les portes de Touggourt étaient ouvertes après de glorieux combats. L'Oued-Kir, l'Oued-Souf nous étaient soumis. Les tribus nomades ne pouvaient plus se livrer à leurs brigandages séculaires.

» Aux bienfaits de cette paix, inconnue jusqu'alors, qui devait faire accepter des maîtres puissants, mais d'une religion détestée, la politique la plus habile ne pouvait rien imaginer de mieux, que de joindre l'influence des travaux publics, qui, partout et dans le

(1) M. Marzy : *L'Hydraulique.*

Saharah plus qu'ailleurs, frappent l'imagination et démontrent la supériorité de l'Européen sur l'indigène..... le forage de puits artésiens fut décidé, et tout fut préparé pour son exécution avec des difficultés incroyables, le matériel de sondage fut amené à travers le désert, jusqu'au point fixé pour le forage d'un premier puits (1).

» Le premier coup de sonde était donné au commencement de mai 1856, et le 19 juin, à la profondeur de 60 mètres, le forage atteignait une nappe jaillissante et donnait naissance à une véritable rivière fournissant plus de 24,000 litres d'eau par minute (2).

» Cette nappe bienfaisante qui s'élançait des entrailles de la terre, en récompensant le courage de nos soldats, inaugurait une série de travaux qui feront bénir à tout jamais le nom français parmi les populations sahariennes (3).

» L'enthousiasme et la joie des indigènes furent immenses. La nouvelle se répandit dans le sud avec une rapidité inouïe, et les Arabes vinrent de très-loin

(1) A Tamerna, dans l'Oued-River.

(2) Quatre à cinq fois plus que n'en donne le puits de Grenelle.

(3) « Aussitôt que les cris de nos soldats eurent annoncé que l'eau venait de jaillir à Sidi-Rached, les indigènes, dit M. E. Marzy, accoururent en foule se précipiter sur cette rivière bénie, les mères y baignaient leurs enfants. A la vue de cette onde qui rend la vie à sa famille, à l'oasis de ses pères (*), le vieux Cheik de Sidi-Rached ne peut maîtriser son émotion, et, tombant à genoux, les yeux remplis de larmes, il élève ses mains tremblantes vers le ciel, remerciant Allah et les Français. »

(*) Les fontaines de l'importante oasis de Sidi-Rached, située à vingt-six kilomètres de Touggourt, étaient taries, le sable et le simoun reprenaient leurs droits, et la végétation allait disparaître. En vain les habitants avaient-ils essayé d'ouvrir une fontaine, leurs outils n'avaient pu entamer le banc de gypse terreux qu'ils avaient rencontré à la profondeur de 40 mètres; aussi la rapidité et le succès du forage fait par les Français semblèrent-ils aux populations tenir du merveilleux, et cela d'autan plus que « nulle part encore, ainsi que le dit le général Dervaux, nous n'avions prouvé combien nos procédés de forage l'emportent sur ceux usités jusqu'alors : en quatre jours, nous venions de faire ce qui avait été cru impossible. »

admirer cette merveille. Dans une fête solennelle, les Marabouts bénirent la fontaine nouvelle et lui donnèrent le nom caractéristique de *Fontaine de la Paix*.... (1) »

Depuis ce moment, et sous la vigoureuse impulsion du général Dervaux, les forages de puits artésiens faits par nos soldats se sont multipliés, et si cette œuvre de civilisation est continuée, il est permis d'espérer dans un temps relativement rapproché, une transformation complète de pays et de mœurs. Déjà, en effet, dans les oasis créées par le jaillissement des eaux se sont fixées des tribus nomades; déjà de riches cultures de palmiers (2) s'élèvent dans des endroits où naguère ne poussait pas un brin d'herbe, ne pouvait exister aucune créature animée.

N'est-ce pas là pour la France une entreprise glorieuse que l'histoire a le devoir d'enregistrer, et dont l'humanité tout entière doit être reconnaissante?

(1) M. E. Marzy : *L'Hydraulique*.

(2) En moins de six années, de 1857 à 1863, 400,000 palmiers ont été plantés dans le Sahara, de nombreuses oasis se sont relevées de leurs ruines, et deux villages nouveaux ont été créés.

V

La distribution des eaux à Paris.

I

Ce que nous avons dit, dans l'article précédent, nous conduit naturellement ou, pour parler plus juste, nous amène forcément à mentionner une entreprise du même genre, non moins considérable par la somme qu'elle a coûtée, les travaux qui s'y rattachent, et les résultats qu'elle a amenés au point de vue de la propreté et de l'hygiène. Nous avons nommé la nouvelle distribution des eaux à Paris.

L'eau étant une des conditions essentielles, non-seulement à la vie des êtres organisés, mais encore à la végétation des plantes, on la trouve sur tous les points habités du globe; mais partout elle n'a ni la même abondance, ni les mêmes qualités.

Si en certains lieux, ainsi que nous l'avons vu précédemment, il faut aller la chercher jusqu'à une grande profondeur au sein de la terre; dans d'autres endroits, où elle coule à portée de la main, elle ne saurait, par

suite de qualités particulières, servir à l'alimentation humaine.

Ce dernier cas se présente assez souvent dans les parties des fleuves ou des rivières, où se sont fondés de grands centres de population.

De là la nécessité, comprise depuis la plus haute antiquité, de se procurer au prix des efforts les plus laborieux et les plus coûteux, une eau qui puisse donner aux terres la fertilité, aux villes la salubrité, et assurer aux familles et aux individus la santé et la fortune (1).

« L'art de conduire et de distribuer les eaux, touche à une foule de questions dont la solution exige les connaissances les plus étendues » et que nous nous garderons d'aborder ici.

Nous signalerons seulement l'influence que peuvent exercer, au point de vue de l'hygiène, les différents sels en dissolution dans les eaux qui servent à l'alimentation.

Si l'on songe, en effet, qu'un homme dans des conditions moyennes absorbe par jour environ deux litres d'eau, on concevra sans peine que quelque petite que soit la proportion des matières nuisibles contenus dans le liquide, ces matières se chiffrent, dans un certain laps de temps, par quantités notables.

« Aussi voit-on l'opinion de tous les temps et de tous les lieux unanime à attribuer à la qualité des eaux, soit les effets pathologiques accidentels, soit l'existence

(1) L'importance du service des eaux est de mieux en mieux comprise en France. Celles de nos grandes villes qui, il y a peu d'années encore, étaient réduites aux eaux de citerne ou aux eaux de puits à peine potables, sont aujourd'hui, grâce aux sacrifices qu'elles n'ont pas hésité à s'imposer, admirablement pourvues. Qu'il nous soit permis de citer, comme ayant pris à cet égard une louable initiative, Bordeaux, Marseille, Cette, Nîmes, Aix, etc.

de maladies endémiques. Mais si l'eau peut devenir par l'incurie ou l'ignorance la source des plus grands désastres, elle peut, employée avec intelligence et discernement et à condition de contenir des gaz utiles à la digestion ou des sels favorables à l'économie, constituer l'agent hygiénique le plus sûr et le plus rationel. »

« Les matières organiques en dissolution dans l'eau se putréfient vite et donnent naissance à un grand nombre de maladies. »

De là la nécessité dont nous parlions tout à l'heure de suppléer à l'impureté de l'eau, lorsqu'elle n'offre pas des conditions désirables de salubrité.

« Le problème de la conduite et de la distribution des eaux se présente aujourd'hui dans des conditions bien différentes de ce qu'elles étaient dans l'antiquité et particulièrement chez les Romains, les auteurs de ces magnifiques travaux hydrauliques dont on retrouve presque partout des ruines imposantes.

» Lorsque les anciens avaient besoin de conduire de l'eau à de grandes distances, ils ne pouvaient avoir recours qu'à un aqueduc de maçonnerie ou à des tuyaux de plomb très-lourds et très-dispendieux. Ils ont presque partout construit des aqueducs qui, en plus de l'avantage de l'économie et de la facilité d'exécution, ont, dans le passage des vallées, l'avantage de nécessiter des travaux gigantesques bien propres à frapper les esprits et à les pénétrer d'admiration.

» .... De nos jours, nous avons sur les anciens l'immense avantage qu'offre dans la plupart des cas l'usage des tuyaux métalliques (1), cet avantage est tel que si l'on compare le prix actuel d'une conduite métallique à celui d'une conduite de plomb dans l'antiquité, on arrive à ce résultat remarquable que le premier n'est environ que le trentième du second. »

II

La question des eaux, au point de vue des concessions faites par l'Etat pour le service des établissements publics et des habitants des villes, ne date que du règne de Louis XVI; encore n'est-ce à vraiment parler que sous la restauration (2) que cette question acquiert une importance sérieuse, grâce à l'achèvement de la nouvelle machine de Marly, commencée en 1807 par ordre de Napoléon (3).

La distribution d'eaux qui résulte de cette machine hydraulique telle qu'elle est organisée au moment où nous écrivons, est « un des exemples les plus remarquables du concours que l'homme peut demander aux forces naturelles pour la satisfaction de ses besoins.

» Cette eau que nous employons à des usages si nombreux et si variés, la Seine non-seulement nous la fournit, mais encore elle l'élève à une grande hauteur et l'amène là où on la veut et par le chemin qu'on lui a tracé !....

(1) « L'emploi de la fonte a constitué un progrès énorme dans l'art de conduire les eaux.

(2) En 1826.

(3) L'établissement de Marly, dont la fondation remonte au siècle de Louis XIV, est situé sur la Seine, en lit de rivière, à l'extrémité d'un barrage qui forme une retenue de huit kilomètres de développement entre Bezon et Marly.

» Les transformations successives de Marly sont donc une manifestation remarquable de la loi du progrès dans les créations mécaniques. Quelle différence entre l'installation actuelle et celle de Snalem-Rennequin (1). Et cependant cette dernière fut longtemps et justement regardée comme une merveille (2).

Mais laissons Marly et Versailles pour nous occuper de Paris. A la fin du XVIIIe siècle, malgré les travaux d'art précédemment faits et les fontaines relativement nombreuses dues à la sollicitude de l'Etat ou à la munificence de certains particuliers, le volume total d'eau débité dans la grande capitale, grâce au service des eaux, ne dépassait pas 2,000 mètres cubes, fournis par les pompes de Notre-Dame, de la Samaritaine et par l'aqueduc d'Arcueil (3), aujourd'hui il dépasse le chiffre énorme de 160,000 mètres.

Plusieurs essais furent projetés, notamment la dérivation de l'Yvette. Le manque de fonds les fit ajourner et finalement abandonner.

III

Telle était la situation, lorsque « les frères Périer qui

(1) Charpentier de Liége, appelé à Paris par Colbert, à la recommandation du baron Deville, qui avait établi dans ses domaines une machine hydraulique dont la renommée attira l'attention du grand ministre et donna la première idée de celle de Marly.

(2) Aujourd'hui, à Marly, avec trois roues et douze pompes seulement, la quantité d'eau élevée est de beaucoup supérieure à celle que donnaient les quatorze roues et les deux cent trente et une pompes de Snalem-Rennequin. De plus, les réparations et accidents, qui très-souvent arrêtaient le débit de l'eau, ne se présentent plus.

(3) Les pompes de Notre-Dame entraient pour plus d'un tiers dans cette production.

tenaient la première place dans l'industrie française, » proposèrent d'appliquer à l'élévation des eaux de la Seine, la magnifique invention dont parlait alors toute l'Europe, la machine à vapeur. Cette idée fut accueillie avec enthousiasme.

Un des frères Périer se rendit aussitôt à Londres, d'où il rapporta, des ateliers du célèbre Watt (1), ce qu'à cette époque on appelait improprement une pompe à feu.

A son retour, c'est-à-dire en 1777, une compagnie fut fondée par lui et ses frères à l'effet d'élever les eaux de la Seine et de les faire arriver dans les différents quar-

(1) L'histoire de James Watt prouve une fois de plus cette vérité que nous avons déjà fait ressortir et que l'expérience de tous les temps confirme : « Ce ne sont pas les hommes les plus remarquables par la vigueur de leur esprit et l'étendue de leurs capacités naturelles qui arrivent aux plus grands résultats, mais ceux qui apportent dans l'emploi de leurs facultés l'assiduité la plus persistante et par dessus tout cette habileté méthodique qui ne s'acquiert qu'à force de travail, d'application et d'exercice. Il y avait à coup sûr, du temps de Watt, bien des gens qui en savaient plus que lui, mais il n'y en avait aucun qui travaillât aussi assidûment à faire servir ce qu'il savait à des usages pratiques. Il se distinguait surtout par sa persévérance à poursuivre et à constater les faits.... Or, tout enfant, il trouva la science mêlée à ses jeux. Les quarts de cercle qui traînaient dans la boutique de charpentier de son père le portèrent à l'étude de l'optique et de l'astronomie, comme plus tard sa mauvaise santé le conduisit à s'enquérir des secrets de la physiologie. Fabricant d'instruments de mathématiques, il reçoit la commande d'un orgue, et, quoiqu'il n'eût point l'oreille musicale, il entreprend l'étude de l'harmonie et réussit à construire l'orgue demandé.... Le petit modèle de la machine à vapeur de Newcomen, appartenant à l'université de Glascow, lui est donné à réparer; il se met sans retard à apprendre tout ce que l'on savait alors sur la chaleur, l'évaporation et la condensation; et faisant, à force de travail, marcher de front cette étude et celle de la mécanique et de la construction, il arrive à mettre le sceau à cette invention admirable : la machine à condensation. »

Pendant dix ans, Watt poursuivit ses combinaisons et ses essais, n'ayant que peu d'amis pour le stimuler et encore moins de motifs d'espérer. Il ne se découragea pas. Aux prises avec des difficultés de toutes sortes, ne gagnant sa vie que bien juste, pendant que toutes ses facultés, toutes ses aspirations étaient tournées vers la magnifique découverte qui devait transformer le commerce, l'industrie, les rapports entre peuples, il s'assujettissait à un travail pénible et souvent fastidieux afin de gagner le pain de sa famille. Fils d'un négociant de Greenock, James Watt, né en 1736, mourut ou plutôt s'éteignit doucement le 25 août 1819.

tiers de Paris pour y être distribuées aux particuliers et aux porteurs d'eau.

L'établissement nouveau fut placé à Chaillot (1); il comprenait deux pompes qui commencèrent à fonctionner en 1782 (2) : c'était un premier pas — et un pas bien important — fait dans la voie d'un service des eaux régulier et sûr. Néanmoins l'eau fournie par les pompes réunies de Chaillot et du Gros-Caillou était loin de suffire aux besoins d'une population qui atteignait déjà le chiffre de 550,000 âmes (3).

On revint aux projets de dérivation qui déjà avaient été plusieurs fois discutés. Il s'agissait cette fois des eaux de la Bièvre.

Les travaux étaient à peine commencés que les événements politiques en arrêtaient le cours.

Une assez longue période, remplie des préoccupations les plus graves, devait s'écouler avant que la question des eaux vînt de nouveau s'imposer à la sollicitude de l'édilité parisienne.

Il faut, en effet, arriver jusqu'à l'année 1797 pour assister au début de cette gigantesque entreprise qui devait se terminer par la construction du canal de l'Ourcq dont les eaux ont fourni jusqu'à ce jour la majeure partie de l'alimentation parisienne.

Le 15 août 1809, les eaux, introduites pour la première fois dans les conduits de la ville, coulèrent en

(1) C'est-à-dire à l'aval de la ville, ce qui fut une énorme faute au point de vue de la qualité de l'eau.

(2) Quelques années plus tard, et toujours par la même Compagnie, deux autres pompes furent installées au Gros-Caillou.

(3) Le débit des eaux, à Paris, était alors de 8,000 mètres seulement par jour.

larges nappes à la fontaine des Innocents, à la grande admiration d'un public dont les yeux étaient habitués à ne voir qu'un maigre filet d'eau s'échapper des fontaines de Paris.

« .... Deux ans plus tard, les mêmes eaux jaillissaient de la fontaine du Château-d'Eau.... »

Les événements de 1813 apportèrent un temps d'arrêt à l'exécution d'une entreprise si brillamment inaugurée et conduite.

Les travaux reprirent avec ardeur dès les premières années de la restauration, sous les ordres de M. Girard, le savant ingénieur en chef chargé de la direction générale des travaux de la ville de Paris. Les canaux de l'Ourcq et de Saint-Denis purent fournir au bassin de la Villette 106,000 mètres cubes d'eau par vingt-quatre heures.

IV

Bientôt cette prodigieuse quantité d'eau ne suffit plus, bien que les puits artésiens de Grenelle et de Passy fussent venus y joindre leur contingent. Alors on eut recours, non à de nouveaux établissements, mais au développement de ceux qui existaient. De nouvelles machines beaucoup plus puissantes remplacèrent les anciennes (1).

Dès 1860, la ville de Paris disposa journellement de

(1) Déjà, à ce moment, la machine du Gros-Caillou avait été transportée en amont de Paris, au pont d'Austerlitz; de plus, l'annexion de la zone de l'ancienne banlieue, comprise entre les murs d'enceinte et les fortifications, avait fait rentrer dans Paris les six machines à vapeur du Port-à-l'Anglais, de Maison-Alfort, d'Auteuil, de Neuilly, de Clichy et de Saint-Ouen.

160,000 mètres cubes d'eau dont 106,000 fournis par le canal de l'Ourcq, 42,000 par les machines, et le reste par l'aqueduc d'Auteuil et les puits artésiens de Grenelle et de Passy.

Sur ce volume, 70,000 mètres étaient affectés aux services privés, 80,000 aux services publics, et 10,000 mètres environ restaient disponibles.

Ces résultats ne laissaient rien à désirer sous le rapport de la quantité; mais sous celui de la qualité, le résultat n'était pas aussi satisfaisant.

Le canal de l'Ourcq n'étant malheureusement pas seulement une conduite d'eau potable, mais en même temps une voie de communication, ses eaux sont constamment salies par les nombreux bateaux qui y circulent; la Seine est le réceptacle de déjections et des résidus d'une population — pour la seule ville de Paris — de plus de 1,800,000 habitants. Tout cela n'est évidemment pas de nature à procurer des eaux très-pures (1).

La science ne tarda pas à intervenir, les eaux donnèrent lieu à de savantes études, à d'indiscutables expériences qui acquirent à la question des eaux une importance qu'elle n'avait pas encore eue.

Pour parer aux inconvénients signalés, l'administration municipale ne craignit pas d'assumer une nouvelle charge qui devait grever, pendant une assez longue période, les finances de la ville.

Elle comprit que « lorsqu'une nation ou une grande

(1) « Il est juste de reconnaître que les constructions de l'égout collecteur d'Asnières qui transporte à l'aval de Paris les produits de la plus grande partie des petits égouts a, ainsi que les deux grands égouts collecteurs des quais, singulièrement modifié, à l'intérieur de la ville, les eaux de la Seine.

cité veut pourvoir à l'un de ces besoins publics qui sont également impérieux dans toutes les vicissitudes de sa destinée, dans la prospérité comme dans les revers, s'il se présente deux moyens praticables, l'un réclamant tout d'abord des frais élevés et un puissant effort, mais ne chargeant l'avenir lointain que d'une faible dépense d'entretien et d'une moindre sollicitude, l'autre moins dispendieux au début, mais grevant chaque année, chaque jour, d'un lourd fardeau financier et de soins multipliés et attentifs; cette nation ou cette cité ne peut hésiter à préférer le premier moyen, pour peu qu'elle ait la conviction de sa propre durée, le souci de sa gloire et le sentiment de ses devoirs envers les générations à venir.... »

En conséquence de ce principe, l'édilité parisienne abandonna les projets de bassins de filtration qui l'avaient d'abord séduite, et entra courageusement dans la voie, dont nous avons déjà parlé, de dérivations de cours d'eau choisis à de grandes distances, dans des sites, dont la formation géologique offrait toutes les conditions salubres indiquées par la science, et amenés à grands frais par des aqueducs dont les dispositions nécessaires devaient avoir pour conséquence inévitable la transformation presque complète du système de distribution précédemment adopté, et dont l'installation avait été si coûteuse.

Cette détermination prise, restait à fixer le point de départ des nouveaux travaux.

M. Belgrand, le savant ingénieur, dont le nom est à jamais inséparable de l'entreprise, dont l'initiative et le succès lui appartiennent, ayant démontré qu'on ne trouve d'eau de bonne qualité, disponible pour la capitale, qu'aux points où commence la craie blanche qui couvre les plaines de la Champagne, proposa la dérivation des sources de la Somme-Soude (1) ainsi que du Sourdon et de la Dhuis, placés dans des conditions non moins favorables entre Epernay et Château-Thierry.

Il s'engageait à amener par ce moyen, sur les hauteurs de Ménilmontant et de Belleville, 100,000 mètres cubes d'eau par jour.

Mais le sort de toute entreprise considérable est de susciter des rivalités, des ambitions inquiètes, des luttes ardentes ; on prétend même que c'est le *criterium* auquel on reconnaît les grandes œuvres.

Cette sanction ne devait pas manquer au projet de M. Belgrand. D'autres plans furent proposés ; on préconisa les eaux de la Loire ; des travaux d'études furent proposés et acceptés ; mais toutes ces critiques, tous ces obstacles eurent pour unique résultat un retard regrettable dans l'adoption définitive de la dérivation des eaux de la Champagne.

M. Elie de Beaumont ayant fait à cet égard le rapport le plus favorable, la déclaration d'utilité publique ne se fit pas plus longtemps attendre, et au printemps de 1863, commencèrent les travaux de construction de l'aqueduc de la Dhuis, qui devait fournir une première ressource de 40,000 mètres cubes d'eau par jour.

Cet aqueduc, dont la longueur totale est de 134 kilomètres, est, en outre de la Dhuis, alimenté par le Surmelin dont les eaux sortent de la même nappe, au-dessous des argiles à Meulière de la Brie.

(1) Petite rivière qui se jette dans la Marne entre Châlons et Epernay.

Cette gigantesque entreprise, à laquelle on ne peut comparer dans le même genre que les travaux qui amènent à Marseille de l'eau potable, fut achevée en moins de deux ans. Elle avait coûté dix-huit millions, de façon à porter, selon les calculs de M. Belgrand, le prix du mètre cube d'eau apporté à Paris, à la minime somme de six centimes.

« Cette eau, dit l'auteur qui nous a servi de guide dans la partie de notre travail qui touche à l'hydraulique (1), arrive sur les hauteurs de Ménilmontant dans un réservoir d'une capacité de 130,000 mètres cubes, divisé en deux étages, dont l'inférieur est destiné à recevoir les eaux de la Marne élevées par des machines installées à Saint-Maur.

» L'altitude du réservoir de Ménilmontant n'étant pas suffisante pour desservir les points les plus élevés de Paris, pour remédier à cet inconvénient, on a établi, sur le sommet du plateau de Belleville, un réservoir auxiliaire de 38,000 mètres cubes, alimenté par les eaux du grand réservoir au moyen d'une petite machine à vapeur.

» Lorsque la dérivation de la Somme-Soude et celle de la Vanne, lesquelles donnent lieu à des travaux analogues à ceux de la dérivation de la Dhuis seront entièrement achevées, la ville de Paris aura dépensé environ soixante-deux millions de francs, et elle aura à sa disposition environ 100,000 mètres cubes d'eaux de source par jour.

» Ces eaux de source seront réservées pour la boisson et les usages domestiques ; les habitants de la grande cité seront ainsi assurés d'avoir toujours en abondance

(1) M. E. Marzy : *L'Hydraulique.*

une eau pure, limpide et d'une température à peu près uniforme, fraîche en été, agréable en hiver, réunissant en un mot toutes les qualités exigées pour les eaux potables.

» Les eaux de la Seine, de la Marne et du canal de l'Ourcq seront uniquement affectées aux services publics, à l'entretien des fontaines monumentales, à l'arrosage des squares et des voies publiques, enfin au lavage régulier et continu des égouts.

» Ainsi, non-seulement la grande entreprise, conçue par l'administration municipale de Paris et exécutée par ses soins, assure d'une manière parfaite le service des eaux potables, mais encore elle offre de précieux avantages au point de vue de l'hygiène, en permettant de consacrer aux services publics, les grandes quantités d'eau de rivière que rend disponibles l'emploi des nouvelles eaux de source. »

VI

Les expositions universelles.

I

Les expositions industrielles, que Sully avait projetées et qu'il appelait « les conversations entre peuples, » ne devaient entrer dans leur voie pratique que beaucoup plus tard. C'est à François de Neufchâteau, né en 1750, poëte, magistrat, député à l'Assemblée législative, enfin ministre et par dessus toutes choses habile économiste, qu'elles doivent leur origine.

Au cours de son passage au ministère de l'intérieur pendant le Directoire, François de Neufchâteau, que l'état et les progrès de notre industrie ne cessaient de préoccuper, eut la pensée de charger une commission spéciale d'inspecter les manufactures de Sèvres, des Gobelins et de la Savonnerie.

Le résultat de l'inspection lui démontra que les magasins de ces importants établissements contenaient des quantités considérables de marchandises, pour lesquelles n'existait aucun débouché.

Persuadé que rien ne pouvait être plus nuisible au développement de notre industrie nationale que cet encombrement qui décourageait directeurs et ouvriers et paralysait le travail, il imagina d'exposer aux regards du public les produits disponibles des manufactures nationales.

Il chargea les membres de la commission qui fonctionnait encore, de réaliser ce projet et mit pour cela, à leur disposition, tous les moyens, toutes les ressources dont l'Etat disposait.

Le château de Saint-Cloud fut choisi pour recevoir ces premières assises de l'industrie française, ou plutôt de l'industrie moderne.

« On y donna des fêtes publiques pendant lesquelles des marchands de toute espèce, soit de Paris, soit des contrées environnantes, débitaient leurs denrées sans être soumis à aucun frais.

» Dans le parc, des spectacles, des courses à pied, des jeux de tout genre attiraient et amusaient la foule. »

On se plaignit bientôt : — Saint-Cloud, disait-on, n'était pas un point assez central pour une aussi importante exhibition.

Le ministre, enchanté du succès de son idée, fit alors transporter l'exposition à l'hôtel d'Orsay, rue de Varennes, où les objets d'art prirent place à côté des produits de l'industrie.

« Enfin en l'an VI (1794), pendant les jours complémentaires (1), une exposition organisée par le ministre lui-même eut lieu au Champ de Mars. »

(1) Se reporter au calendrier républicain.

Cette première exposition officielle, ordonnée avec la solennité et la pompe en usage au temps du Directoire, eut un grand retentissement non-seulement en France, mais dans toute l'Europe.

A partir de ce moment, les expositions se succèdent rapidement, et leur importance va toujours croissant. Ainsi la deuxième a lieu en 1801; la troisième en 1802;

EXPOSITION DE 1867.

la quatrième en 1806; la cinquième en 1819; la sixième en 1823; la septième en 1827; la huitième en 1834; la neuvième en 1839; la dixième en 1844; la onzième en 1849; en 1855, la douzième et première universelle; en 1867, la treizième et la deuxième universelle; enfin, pour 1878, la quatorzième et la troisième universelle (1).

François de Neufchâteau assista aux sept premières de ces expositions. Appelé à siéger au sénat par Napoléon Ier, il ne s'occupa plus, dans les dernières années de sa vie, que d'agriculture et de travaux historiques (2).

II

Le succès toujours grandissant des expositions industrielles et surtout des expositions universelles, s'explique aisément.

En effet, « outre l'attrait qui s'attache à des collections si brillantes, il y a là pour la foule une occasion de mieux connaître les objets qui défraient ses besoins habituels et, pour les hommes spéciaux, un sujet de réflexions et d'études. Rien de plus profitable à l'avancement de l'industrie.

« Non-seulement les manufacturiers convient alors le public à les juger, mais ils se jugent entre eux et avec une sûreté de coup d'œil que rien n'égale. S'il y a quelque part, dans cet ensemble un peu confus, une supériorité qui se cache, un procédé nouveau, un produit marqué d'un caractère particulier, croyez qu'ils seront bientôt signalés par un signe irrécusable : l'attention des hommes du métier, quelquefois même leur jalousie.

» C'est un contrôle mutuel et une mutuelle justice.

(1) Nous ne mentionnons ici que les expositions faites en France. On sait que notre exemple a été suivi par l'Angleterre, la Hollande, l'Autriche et les Etats-Unis d'Amérique.

(2) Il mourut en 1828.

C'est en même temps une école où les faibles s'instruisent à l'exemple des forts, et dont les uns et les autres cherchent à tirer quelque profit.

» Les ouvriers, bons arbitres aussi, viennent à leur tour s'y éclairer et, s'il y a, dans l'exécution manuelle, quelques perfectionnements, ils ne sont pas des derniers à s'en apercevoir et à se les approprier.

» Ainsi s'élève la portée de ces expositions; l'objet en évidence n'est rien auprès de cette éducation des producteurs mis en présence les uns des autres et s'éclairant par la vue et le rapprochement de leurs travaux respectifs. Le cérémonial dont elles sont accompagnées, la distribution des récompenses, n'en forment que la partie décorative; ce qu'il en reste de plus fécond, ce sont les germes d'émulation déposés au fond des cœurs, le désir du progrès excité avec énergie et sachant à quoi s'appliquer, le souvenir des bons modèles et la volonté ferme de ne pas leur rester inférieur.

» A ce point de vue, les expositions générales sont un instrument bien plus puissant que ne peuvent l'être les expositions limitées aux produits d'un Etat. Non-seulement l'étude des faits s'exerce alors de fabricant à fabricant, mais encore de nation à nation; elle embrasse l'activité industrielle dans sa manifestation la plus complète (1). »

Et si nous demandons maintenant quel rang, en 1855, a occupé la France dans ce tournoi glorieux, quoique pacifique, la même plume compétente nous répondra :

« L'exposition de 1855 nous a montrés tels que nous

(1) Louis Reybaud, de l'Institut: *Revue des Deux Mondes*, décembre 1855.

sommes, les maîtres dans l'empire des travaux d'art et des produits raffinés, les souverains de la mode, les arbitres du goût. Elle ne nous a pas assigné une place équivalente dans la grande fabrication, celle qui dessert les besoins les plus universels.

» Et comme pour rendre ce contraste plus sensible des pays nouveaux dans l'industrie, tels que la Suisse et l'Autriche ont fait, en plus d'un genre, un pas très-brillant et très-marqué..... N'essayerons-nous pas de ces voies nouvelles où l'Angleterre, entre autres, est entrée depuis dix ans et où elle a trouvé une prospérité et une grandeur sans exemples (1)?.... »

Tel était le jugement porté, il y a vingt ans, sur notre situation industrielle, comparée à celle des autres peuples de l'Europe.

Nous allons examiner, aux vives clartés d'une nouvelle exposition universelle — celle de 1867, — le résultat de cette première comparaison, c'est-à-dire les progrès dus à l'émulation qu'a dû nécessairement susciter le sentiment de cette infériorité signalée par M. Louis Reybaud.

L'exposition qui s'ouvrira juste au moment où ce livre paraîtra, se chargera de dire si nous avons, en ces dix dernières années, avancé ou reculé dans la voie du progrès.

Quels que soient d'ailleurs les enseignements qui sortiront pour nous de ce nouveau contact avec l'industrie de l'univers entier, l'étranger a le devoir aussi bien que nous-mêmes, de tenir compte des épreuves par lesquelles nous avons passé, des désastres qui nous ont frappés....

(1) *Revue des Deux Mondes*, décembre 1855.

III

« S'il fallait mesurer les mérites d'une exposition sur le nombre de ceux qui y ont pris part, celle de 1867, dit M. Louis Reybaud, aurait incontestablement le pas sur toutes celles qui l'ont précédée.

» Pour s'en tenir au rapprochement le plus récent, l'exposition de Londres en 1862, n'avait réuni que 27,446 exposants, celle de 1867 en a compté 42,417 (1), c'est à peu près 15,000 exposants de plus. »

La fabrication parisienne occupait une place considérable dans ce chiffre, et à cette occasion, l'éminent critique, que nous venons de citer, émet quelques idées fort justes que nous croyons devoir reproduire.

« L'influence qu'exerce le marché de Paris sur les industries de nos provinces est connu, mais, ajoute-t-il, ce qui l'est moins, c'est le rôle que jouent ses propres industries dans le mouvement général de la production.

» Si c'est de Paris que partent les ordres, les inspirations, les modèles, c'est à Paris également que les produits viennent aboutir et quelquefois même s'achever.

» Il y a, dans la région suburbaine, toute une zone manufacturière qui, de l'ouest, gagne le nord et part de Suresnes pour aboutir à Belleville. Plusieurs de ces hautes cheminées dont l'ombre se projette sur les champs

(1) Voici quelques chiffres se rapportant aux expositions qui ont précédé celle de 1867 : — En 1806, 1422 exposants; en 1819, 1500; en 1817, 1700; en 1834, 2500; en 1839, 2380; en 1844, 3908; en 1846, 4500.

et les vignobles, sont les jalons de puissantes usines où, la vapeur aidant, des étoffes venues de nos départements sont teintes, imprimées, apprêtées, reçoivent en un mot les dernières façons.

» Ailleurs on travaille le fer, on raffine le sucre, on découpe le bois, on prépare avec une perfection sans égale, les produits si délicats de la chimie.

» On ne fait guère dans ces ateliers que ce qui ne se ferait pas en province avec le même degré de raffinement; dans la plupart des cas, on se contente d'amener ce qui est dégrossi à une perfection plus grande. La cherté du salaire interdit la production courante, et ne permet guère que des travaux d'exception; mais pour ces travaux, il y a des laboratoires où des ouvriers de choix travaillent sous les yeux des maîtres de la science, et où nos départements peuvent puiser des inspirations.

» Paris fait plus, il s'identifie à la province, tantôt par des exploitations directes, tantôt par des commandites. Rien ne se passe d'essentiel qu'il ne soit consulté, et il est peu de succès à espérer hors de ce qu'il approuve, c'est un arbitre, un juge, quelquefois un maître. Mais en même temps qu'il revendique les honneurs du pouvoir, il n'en répudie pas les charges. Son génie est au service de qui en a besoin. Il invente, imagine, modifie sans relâche, contient le goût dans ses écarts et met de l'art dans ce qui en paraissait le moins susceptible. »

Tel a été le Paris des expositions précédentes, tel bien certainement sera le Paris de celle qui se prépare.

Quels enseignements nouveaux nous apportera ce nouveau concours? Le secret en est encore dans l'avenir. Ce que nous pouvons déjà affirmer, c'est que dans ces dernières dix années, les champs de l'industrie ne sont pas restés inféconds. « La puissance, qui y règne en souveraine, obéit à des lois régulières, et ne recule pas après s'être étourdiment avancée. Elle a un but essentiel, qui est d'arracher à la nature de nouveaux secrets, et de les faire servir à l'avancement des civilisations. De quel pas ferme elle marche vers ce but, quelles rencontres elle fait, quelles surprises elle nous cause, » chacun pourra s'en rendre compte en parcourant les immenses galeries de l'exposition de 1878.

Cependant, et afin qu'on ne nous accuse pas d'un parti pris d'optimisme, enregistrons ici quelques réflexions qui contiennent, sinon un danger sérieux, du moins une tendance qui doit être signalée.

Ce qui, pour un spectateur désintéressé, ressort en première ligne des expositions universelles, « c'est que dans l'échange habituel de rapports qu'ont amené leur fréquence, les usurpations sont réciproques et plus générales qu'on aurait pu l'imaginer. Les peuples se copient et, en se copiant, perdent beaucoup de leur physionomie originale. Chez les individus, le fait est visible; les Orientaux même, avec leurs costumes si tranchés, n'échappent point à cette sorte de dénaturation; entre Européens, il n'y a plus que des nuances souvent imperceptibles, même pour des yeux exercés.

« Dans les produits, l'assimilation est plus frappante encore; pour beaucoup d'entre eux, il est impossible de distinguer le pays et la main d'où ils sortent.

...... Si ces affinités se maintiennent longtemps parmi les hommes, il n'y aura bientôt plus entre les fruits de l'activité humaine d'autres dissemblances que celles qu'y maintiendront la nature du sol et la diversité des climats. Tout ce que l'homme y ajoute de façons, traité par les mêmes machines ou par des ouvriers mis fréquemment en contact, gardera nécessairement un air de parenté.

« Y a-t-il là un péril, ou ne serait-ce pas plutôt un acheminement à un rêve qui continuerait celui de l'abbé de Saint-Pierre : la division du travail s'établissant entre tous les peuples du globe, comme elle s'établit entre des compagnons d'atelier qui traitent chacun un détail pour exécuter, à moins de frais possible et avec plus de perfection, une œuvre commune. L'œuvre commune serait ici le triomphe de la civilisation la plus avancée sur toutes celles qui sont en retard (1).... »

Mais à qui appartiendra le privilége de se placer en tête de cette marche du progrès?....

Jusqu'ici « pour les industries capitales, comme les mines et minières, le traitement des métaux, le concours a été ouvert entre l'Angleterre, l'Allemagne, la Belgique et la France, en y ajoutant sur le second plan, la Suède, la Russie et l'Italie..... Pour les arts textiles, le concours n'est pas moins brillant ; il comprend toutes les villes du continent et des îles anglaises qui travaillent la soie, la laine, le coton et le lin (2). »

(1) M. Louis Reybaud.

(2) M. Louis Reybaud.

Nous avons dit la supériorité de la France en matière de fabrication d'objets de luxe, ajoutons que pour les beaux arts, tels que nous les a montrés l'exposition de 1867, une prééminence plus incontestable encore nous a été reconnue.

Et cependant, nous devons l'avouer, l'école française ne s'est pas maintenue, en 1867, à la hauteur où elle s'était placée en 1855.

A cette époque, « nous nous étions montrés avec un éclat qu'on n'a point oublié, et qui avait singulièrement frappé les autres nations, parce que, c'est à partir de ce moment que les peintres étrangers sont venus étudier dans nos ateliers, et prendre leur part de nos enseignements et de nos récompenses. » Mais, dans les dix ans qui ont séparé les deux premières expositions universelles de Paris, « la mort se montra cruelle; elle frappa sans relâche, creusant, parmi nos artistes, des vides qui, en 1867, n'avaient pas encore été comblés. » Le seront-ils en 1878?..... « Jusque-là, c'est-à-dire jusqu'à ce que nous ayons à nouveau fait nos preuves, nous devons reconnaître que, si nous avons le droit d'être fiers en nous comparant aux autres, relativement à nous-mêmes, relativement au grand mouvement qui s'est accompli depuis le commencement de ce siècle, nous sommes en décadence, et c'est à quoi il faudrait remédier au plus vite. Il ne suffit pas d'être les plus forts, il faut être fort sans comparaison, au point de vue absolu (1). »

(1) M. Maxime du Camp : *Les beaux arts à l'exposition universelle de* 1867.

VII

Le percement de l'isthme de Suez.

I

Suez.

« Le désert ! l'horizon d'une morne rougeur;
Prison sans murs, qui marche avec le voyageur;
Point d'arbres, un sol noir, quelque vautour qui plane;
L'hyène qui, de loin, guette la caravane;
Et parfois le simoun, horrible et furieux,
Soulevant l'océan des sables jusqu'aux cieux;
Ici rien n'aime l'homme et rien ne le redoute.
Rien ne distrait les yeux, rien ne charme la route;
Cependant, en ce lieu fatal et désolé,
L'homme régnait jadis.... Il s'en est exilé. »

Telle était, il n'y a guère plus de quinze ans, entre Suez sur la mer Rouge et l'antique Péluse sur la Méditerranée, cette bande de terre de trente lieues à peine, que sillonnent aujourd'hui les vaisseaux des deux mondes; imperceptible barrière pour l'œil qui la cherche sur la carte du monde; région fameuse pour la pensée qu'éclaire le souvenir des hommes et des choses qui, pendant tant de siècles, se sont passés en cet étroit espace; terre illustre entre toutes, pour quiconque évoque les brillantes images des destinées qui lui sont promises, maintenant que, servant de passage et de lien entre les deux mers, elle relie l'Occident à l'Orient.

Cette terre, plongée dans un sommeil qu'avait allourdi la succession de longs siècles écoulés, et qui semblait être le prélude de la mort, s'est réveillée de sa profonde léthargie; elle a secoué son linceul; « des cadavres de ses villes évanouies » sont sorties des villes nouvelles; « les débris de ses monuments » ont servi de base à des monuments non moins grandioses encore que ceux du passé; il n'est pas jusqu'au « *canal des Pharaons* » qui n'ait vu se creuser à ses côtés une voie plus large et plus profonde! La terre de Gessen a revendiqué son antique renommée et a reconquis sa place dans l'histoire du monde.

Quels sont les illustres promoteurs de cette œuvre, une des plus glorieuses de notre siècle, si fécond cependant en grandes œuvres et en audacieuses entreprises.

Le poëte va nous répondre :

...... L'un est jeune et de noble attitude,
Sérieux, attentif, comme son compagnon;
Il gouverne l'Egypte et Saïd est son nom.
L'autre sur qui les ans ont pesé davantage,
A la douce énergie et le calme d'un sage;
On sent qu'il est de ceux qui ne reculent pas,
Et qui marchent au but sans dévier d'un pas.
De Lesseps, nom qu'attend, au bout de la carrière,
La gloire impartiale ainsi que la lumière (1).

(1) M. le vicomte de Bornier : l'*Isthme de Suez*, poëme couronné par l'Académie française.

..... Mais quittons le présent, et la Bible à la main, remontons le cours des âges. Il n'est pas un seul point de la terre qui nous occupe, qui ne nous rappelle et ne nous confirme les récits du saint livre. Abraham, Joseph, Jacob, Moïse ont partout ici laissé l'indélébile empreinte de leur passage.

Abraham, durant son séjour en Egypte, s'établit à Memphis; il dut donc traverser l'isthme au moins à deux reprises.

Jacob, appelé par Joseph, son fils, à la cour du Pharaon Aménophis, se rendit à Rhamsès et passa sur les bords du lac Timsah, un des trois lacs traversés par le canal de Suez.

Enfin la concession de la terre de Gessen fixa les Hébreux dans la contrée qui nous occupe; là s'écoulèrent l'enfance et la jeunesse du libérateur du peuple de Dieu; là s'accomplirent les premiers actes de sa carrière prédestinée.

M. de Lesseps s'exprime ainsi au sujet du touchant épisode de l'exposition de Moïse sur les eaux : « Quelques géographes, dit-il, ont placé le berceau de Moïse en face de Memphis où le Nil est très-profond et très-rapide. Ils n'ont pas songé que jamais une mère n'aurait exposé son fils là où le courant l'aurait sûrement emporté.

» Moïse a dû être exposé dans la branche tanitique, près du lac Menzaleh et devant l'ancienne ville de Tsan, voisine de la vallée de Gessen. Les récentes découvertes de M. Mariette ont constaté que c'était la résidence des rois pasteurs appelés *hycsos*. Le nom de *sos* signifie en langue éthiopienne *pasteur*, et je pense que *suez* vient de *sos*. Ainsi la terre de Gessen qui, en hébreu, veut dire terre des pâturages, ne serait que la traduction de *sos*.

» Moïse a donc été sauvé sur une des branches du Nil prise pour le Nil. Aujourd'hui encore les Arabes, comme la Bible, appellent Nil toutes les branches du fleuve, tous les grands canaux qui en dérivent. Ainsi, lorsque la Bible dit que Moïse a été sauvé du Nil, ce passage s'accorde parfaitement avec les dernières découvertes, qui constatent que la capitale où résidaient les Pharaons, était Tsan, plus tard Tanis et Avaris, située à peu près à dix lieues de Port-Saïd, entrée de notre canal sur la Méditerranée.

» Au pied des ruines de cette ville, coule l'ancienne branche tanitique qui maintenant se jette dans le lac Menzaleh au lieu de se jeter dans la Méditerranée, son embouchure ayant été oblitérée. On voit sur ses bords, près de Tsan, comme autrefois, des roseaux nombreux, et l'on comprend que c'est dans cet endroit qu'a dû s'arrêter le berceau de Moïse, ainsi que le dit la Bible, dont les descriptions sont toujours exactes. »

Si des récits de l'Ancien Testament nous passons à ceux du Nouveau, nous trouverons l'isthme de Suez tout embaumé du souvenir de la sainte Famille.

Les Arabes, en effet, montrent près du lac de Timsah, la place où Jésus, Marie et Joseph firent halte, alors que, fuyant la persécution d'Hérode, ils venaient chercher un asile en Egypte : « Jésus enfant, selon la remarque de M. de Lesseps, séjourna ainsi près de l'endroit même où Moïse avait été sauvé des eaux. »

Plus tard, quand l'Eglise naissante jeta tant d'éclat sur la terre des Pharaons, quand les déserts de l'Egypte virent naître et se développer l'esprit cénobitique, l'antique terre de Gessen ne dut pas demeurer en arrière; et ces lieux qui, tout imprégnés encore du souvenir d'un premier sauveur venu à l'Egypte de la terre de Chanaan, avaient joui de la divine présence du Sauveur du monde, ne furent pas sans recevoir la visite de pieux pèlerins et sans donner asile à de fervents anachorètes.

Dans ce désert que viennent de rendre au mouvement et à la vie le génie et la persévérance d'un Français, tout parle donc d'un passé qui appartient au monde chrétien tout entier. Et à ce point de vue, plus encore qu'à celui des intérêts commerciaux et industriels des nations, c'est un spectacle grandiose et imposant que de voir, après des siècles de silence et d'abandon, cette terre oubliée, renaître à la fécondité et devenir le rendez-vous et le point central, où se rencontrent et se donnent la main tous les peuples du monde!

II

Ismaïla et Port-Saïd.

C'est dans une dépression longitudinale que forme de Suez à Péluse, entre les rivages de la mer Rouge et de la Méditerranée, la rencontre de deux plaines dont l'une remonte vers la Syrie et l'autre vers la vallée du

Nil, qu'a été creusé le canal qui unit les deux mers.

Sur son parcours, ce canal rencontre trois larges bassins qu'il traverse : ce sont les lacs Amers, le lac Timsah et le lac Menzaleh.

Situés à cinq lieues de Suez, les lacs Amers, dont la superficie est de 330,000,000 de mètres carrés, étaient depuis longtemps à sec; mais outre l'assurance qu'en donnait la tradition, le témoignage même du sol ne permettait pas de douter que cet immense bassin eût été autrefois rempli par les eaux de la mer, que la main de l'homme y a ramenées, afin de s'en servir comme d'un modérateur, qui permet de tenir le canal ouvert sans écluses, et d'éviter pourtant qu'un courant trop fort s'y établisse et nuise à la navigation, tout en dégradant les berges du canal.

Le lac Timsah est situé à distance à peu près égale des deux extrémités de l'isthme; sa surface couvre 2,000 hectares de terrain. Le Nil dans ses plus grandes crues y jette le trop plein de ses eaux, et féconde ses rivages que couvre une brillante végétation. La nature a creusé le fond de ce lac bien au-dessous du niveau de la Méditerranée. Il offrait donc toutes sortes de facilités pour la création d'un port intérieur, et d'un point de jonction, où la grande navigation put se relier à la navigation fluviale.

Ce port intérieur a été créé, et, où naguère régnaient la solitude et le silence, s'élève une ville déjà importante, et qui est en voie de devenir un des principaux centres commerciaux du monde. C'est Ismaïla, dont la rade merveilleuse et le climat enchanteur font, au milieu de ce pays d'une fécondité sans égale, le premier port de repos et de ravitaillement du monde.

La ville se présente aux yeux ravis, comme une véritable oasis. Toutes les maisons sont enveloppées par un rempart de verdure. Cette particularité donne à l'ensemble de la ville, un air de calme mystérieux, qui captive l'imagination.

Ismaïla mérite donc vraiment le titre qui lui a été donné de *Merveille du désert*.

La proximité de Zagazig — le trajet en chemin de fer est de deux heures à peine — lui fournit, au point de vue du commerce égyptien, une fort grande importance; et sous le rapport agricole, les belles cultures qui longent le chemin de fer depuis Zagazig, jusqu'au sortir de la vallée de l'Ouady (terre de Gessen), ne sauraient manquer, dans un avenir prochain, de conquérir le désert et de se continuer des deux côtés du canal.

La situation d'Ismaïla est donc à tous égards admirablement choisie. Voisine de Zagazig où arrivent tous les cotons et autres produits de l'Egypte, elle communique avec le vaste réseau des voies de navigation fluviale, par un canal d'eau douce, suffisant pour tous les transports sur les barques indigènes, qui vont se décharger directement à bord des plus grands navires à l'ancre dans le lac Timsah.

Du port d'Ismaïla — aussi profond et spacieux que la petite rade de Toulon, — on se rend immédiatement dans la Méditerranée ou dans la mer Rouge. Et quand on songe que ce port qui communique ainsi avec deux mers, est situé à 80 kilomètres dans les terres, n'y a-t-il pas lieu de s'étonner et d'admirer ?...

Le troisième réservoir d'eau, le lac Menzaleh borde la Méditerranée au golfe de Péluse, dont il n'est séparé que par un long ruban de terre, large de 100 à 150 mètres au plus. « Ce lac, dont le fond est desséché autour de Péluse, s'étend à l'est sur dix ou douze lieues jusqu'à Damiette. Il communique à la mer par des coupures naturelles, qui servent d'issue aux eaux du Nil dans les grandes crues et qui laissent pénétrer celles de la mer alternativement, quand le niveau du fleuve est abaissé. »

Le canal de Suez traverse ces trois lacs, qu'on dirait échelonnés exprès par la nature pour le recevoir, et c'est en sortant de celui de Menzaleh, qu'il débouche dans la Méditerranée. En ce lieu, la place d'une ville était marquée ; elle s'y est élevée d'elle-même et par la force des choses : ce point, il y a quinze ans à peine ignoré du monde, s'appelle aujourd'hui Port-Saïd.

En attendant qu'il fallut un port de station aux bâtiments entrant dans le canal, il fallait un quartier général aux ingénieurs qui allaient entreprendre le percement de l'isthme ; il fallait un entrepôt pour recevoir les machines venant de l'Europe. Ce triple besoin a donné naissance, dès les premiers jours des travaux, à la ville qui nous occupe et a déterminé sa forme et son aspect. Port-Saïd, en effet, « est un bassin entouré de chantiers. »

Partout éclatent le mouvement et l'activité ; partout la variété de couleur, la physionomie de ville maritime et de cité ouvrière en même temps. Des fontaines publiques, réparties dans les différents quartiers, sont continuellement entourées de groupes d'hommes, de femmes et d'enfants aux costumes de vingt pays divers.

Voici le quartier européen qu'un espace vide de 200 à 300 mètres sépare du village arabe, dont les longues lignes de petits logements construits en pisé, en bois, en nattes, en briques, conduisent jusqu'au bout du quai, dont le développement n'a pas moins de deux kilomètres.

Voici la maison des dames du Bon-Pasteur d'Angers, avec sa gracieuse chapelle, son vaste promenoir et les classes propres et aérées, où ces dignes religieuses instruisent tout un essaim de jeunes filles.

Voici encore un couvent, c'est celui des PP. Franciscains, dits de la Terre-Sainte; ces dignes fils de saint François tiennent l'école des petits garçons. Près de là, la chapelle catholique élève son clocher carré au-dessus des constructions environnantes, comme pour rappeler sans cesse à la ruche toujours grossissante qui s'agite autour d'elle, qu'il y a d'autres besoins que ceux du corps, d'autres intérêts que ceux qui se rapportent à la fortune et aux jouissances de la vie!

III

Un précédent à utiliser.

Mais ce n'était pas assez que l'Europe prodiguât ses savants ingénieurs, ses admirables machines, toutes les ressources, en un mot, de la science et de l'industrie; il fallait qu'une armée de travailleurs vînt donner le mouvement et la vie à ces puissants moyens d'action.

Or, pour ces ateliers immenses et hors de toutes proportions avec ce que nous voyons en Europe, d'immenses approvisionnements étaient nécessaires.

Pour tout ce que l'on peut acheter, cette question d'approvisionnements n'avait rien qui pût effrayer ni arrêter les promoteurs de la gigantesque entreprise du percement de l'isthme de Suez; mais il était un objet de première nécessité, que la nature seule peut procurer, et qui faisait absolument défaut dans l'isthme; nous voulons parler de l'eau potable.

Avant donc que de commencer l'œuvre elle-même, il fallait aviser au moyen d'amener de l'eau douce sur les lieux où se faisaient les travaux du canal maritime (1); le succès en dépendait.

(1) Pour apprécier les difficultés vaincues, il importe de consigner ici quelques détails concernant ce seul point de l'approvisionnement d'eau potable.

« Au début des travaux — en 1860 — sur les rives du lac Menzaleh, on se procurait l'eau douce dans quelques puits isolés ou en la faisant venir de Damiette, ou encore en distillant l'eau salée de la mer ou du lac. La tonne d'eau douce, apportée de Damiette, coûtait cinq francs; la tonne distillée à Port-Saïd en coûtait vingt-cinq. — Ces difficultés, cette élévation de prix ne pouvaient qu'augmenter à mesure qu'on avançait vers l'intérieur de l'isthme. L'entreprise devait être singulièrement retardée, peut-être manquée à jamais par ce fâcheux état de choses. — A Suez, la situation était pire : on ne vivait, une partie de l'année, que de l'eau conservée dans des caisses de fer que le chemin de fer apportait. L'eau à moitié salubre était le privilége des riches. Les pauvres s'abreuvaient comme ils le pouvaient et mouraient de soif. »

En 1862, on écrivait de Kantara, centre, à cette époque, des travaux du canal maritime :

« Ce qui est le plus difficile à assurer, c'est le service de l'eau douce. Le canal reliant *Gassassine* à Timsah a bien été mis en eau, mais son extrémité se trouve à une dizaine de kilomètres d'El-Guisr. Comme de plus, les hommes sont répartis sur une longueur de 32 kilomètres, depuis El-Guisr jusqu'à Kantara, la distance moyenne pour apporter l'eau douce dépasse 30 kilomètres. C'est tout ce qu'un chameau peut faire, si on veut le ménager pour un long travail.

» Donc, pour apporter l'eau, la décharger et revenir chercher un nouvel approvisionnement, il faut deux journées de marche.

» La charge du chameau ne saurait dépasser 150 kilogrammes pour de pareilles

Un précédent existait d'ailleurs en Égypte, qui démontrait l'importance, au double point de vue de l'humanité et des intérêts de l'œuvre, de s'occuper avant toutes choses, non-seulement de la subsistance des ouvriers, mais de leur assurer un bien-être relatif et aussi complet que possible.

C'était en 1819, Méhémet-Ali, voulant creuser un canal d'irrigation dans la branche de Rosette, entre le village d'Atfeh et Alexandrie, consacra plusieurs années à ce travail et y occupa trois cent mille fellahs. « Malheureusement on ne prit pour leur bien-être, et même pour leur subsistance, aucune des précautions qu'exige l'humanité. On négligea de former des approvisionnements de vivres sur les lieux; l'eau manqua en vingt endroits sur l'étendue de vingt lieues que parcourt le canal. Puis l'excès de la fatigue, les mauvais traitements engendrèrent des maladies, qui emportèrent les ouvriers par milliers. Dans l'espace de dix mois, il en périt douze mille dont les ossements gisent sous les chemins de hallage qu'on a élevés des deux côtés du canal (1). »

Une seule chose étonne, c'est que la mortalité n'ait

courses dans les sables. En retranchant de ce chiffre le poids du harnachement et des barils, reste 125 kilogrammes utiles, soit 125 litres d'eau. Cela représente l'approvisionnement de 25 hommes par jour, pour tous les usages, plus la ration de trois ou quatre animaux attachés à l'équipe.

» Pour nos vingt mille travailleurs, il faut donc huit cents chameaux arrivant et s'en retournant chaque jour; seize cents rien que pour le service de l'eau douce !...

» .... Nous avons calculé que la dépense journalière de ce service est de 8,000 fr., et nous n'espérons pas que la situation change avant quelques mois!... » *Histoire de l'isthme de Suez.* Olivier Ritt.

On comprend combien il était urgent de presser les travaux du canal d'eau douce.

(1) Ces chemins de hallage ont été remplacés, il y a une dizaine d'années, par une belle route.

pas été plus grande encore, alors que tant de négligence et tant de dédain pour la vie humaine avaient signalé ce travail.

Méhémet-Ali, dans la poursuite de ses vastes desseins, comptait pour peu les instruments qu'il employait. Et ce qui chez lui n'était que l'imperfection d'un esprit supérieur, devenait, chez les subalternes, une cruauté froide et réfléchie. Les autorités, chargées de l'exécution du canal, imposaient aux malheureux paysans un labeur au-dessus de leur force. De l'aube du jour à la nuit close, les ouvriers étaient au travail, et la moindre négligence était aussitôt punie par des coups de bâton.

« Le canal Mahmoudieh fut fait. Il avait coûté cher : environ 7,500,000 francs, sans compter les hommes sacrifiés; mais une grande pensée avait été réalisée; un nouvel élément de prospérité était acquis à l'Egypte.... »

Par malheur le limon fertilisant que le Nil charrie en si grande quantité, ne tarda pas à obstruer le lit du canal, et quand Méhémet-Ali mourut, la navigation y était devenue singulièrement difficile.

Abbas-Pacha n'était pas homme à tenter une entreprise telle que le curage de cette importante voie de navigation; « le canal continua donc à s'envaser, et quand Mohammed-Saïd arriva au gouvernement de l'Egypte, le mal était devenu si grand qu'il fallait nécessairement y porter un remède immédiat, ou renoncer à utiliser désormais un ouvrage qui avait coûté tant de peines, tant d'argent et tant de bras (1). »

Le khédive n'hésita pas. Les ingénieurs ayant calculé

(1) *L'Egypte contemporaine*, par Paul Merruau.

que soixante-cinq mille hommes étaient nécessaires pour déplacer, dans l'espace d'un mois de travail, la quantité de vase amassée dans le lit du canal, ordre fut envoyé aux provinces de fournir ce nombre de travailleurs.

Au lieu de soixante-cinq mille hommes, les provinces en envoyèrent cent quinze mille ! Mohammed-Saïd recueillait ainsi, dès le commencement de son règne, les fruits de son esprit de justice : il possédait la confiance du peuple !

Cette confiance, comment la justifia-t-il? En prenant des mesures d'approvisionnement, d'hygiène, et par-dessus tout, de loyale justice, qui prouvèrent au monde qu'on peut employer, en Egypte, des centaines de mille hommes à un travail d'utilité publique, non-seulement sans qu'il en résulte aucun accident, mais encore avec profit pour tous.

Tel est le précédent dont nous avons parlé. C'était tout à la fois un stimulant pour ne rien négliger de ce qui pouvait assurer la subsistance des travailleurs, et un gage de succès.

IV

Les fellahs.

Avant de passer outre, quelques détails réclament leur place sur les ouvriers fellahs, dont le nom a si souvent été redit en Europe pendant les six dernières années qu'a duré le percement de l'isthme.

« Le peuple égyptien, affirme un écrivain compétent,

mérite à tous égards la sollicitude dont il est l'objet de la part de ses souverains. »

Le christianisme a laissé en ce pays de fortes racines, et ceux-là même qui sont les plus exacts à suivre la loi de Mahomet, ont au fond du cœur je ne sais quels sentiments secrets, quel souvenir qui les tient à l'abri des excès de fanatisme et d'intolérance (1) qui, partout

(1) La population chrétienne des diverses sectes dépasse en Egypte le chiffre de deux cent-soixante mille individus. Bien que la religion musulmane ait dans ce pays de fervents adeptes, les chrétiens n'y ont jamais été persécutés; le gouvernement n'y a jamais proscrit leurs croyances; seulement, il ne leur donnait pas la sanction d'une reconnaissance publique, et les tenait pour dégradantes; ce qui suffisait à placer les chrétiens dans une situation d'infériorité et presque d'asservissement.

Méhémet-Ali, le premier, se servit indistinctement de toutes les capacités qui pouvaient lui être utiles sans acception de foi religieuse. Encore cependant eut-il soin de réserver exclusivement les hauts emplois à des musulmans.

Saïd-Pacha, et après lui, S. A. Ismaïl Ier se sont montrés plus libéraux. Bien que réguliers et même austères dans la pratique du culte musulman, ils ont appelé au service de l'Etat, sans acception de religion, tous ceux qu'ils ont jugés dignes et capables, et ils ont accordé à tous une complète liberté dans l'exercice de leur culte.

Cet esprit de tolérance a éclaté dans toute sa force lors des cérémonies religieuses qui ont signalé la présence de l'Impératrice et des princes chrétiens à l'ouverture du canal de Suez; mais, depuis longtemps, ce même esprit s'était montré dans plusieurs occasions.

C'est ainsi que l'enfance du fils de Mohammed a été confiée aux soins d'une chrétienne; c'est ainsi encore, qu'en toutes circonstances, ce prince s'est plû à accorder des faveurs spéciales aux Sœurs de Charité établies à Alexandrie, où elles se vouent, avec cette abnégation et ce zèle qui distinguent leur ordre, à l'instruction et au soulagement des pauvres.

Mais la preuve la plus éloquente se trouve dans le choix d'un chrétien fait par Saïd-Pacha pour gouverner le Soudan.

Avant même que le percement de l'isthme eut importé sur le sol égyptien une colonie nombreuse de chrétiens d'Europe, un voyageur rendait cette justice au khédive et à son peuple : « Au Caire, nous avons vu célébrer publiquement l'office divin, d'après le rite catholique, sans troubles, sans gardes, au milieu d'une population gravement curieuse, mais nullement hostile. »

Ismaïl-Pacha continue cette même ligne de conduite et se montre de plus en plus favorable aux œuvres du catholicisme en Egypte.

Ajoutons à la gloire du catholicisme qu'il rend amplement à l'Egypte, en services de toutes sortes, ce qu'il reçoit en appui et en bienveillance de la part de son souverain.

Un écrivain qu'on ne taxera certes pas de partialité en ce qui touche aux ordres

ailleurs, caractérisent les populations musulmanes et les gardent, dans une certaine mesure, de ce fatalisme qui a si tristement précipité l'Orient dans l'état de décadence où nous le voyons plongé.

On peut affirmer sans crainte que par ses qualités comme par ses défauts naturels — abstraction faite de la cupidité qui est un vice artificiel, — la population des fellahs d'Egypte a une grande analogie avec celle de nos campagnes. Placée dans les mêmes conditions, tirée de son ignorance, elle leur ressemblerait bien plus encore.

On accuse les fellahs d'être une race légère et cupide; il y a du vrai dans ces reproches, mais ce double défaut tient plus peut-être à l'état de dépendance et d'oppression où ils ont vécu pendant des siècles, qu'au caractère national lui-même.

On ajoute qu'ils n'ont pas conscience de leur propre dignité, et qu'ils manquent de ce respect de soi-même, qui est le trait distinctif des grandes nations. On les voit, en effet, tendre la main sans honte et poursuivre les voyageurs de leurs sollicitations importunes, sans se

religieux, confirmait naguère cette appréciation : « N'oublions pas, dit M. Ch. Sauvestre (*), les immenses services que rendent dans tout l'Orient — et en particulier en Egypte — les Frères des Écoles chrétiennes et les Sœurs de Saint-Vincent de Paul.

» Grâce aux premiers, la langue française est répandue dans tous ces pays et y est devenue d'un usage presque général. »

Grâce aux secondes, les enfants, les malades, tous ceux qui souffrent, connaissent et bénissent le nom et la charité de la France; et, bienfait plus signalé encore, les jeunes filles reçoivent, dans une éducation que la société musulmane ne saurait leur donner, le germe de la véritable vie morale qui ressuscitera l'Orient : le sentiment de la famille, la dignité de la femme, le dévouement de la mère, le respect du foyer.

(*) *Opinion nationale* du 18 novembre 1869.

laisser rebuter par les admonestations les plus humiliantes. On les voit courbés sous une discipline dégradante, recevoir un châtiment corporel sans y attacher aucune idée d'infamie.... Mais tout cela ne s'explique-t-il pas par l'état de dépendance où ils ont été tenus si longtemps ?...

S'il y a lieu de s'étonner, c'est, nous semble-t-il, qu'en dépit de cet asservissement, ils aient — à côté de ces défauts que beaucoup de peuples libres n'évitent pas complétement — conservé des qualités qui les rendent vraiment remarquables, et les placent en tête des autres peuples orientaux.

Si en effet « l'Egyptien est léger et oublieux comme on l'assure, il est intelligent, il a la compréhension vive et prompte. Il est actif; sur le champ qu'il cultive, il n'y a pas de travaux si pénibles qui puissent déconcerter sa patience, épuiser sa force vraiment herculéenne.... Il faut le voir charger sur ses épaules des fardeaux énormes et s'avancer ensuite d'un pas élastique, qui contraste avec la lourde marche de nos porteurs d'Europe. Et quand il s'agit de remuer la terre, quel peuple pourrait montrer plus de dextérité et de promptitude ? »

Mais ce qui, entre tout, met en lumière l'intelligence, la vigueur et le bon vouloir des fellahs pour l'exécution des entreprises les plus gigantesques, c'est le rôle qu'ils ont pris dans le percement de l'isthme de Suez.

Les Européens, appelés les premiers à ce rude travail, se découragèrent vite. Lorsque le climat dévorant n'usait pas leurs forces, la nostalgie les poussait à la désertion, et il fallut bien reconnaître que les populations indigènes pouvaient seules permettre d'attendre le résultat qu'on poursuivait.

Alors des ouvriers grecs, dalmates, arméniens, furent recrutés de toutes parts, sans que leur nombre, et peut-être leur force et leur énergie, fussent en rapport avec la tâche à remplir.

Toute l'espérance du succès va donc se concentrer sur ces pauvres fellahs, sur ces *corvéables* si peu connus, et par suite, si injustement méprisés en Europe, où on ne les croyait capables de travail que sous la pression de la force, et grâce à l'emploi du fouet....

Nous venons de dire comment plusieurs entreprises précédentes avaient déjà prouvé combien ils étaient loin de mériter cette réputation, pour peu qu'on prît soin de stimuler leur zèle et de gagner leur confiance en assurant leur salaire et en s'occupant de leur bien-être et de leurs intérêts. L'œuvre nouvelle à laquelle ils allaient prendre une si large part — car il faut bien l'avouer, dans l'accomplissement de ces travaux qui préparent à l'Egypte de si belles destinées, c'est leur énergie, leur patience, leur sobriété, qui ont permis de vaincre tous les obstacles, — devait enfin réhabiliter aux yeux du monde, toute une classe d'hommes à laquelle Mohammed-Saïd a eu la gloire d'être le premier à rendre justice et à accorder protection et appui.

Encore un trait à l'honneur du caractère national des populations égyptiennes.

Les fellahs ne sont pas seulement d'intelligents ouvriers, de rudes travailleurs, ce sont encore de vaillants et hardis soldats, dont l'obéissance à la discipline militaire, la solidité et le courage devant l'ennemi ont été brillamment prouvés dans les campagnes d'Arabie et de Syrie sous Méhémet-Ali, et, plus récemment encore, dans la défense de Silistrie et dans celle d'Eupatoria.

V

La vapeur et les machines.

Le curage du canal de Mamoudieh, travail prodigieux, si on met en regard les difficultés de l'entreprise, la simplicité toute primitive du matériel (1), et la promptitude de l'exécution, avait été fait avec les seules forces de l'homme ; des masses inouïes de sable et de vase avaient été remuées, déplacées à la main.

Pour le percement de l'isthme de Suez, les forces de l'homme ne devaient pas être mises seules en jeu ; les forces mécaniques allaient leur venir en aide, et cela avec une puissance qu'on ne leur avait point encore connue.

De véritables esclaves de fer et d'airain devaient être créés pour coopérer à cette œuvre de géant, et rivaliser avec les bras et la vigueur d'une armée de travailleurs infatigables.

Entrepris un demi-siècle plus tôt, alors que la puissance

(1) Les cent quinze mille hommes employés à ce travail furent divisés en contingents dont les places furent marquées par des poteaux. On fit aux ouvriers une distribution d'outils : une pioche par cinq hommes. L'un maniait l'outil ; un second chargeait les paniers ; les trois autres transportaient en courant le contenu à l'endroit où le vice-roi avait décidé l'établissement d'une route.

de la vapeur avait à peine dit son premier mot, le percement de l'isthme de Suez eût épuisé les forces de plusieurs générations d'hommes ; peut-être même eût-il été impossible.

Arrêtons-nous donc un instant, pour étudier comment s'est réalisée cette transformation apportée à notre temps dans le travail de l'homme par la science mécanique.

Interrogé dans une enquête sur la définition à donner aux machines, un ouvrier anglais répondit : « Tout ce qui, au delà des dents et des ongles, sert à travailler est une machine. »

Cet ouvrier se trompait : « Les dents et les ongles sont eux-mêmes des machines, comme chacun de nos membres qui sont des leviers. On pourrait tout au plus distinguer des machines naturelles et des machines artificielles ; mais c'est là une distinction sans importance. La main est la plus admirable des machines; les outils qu'elle manie sont aussi des machines, et les machines-outils ne sont que des outils puissants mis en mouvement par une force plus énergique que celle de l'homme.

« L'outil est destiné à modifier dans sa forme, ses dimensions ou son aspect, un fragment quelconque de matière. Les outils se sont perfectionnés comme le langage. D'abord grossiers et informes comme la pierre du chemin, comme le silex naturel, ils étaient tout à la fois les armes, les ustensiles et les outils de l'homme primitif. Plus tard, ils furent de silex poli, usé de manière à présenter des arêtes tranchantes, taillé en forme de hache, de flèche ou de couteau. Ceux-ci à leur tour cédèrent la place à des outils de bronze, remplacé enfin par des outils de fer et d'acier.

» ... Tant qu'on ne fit usage que d'outils tenus à la main, on ne travailla les grandes pièces métalliques qu'en petit nombre. Aussi les premières machines à vapeur renferment-elles un certain nombre d'organes en bois, et les transformations de mouvements sont-elles limitées. Un outillage plus complet et plus puissant pouvait seul permettre de travailler de grandes pièces, et de réaliser d'autres moyens de transmission que le balancier; d'autre part, la vapeur seule offrait une force suffisante et d'un emploi facile pour manier un outil plus énergique. On s'explique ainsi comment la vapeur a été la cause directe et indirecte de la création des machines-outils : La force de l'homme est remplacée par la vapeur, et sa main par une machine. C'est tout à la fois la puissance, la régularité, la continuité et l'amplitude des mouvements. »

Or, avons-nous dit, jamais les machines, ces doigts de fer et ces ongles d'acier auxquels rien ne résiste, n'avaient montré une plus formidable résistance qu'à l'isthme de Suez. Si la science ne nous avait accoutumé aux surprises de ses incessants progrès, nous croirions pouvoir affirmer qu'à cette occasion a été fait le suprême effort, a été dit le dernier mot de la vapeur appliquée à l'industrie.

Et cependant, jamais appareil destiné à une œuvre aussi considérable, ne présenta un ensemble plus simple; c'est là ce qui étonne surtout la pensée : « Drague, longs-couloirs, élévateurs, chalands-flotteurs, gabarres à clapets latéraux. Rien de plus !...

» Mais ces appareils construits dans un but spécial, d'après des plans combinés en vue des conditions dans lesquelles il s'agissait d'opérer, sont des *machines types* qui n'ont pas de précédent analogue et qui serviront de modèle lorsque, sur un autre point du globe, l'art de l'ingénieur renouvellera une semblable entreprise. »

« Parlons d'abord de la drague : véritable navire de fer, portant et logeant une énorme machine à vapeur, elle fait, dirigée par quatorze hommes (1), le travail qu'un millier de terrassiers feraient à peine ; elle remue en dix heures 1,500 mètres cubes, que ses lourds godets apportent incessamment au long-couloir. »

Ce *long-couloir* est ainsi décrit par M. de Lesseps lui-même : « Figurez-vous une fois et demie la longueur de la colonne Vendôme coupée par le milieu, appliquée au haut de la drague par un bout, déversant au loin par l'autre le produit du dragage, et formant au milieu du canal comme un pont volant.

» Les dragues, pourvues de cet appareil et construites de manière à l'utiliser, ne déversent pas les déblais comme le font les dragues ordinaires, dans les bateaux qui viennent les accoster. Elles amènent les déblais directement sur les berges, et cela à des distances de 60 à 70 mètres.

» Cet appareil est une des plus heureuses innovations parmi celles que notre entreprise ait fait naître, et le spectateur le plus indifférent, aussi bien que l'ingénieur le plus expérimenté, est vivement frappé par la vue de

(1) Le chef dragueur, le mécanicien, trois hommes attachés à la machine, plus huit hommes d'équipage et un mousse.

cette immense machine, qui, creusant le milieu du canal, verse au delà de ses bords des torrents d'eau et de terre.... »

Pour juger de l'ensemble de ce travail, il faut gravir les quatre étages de l'escalier de fer conduisant à la lanterne, qui couronne la charpente de la drague. « Arrivé au plus haut palier, on se sent pris de vertige en face de la majestueuse grandeur de cet ensemble de mouvements d'une précision admirable et d'une force irrésistible, se mêlant au grondement des roues, au grincement des chaînes, aux trépidations imprimées à l'appareil, chaque fois que les godets laissent tomber leur contenu dans le couloir, au tremblement profond qui secoue toute la drague quand le couteau d'un godet, après une énergique morsure, arrache du fond du canal une pleine charge de matière sableuse, ou quelque énorme pierre perdue dans la masse. »

L'*élévateur* est un long bâti formé de deux poutres en fer reliées et soutenues par un treillis de fer; cet appareil repose sur un solide chariot à huit roues, que l'on fait circuler sur des rails le long des talus, pour y recevoir les wagons chargés de terre que lui amènent les *chalands*, les élever et les déverser aux lieux où ils doivent régulariser le sommet des tertres.

Enfin, les *chalands-flotteurs* et les *gabarres* à clapets complètent par un *attirail naval*, d'une grande perfection, *l'attirail terrestre* que nous venons de décrire (1).

(1) Dès le moment où les chantiers fonctionnèrent d'un bout à l'autre de la ligne avec tout leur matériel installé, l'ensemble de ce matériel comprit une force de 22,000 chevaux-vapeur.

Pour mieux faire comprendre l'importance de ce chiffre, nous allons évaluer combien de bras d'hommes il représente.

En tenant compte de la différence de sol et de climat, on estime que le rende-

Tels sont les immenses préparatifs faits en vue d'une entreprise que beaucoup de gens traitaient de rêve et d'utopie, et dont M. de Lesseps était peut-être le seul à envisager sans crainte l'issue.

Nous nous trompons, un autre esprit ferme et persévérant, le khédive n'éprouvait ni hésitation, ni inquiétude. La confiance de M. de Lesseps l'avait gagné; il avait foi dans le succès. Peut-être cependant n'osait-il le rêver aussi complet et aussi prompt qu'il l'a été.

VI

Commencement des travaux. — Le canal d'eau douce.

Une société financière s'était formée; tout était prêt, on n'attendait plus que le signal, qui devait mettre en mouvement l'armée pacifique prête à envahir l'isthme de Suez, non pour y porter le fer de la conquête, mais pour lui ouvrir les plus brillantes destinées commerciales.

Ce signal, nous l'avons dit, c'est le sultan qui devait le donner. A titre de souverain de l'Egypte, il lui appartenait, en effet, de confirmer ou d'infirmer

ment de deux millions de mètres cubes de déblais correspond à un rendement de deux millions cinq cent mille mètres cubes en Europe; soit quatre-vingt mille mètres cubes par jour, représentant le travail de quarante mille hommes en cas de transport à moins de 35 mètres de distance et celui d'un nombre double avec un transport plus éloigné.

Si on ajoute à ces chiffres les obstacles imprévus, les infiltrations d'eau, les éboulements, etc..., on se trouve en présence d'éventualités et de besoins qui doublent presque la main-d'œuvre; ce n'est donc pas trop d'évaluer à cent cinquante mille le nombre d'hommes dont la présence aurait été nécessaire pour réaliser le travail fait par les machines avec l'aide d'un nombre effectif de douze mille ouvriers, nombre qui, à dater du moment où le matériel a été complet dans les chantiers du canal maritime, n'a jamais été dépassé.

les concessions faites à M. de Lesseps par le khédive (1).

Or, ici devait se faire sentir la malveillance jalouse d'une puissance rivale de la France : l'Angleterre, effrayée de

(1) Un acte de concession, en date du 30 novembre 1854, avait donné à M. de Lesseps *pouvoir exclusif* à l'effet de constituer et diriger une *compagnie universelle* pour le percement de l'isthme de Suez.

Le 5 janvier 1856, Mohammed-Saïd complétait cet acte de concession par un cahier des charges *pour la construction et l'exploitation du grand canal maritime de Suez et dépendances.* Sous cette dernière date, et en lui envoyant le cahier des charges, le khédive écrivait à M. de Lesseps en ces termes :

« *A mon dévoué ami de haute naissance et de rang élevé,*

» Monsieur Ferdinand de Lesseps,

» La concession accordée à la Compagnie universelle du canal de Suez devant être ratifiée par S. M. I. le Sultan, je vous remets cette copie authentique, afin que vous puissiez constituer ladite Compagnie.

» Quant aux travaux relatifs au percement de l'isthme, elle pourra les exécuter elle-même aussitôt que l'autorisation de la Sublime-Porte m'aura été accordée. »

Mais avant même que cette autorisation eut été accordée, le khédive se préoccupa de garantir, à ceux de ses sujets qui seraient appelés à concourir aux travaux gigantesques de l'œuvre de M. de Lesseps, les bons traitements que lui-même avait assurés aux travailleurs du canal d'Alexandrie.

Le 20 juillet 1856, il signait à cet effet un firman soigneusement étudié par lui. Ce firman, le voici.

Règlement pour les ouvriers fellahs qu'emploiera la Compagnie de l'isthme de Suez.

Nous, Mohammed-Saïd-Pacha, vice-roi d'Egypte, voulant assurer l'exécution des travaux du canal maritime de Suez, pourvoir au bon traitement des ouvriers égyptiens qui y seront employés et veiller en même temps aux intérêts des cultivateurs, propriétaires et entrepreneurs du pays, avons établi, de concert avec M. Ferdinand de Lesseps, comme président-fondateur de la Compagnie universelle dudit canal, les dispositions suivantes :

1° Les ouvriers qui seront employés aux travaux de la Compagnie seront fournis par le gouvernement égyptien, d'après les demandes des ingénieurs en chef et suivant les besoins.

2° La paye allouée aux ouvriers sera fixée, suivant les prix payés en moyenne pour les travaux des particuliers, à la somme de deux piastres et demie à trois piastres par jour, non compris les rations qui seront délivrées en nature par la compagnie pour la valeur d'une piastre. Les ouvriers au-dessous de douze ans ne recevront qu'une piastre, mais ration entière.

Les rations en nature seront délivrées par jour ou tous les deux ou trois jours à l'avance et, dans le cas où l'on serait assuré que les ouvriers qui en feront la demande, seront en état de pourvoir à leur nourriture, leur ration leur sera donnée en argent.

La paye en argent aura lieu toutes les semaines. Cependant, la Compagnie ne comptera, pendant la premier mois, que la moitié de la paye, jusqu'à ce qu'elle l'ascendant que devait nous assurer, en Orient, le succès d'une œuvre aussi prodigieuse et, menacée, pensait-elle,

ait accumulé une réserve de quinze jours de solde, après quoi la paye entière sera délivrée aux ouvriers.

Le soin de fournir *de l'eau potable* en abondance, pour tous les besoins des ouvriers, est à la charge de la Compagnie.

3° La tâche journalière imposée aux ouvriers ne dépassera pas celle qui est fixée dans l'administration des ponts-et-chaussées, en Egypte, et qui a été adoptée dans les grands travaux de canalisation exécutés en ces dernières années.

Le nombre des ouvriers employés sera désigné en prenant en considération les époques des travaux agricoles.

4° La police des chantiers sera faite par les officiers et agents du gouvernement, sous les ordres et suivant les instructions des ingénieurs en chef, conformément à un règlement spécial qui recevra notre approbation.

5° Les ouvriers qui n'auront pas rempli leur tâche, seront soumis à une diminution de solde qui n'ira pas au-delà du tiers et qui sera proportionnée au déficit de l'ouvrage commandé. Ceux qui déserteront perdront, par ce seul fait, les quinze jours de solde en réserve; le montant en sera versé à la caisse de l'hôpital, dont il va être parlé.

Les ouvriers qui apporteraient des troubles dans les chantiers seront également privés des quinze jours de solde en réserve. Ils seront, en outre, passibles d'une amende qui sera versée à la caisse de l'hôpital.

6° La Compagnie sera tenue d'abriter les ouvriers soit sous des tentes, soit dans des hangars ou maisons convenables. Elle entretiendra un hôpital et des ambulances avec tout le personnel et tout le matériel nécessaires pour traiter les malades à ses frais.

7° Les frais de voyage des ouvriers engagés et de leurs familles, depuis le lieu de leur départ jusqu'à leur arrivée sur les chantiers, seront à la charge de la Compagnie.

Chaque malade recevra à l'hôpital, dans les ambulances, outre les soins que réclamera son état, une paye d'une piastre et demie pendant tout le temps qu'il ne pourra travailler.

8° Les ouvriers d'art, tels que maçons, charpentiers, tailleurs de pierres, forgerons, etc., recevront la paye que le gouvernement est dans l'usage de leur allouer pour ses travaux, outre la ration de vivres ou sa valeur.

9° Lorsque des militaires appartenant au service actif seront employés aux travaux, la Compagnie déboursera pour chacun d'eux, à titre de haute paye, de solde ordinaire ou d'entretien, une somme égale à la paye des ouvriers civils. . . .

Nos ingénieurs, Linant-Bey et Mougil-Bey, que nous mettons à la disposition de la Compagnie pour la direction et la conduite des travaux, auront la surveillance supérieure des ouvriers et s'entendront avec l'administrateur délégué de la Compagnie pour aplanir les difficultés qui pourraient survenir dans l'exécution du présent décret.

Fait à Alexandrie, le 20 juillet 1856.

Disons de suite que, grâce à la paternelle sollicitude qui avait dicté ce règlement et à la loyale exactitude avec laquelle il fut exécuté, aucune contestation sérieuse n'a été soumise à cet arbitrage nommé d'avance par le khédive.

dans son omnipotence dans l'Inde par la facilité de communications ouvertes au reste de l'Europe par la voie nouvelle, fit tous ses efforts pour faire échouer le percement de l'isthme.

Il ne fallut rien moins que la rare persévérance de M. de Lesseps pour déjouer ce mauvais vouloir.

La Sublime-Porte, influencée par l'Angleterre, semblait craindre d'autre part de fortifier un vassal déjà trop puissant à son gré, en faisant de l'Egypte la route de l'Inde, c'est-à-dire le lieu de passage et l'entrepôt d'un commerce immense.

Ici nous devons revenir de quelques pas en arrière.

M. de Lesseps, qui s'était rendu à Constantinople où il pensait n'avoir à remplir qu'une simple formalité, se trouva en présence de difficultés sérieuses; le gouvernement et le sultan lui-même témoignaient d'une apparente bonne volonté, mais sir Stratford de Retcliffe, ambassadeur d'Angleterre, opposait son *veto*, et il était aisé de juger qu'on n'aurait pas facilement raison de cet obstacle.

Pensant avec justesse, qu'ainsi posée, la question était devenue européenne, M. de Lesseps, au lieu d'insister auprès de la Sublime-Porte, prit le parti de porter sa cause devant le tribunal des grandes puissances.

« La période de discussion commença. Elle fut menée avec beaucoup d'ardeur et une grande abondance de bonnes raisons. Les adversaires du projet, qui se rencontraient surtout en Angleterre, ne trouvaient à opposer à l'exécution du canal que quatre objections, variées à l'infini dans la forme et dans les détails, mais toujours les mêmes. Ils disaient :

» 1° Que le projet était inexécutable et chimérique ;

» 2° Que, fût-il mis à exécution, les produits du canal seraient insuffisants à compenser les frais que son percements aurait coûtés ;

» 3° Que cette entreprise, si elle aboutissait, tendrait à séparer l'Egypte de la Turquie et mettrait le premier de ces deux pays en état de se rendre indépendant de l'autre ;

» 4° Que l'ouverture de l'isthme était une menace pour l'empire Anglo-Indien et, qu'au point de vue politique, il causerait un grand préjudice aux intérêts de la Grande-Bretagne.

» Pas une de ces assertions ne soutenait l'examen; » et cependant il se trouva, même en France, une foule d'esprits éclairés qui s'engagèrent dans la discussion et firent tous leurs efforts pour combattre une entreprise si glorieuse pour notre patrie et pour notre siècle.

Mais grâce à Dieu, M. de Lesseps est une de ces natures dont on peut dire qu'elles sont « inébranlables comme le roc »; il accepta la lutte et ne se retira de l'arène qu'après avoir réduit ses adversaires à l'impuissance.

Une commission internationale de savants et d'ingénieurs formée par ses soins, se rendit sur les lieux, afin d'explorer le désert de Suez et de déterminer les difficultés réelles que pourraient rencontrer les travailleurs.

Pendant ce temps, il faisait appel aux principaux représentants du commerce maritime anglais, qui se déclaraient en faveur du projet.

Lord Palmerston intervint alors; la presse anglaise, influencée par sa décision, apporta dans la question une violence qui eût à coup sûr fait hésiter un joûteur moins sûr de lui-même. Pour toute réponse aux diatribes, aux menaces dont il était l'objet, M. de Lesseps se borna à presser de tout son pouvoir les travaux de la Commission qui, composée d'ingénieurs hollandais, anglais, espagnols, autrichiens, prussiens, sardes, français, comprenait en outre des marins français et anglais ainsi qu'un ingénieur hydrographe de la marine française.

Après une longue étude, et à la suite d'observations faites sur tous les points où pouvaient surgir quelques difficultés, la Commission déclara solennellement que l'exécution du canal entre les deux mers était non-seulement possible, mais facile.

Cette décision fut — après examen approfondi des travaux qui l'avaient dictée — approuvée par l'Académie des sciences de Paris, et les principaux corps savants de l'Europe lui donnèrent leur adhésion.

La Turquie se décida alors à autoriser les travaux de la Compagnie universelle.

Lord Palmerston ne se tint pas pour battu; après s'être oublié jusqu'à formuler, à la tribune du parlement anglais, des paroles outrageantes pour M. de Lesseps — insultes qui provoquèrent l'indignation de l'Europe entière, — le grand ministre anglais se rejeta sur la raillerie : « Lesseps, répéta-t-il à tout propos, se précipite avec la *furia* française; mais il manquera de souffle chemin faisant. »

Bien qu'il n'ait point vu le succès complet de l'œuvre, lord Palmerston a assez vécu cependant pour ne pouvoir douter du résultat.

Ce n'est pas que l'Angleterre se soit tenue dès l'abord pour vaincue. Loin de là : lorsqu'en 1863, la mort vint ravir à l'entreprise celui qui, après M. de Lesseps, en avait été le plus ardent propagateur, Mohamed-Saïd, elle reprit ses intrigues et obtint du gouvernement de la Sublime-Porte, deux décisions qui devaient porter un coup mortel au percement de l'isthme : « Le sultan exigea que le nouveau vice-roi Ismaïl-Pacha retirât de l'isthme son contingent de fellahs ; il l'obligea en outre de résilier la concession du canal d'eau douce et des terrains environnants. »

C'était la ruine de la Compagnie et l'anéantissement de l'entreprise.

En face d'un péril si grand et si inattendu, M. de Lesseps ne perdit rien de sa fermeté et de sa confiance. Il en appela aux tribunaux ; Nubar-Pacha vint à Paris soutenir les prétentions du gouvernement égyptien qui, au fond, avait le plus vif désir d'être forcé de remplir ses engagements et qui en conséquence accepta avec empressement l'arbitrage de l'Empereur des Français.

« Dès lors l'Angleterre était vaincue : elle n'avait plus qu'à s'incliner devant le fait accompli, en attendant l'heure d'en profiter. »

VII

M. Ferdinand de Lesseps.

On ne s'attend pas à ce que nous suivions la marche de cette œuvre gigantesque qui nous saisirait d'admiration et de surprise, si nous en lisions le récit dans l'histoire de l'antiquité, et que notre temps a vu s'accomplir sans trop d'étonnement, accoutumé qu'il est aux audaces de la science moderne.

Il nous suffit d'avoir indiqué dans quelles conditions s'est produite l'idée-mère de cette noble entreprise ; quel appui elle a rencontré chez un grand prince et chez son successeur, quels éléments de réussite lui sont venus en aide, et, d'une autre part, quels obstacles lui ont été suscités et comment elle les a surmontés.

Arrivant tout à l'heure au résultat obtenu, nous montrerons les deux mers se rencontrant et mêlant leurs eaux sous les yeux attentifs de plusieurs souverains et de délégués de la science, des lettres et de l'industrie envoyés de tous les points du monde civilisé.

Mais entre ces deux récits, ou plutôt entre les deux parties d'un même récit auquel il ne manque que la voix inspirée d'un poëte pour prendre les vastes proportions d'une admirable épopée, il nous semble qu'il est de toute justice de faire halte un instant pour esquisser le portrait de celui qui en est le principal héros.

Né à Versailles, le 19 novembre 1806, M. Ferdinand de Lesseps devait voir surgir, de toutes parts, autour de son enfance, des exemples et des impressions de nature à développer en lui le goût des grandes entreprises et à fortifier l'esprit d'énergie et de persévérance qui, dès le berceau, fut le trait saillant de son caractère.

C'était le temps, en effet, où les bulletins journaliers de nos victoires allumaient, avant l'âge dans un cœur d'enfant, les ardeurs du patriotisme et la fièvre de la gloire; le temps où les jeunes générations croyaient tout possible au génie de la France aussi bien qu'à son épée.

Le jeune Ferdinand de Lesseps trouvait en outre, au foyer même de la famille, un aliment de nature à entretenir et à développer sans cesse ce puissant enthousiasme, qui devait survivre en lui aux entraînements de la première jeunesse et l'accompagner pendant tout le cours de sa vie.

Les traditions d'honneur, de courage, de talent, abondaient autour de lui, et son intelligence s'éveilla aux récits de nobles entreprises accomplies par des hommes de son sang et de son nom.

C'est ainsi, par exemple, que, parti avec Lapeyrouse pour le voyage de circumnavigation où l'illustre explorateur trouva la mort, un Lesseps (1) fut l'unique des compagnons de l'infortuné navigateur qui revit la France, à laquelle il rapporta les seuls documents que nous possédions sur cette expédition.

Il s'était séparé de Lapeyrouse sur les côtes du Kamchatka, et avait traversé en traîneau les steppes glacés de l'Asie, jusqu'à Saint-Pétersbourg, où il était arrivé après deux années d'aventures périlleuses.

(1) M. Barthélemy de Lesseps.

Son frère, le comte Matthieu de Lesseps, père de celui dont nous essayons d'esquisser la vie, avait suivi la carrière diplomatique. Tour à tour représentant de la France au Maroc, en Egypte, en Espagne, il avait eu, lui aussi, maintes occasions de lutter contre les difficultés, et de déployer cette fermeté qui semble héréditaire dans sa famille.

Les antécédents du père, les services rendus et les souvenirs laissés par lui dans la carrière diplomatique, décidèrent de l'avenir du fils.

Dès les premières années du gouvernement de Juillet, nous le trouvons consul en Egypte, où, quoique bien jeune encore, il est chargé de l'intérim du consulat général.

En 1834, la peste sévit en Egypte avec une violence inouïe. Les Européens résidant à Alexandrie sont frappés de stupeur, et préparent d'autant plus de victimes au fléau, qu'ils essaient moins de réagir contre l'épouvante qui les domine.

Seul peut-être au milieu de cette panique du premier moment, un homme, un Français, envisage le péril sans effroi. Il fait plus, il lutte corps à corps contre le terrible fléau; il dispute, il arrache à la mort ses victimes, en leur remontant le moral, en leur rendant le courage et la résignation.

Cet homme, c'est M. Ferdinand de Lesseps!

Sur ces entrefaites, un conflit est sur le point d'éclater entre le sultan et le vice-roi; le jeune représentant de la France, par son esprit de conciliation et de prudence, rétablit de bons rapports entre les deux princes.

Et par ce double service, il soutient noblement la réputation laissée dans le pays par son père, à qui les circonstances avaient permis de contribuer à l'élévation de Méhémet-Ali au pouvoir.

Dès ce moment, la sympathie du khédive pour le jeune diplomate, sympathie jusqu'alors basée sur l'amitié qu'il avait vouée au comte Matthieu, s'appuya sur une estime personnelle, sur une reconnaissance directe, si l'on peut ainsi parler, et des liens d'intimité et de confiance, qui ne devaient jamais s'affaiblir, s'établirent entre la jeune famille du vice-roi et M. Ferdinand de Lesseps.

Un changement de résidence, qui devait le faire marcher pas à pas sur les traces de son père, appela, en 1833, M. de Lesseps en Espagne.

Le bombardement de Barcelone, en 1842, à la suite de troubles politiques, le trouve consul dans cette ville, et met pleinement en lumière le généreux dévouement de l'homme privé, et l'énergique fermeté du fonctionnaire.

Intervenant avec autant d'habileté que d'à-propos, il sut pourvoir à la sûreté de ses nationaux et sauvegarder leurs intérêts.

Là ne se bornèrent pas ses soins : après avoir fait donner asile à bord des navires français aux Espagnols dont la vie était en péril, il sauva, par d'heureuses démarches, la ville d'un désastre complet. Cette conduite lui valut les témoignages les plus spontanés et les plus précieux de la reconnaissance et de l'admiration générale.

L'évêque de Barcelone lui adressa des remerciements

publics au nom de son église et des fidèles de son diocèse.

La Chambre de commerce de la même ville commanda sa statue en marbre, et lui vota des remerciements; les résidents français lui firent frapper une médaille.

Ces témoignages de juste gratitude trouvèrent un écho sur tous les points de l'Europe : plusieurs Chambres de commerce, notamment celle de Marseille, lui votèrent une adresse. Les gouvernements étrangers, dont il avait sauvegardé les nationaux, le firent remercier par voie diplomatique, et, pour la plupart, lui conférèrent les insignes de leurs ordres; enfin le gouvernement français le nomma officier de la Légion d'honneur, et échangea son titre de consul contre celui de consul général, tout en le maintenant à ce même poste de Barcelone, où il venait de jeter un si grand éclat sur le drapeau de la France, devenu, par ses soins, l'étendard de la conciliation et de la paix.

Une brillante carrière devait suivre de si beaux débuts; en effet, envoyé, par le gouvernement provisoire de 1848, à Madrid, comme ministre plénipotentiaire, et chargé bientôt après d'une mission conciliatrice à Rome, M. de Lesseps semblait destiné à quelque poste diplomatique de premier ordre, lorsque un désaccord survenu entre lui et le gouvernement français, sur la conduite à tenir vis-à-vis la République romaine, ayant donné lieu à son rappel, il demanda sa mise en disponibilité. Bientôt après, il renonçait définitivement à la vie politique, et reportait toute l'activité de sa pensée sur un projet, dont la première idée remontait, paraît-il, à son arrivée en Egypte, en 1831.

Ce projet, que l'ingénieur Lepère avait déclaré irréalisable, et qui avait fait sourire plus tard, lorsque le chef des Saints-Simoniens en avait émis l'idée, avait pour but de corriger en quelque sorte un oubli de la nature, en faisant disparaître une des deux barrières placées sur la ceinture maritime qui entoure le globe de l'ouest à l'est (1).

Après cinq années ainsi employées à de laborieuses études, un de ces coups de la Providence qui, au moment où on s'y attend le moins, se plaît à intervenir et à faciliter l'exécution de plans auxquels elle semblait étrangère, bien qu'elle les eût inspirés et éclairés en secret, vint ménager à M. de Lesseps la réalisation de ce qu'il n'avait guère jusqu'alors pu considérer que comme un beau rêve.

Tant qu'Abbas-Pacha était pacha d'Egypte, une œuvre comme celle qu'il méditait, était, en effet, impossible.

Or, non-seulement l'avénement de Mohamed-Saïd au trône modifiait la situation, mais encore un des premiers actes du nouveau khédive eut pour résultat d'aplanir les voies devant M. de Lesseps.

Mohamed-Saïd, désireux de s'appuyer sur les amis de sa jeunesse et de puiser, dans leur expérience de la civilisation de l'Europe, les moyens de travailler à la pros-

(1) La seconde de ces barrières, l'isthme de Panama, entre les deux Amériques, va, paraît-il, bientôt disparaître à son tour. Dès lors, le problème de la circumnavigation du globe sera entièrement résolu.

périté de son peuple, avait tout d'abord pensé à M. de Lesseps et l'appelait auprès de lui.

M. de Lesseps se rendit avec empressement à cette flatteuse invitation, et mettant à profit l'intimité de ses rapports avec le prince, il sut lui inspirer ses convictions au sujet de la possibilité du percement de l'isthme de Suez.

Mohamed-Saïd ne perdit pas de temps : apportant dans l'exécution de l'œuvre dont il comprenait la grandeur et l'opportunité, toute l'activité de son caractère, il eût stimulé au besoin l'ardeur de M. de Lesseps.

Sur sa demande, un mémoire lui fut présenté, le 15 novembre 1854 ; quinze jours plus tard, il signait au Caire le premier firman de concession, dont nous avons parlé précédemment.

L'action était engagée; nos lecteurs ont vu M. de Lesseps à l'œuvre; ils applaudiront tout à l'heure à son triomphe.

Il ne nous reste, pour terminer, qu'à choisir au hasard, pour les reproduire ici, quelques traits typiques du portrait que nous avons cherché à esquisser.

« M. de Lesseps est diplomate, ingénieur, orateur, homme d'action en même temps que penseur et homme d'étude. Sa physionomie révèle ses multiples qualités : le front un peu fuyant indique la tendance à l'imagination, aux hardies conceptions qui tiennent du rêve, mais le reste du visage révèle une fermeté et une précision de volonté qui prouvent que le rêve peut se réaliser. Le nez est fortement arqué, indice de l'énergie militante. Les yeux, petits, noirs, étincellent, et leur regard exprime la finesse, sans que la franchise en soit exclue. La chevelure et les moustaches blanches donnent à l'ensemble de cette tête un aspect martial. »

Le caractère dominant du génie de M. de Lesseps, ce qui a fait sa force et assuré son succès, c'est la simplicité et la vérité. « Son éloquence, en effet, consiste surtout dans le naturel avec lequel il exprime de grandes choses ; l'auditoire est saisi, entraîné par ce contraste. M. de Lesseps possède le grand talent de provoquer les applaudissements avec un mot, un chiffre. En France, en Angleterre, il a remué des milliers d'hommes, par la seule éloquence de l'exactitude. Il y a des questions qui passionnent d'autant plus, qu'elles sont présentées avec plus de vérité. »

Mais c'est en Egypte surtout que son ascendant se montre dans toute sa puissance, s'exerce dans toute son étendue.

Les Arabes l'entourent d'une sorte de culte : « Quand ils le voient passer enveloppé d'un burnous et monté sur son dromadaire blanc, animal presque fantastique, il leur semble qu'Allah a suscité cet homme pour les mener vers une conquête qu'ils ne comprennent qu'à demi, mais dont ils parlent avec étonnement sous leurs tentes..... »

VIII

Jonction des deux mers.

« 24 avril 1859.

» Me voici arrivé depuis hier, écrit un témoin oculaire. Notre traversée n'a pas été trop agitée. Le capitaine avait déjà fait la route, et n'a pas hésité pour se diriger vers la terre, juste au point voulu. Et il y a à cela un certain mérite, car la plage très-basse ne se distingue pas de loin. Les abords de Port-Saïd sont indiqués seulement par une petite tour avec un mât qu'on appelle *le signal Larousse*... On dit que nous ne sommes pas très-loin de l'antique *Péluse* qui a eu jusqu'à cent mille habitants... dont il ne reste plus un seul. Il y a aussi à une distance de deux heures, à l'ouest dans la Menzaleh, un îlot couvert de monceaux de briques provenant des ruines de *Tennis*. Il paraît que c'était une grande cité, voire même un évêché au XIe ou XIIe siècle. Je le veux bien, mais ce qu'il y a de certain, c'est qu'on n'y trouve plus que les briques en question.

» Si du moins on s'empresse de nous en construire des maisons, il y aura un peu de consolation ; mais pour l'heure, nous sommes sous la tente, et c'est tout ce qu'il y a de moins confortable... Débarqué hier à midi, j'ai été comme asphyxié en pénétrant dans mon logement de toile. Après six heures d'un terrible soleil, j'ai été saisi, à l'arrivée de la nuit, par une humidité subite.

A minuit, j'ai jeté sur moi tous mes vêtements, mes couvertures ne suffisant pas à me réchauffer. Enfin, sur les deux heures du matin, ne pouvant plus résister à l'engourdissement, j'ai dû me lever pour me livrer à un exercice violent. Je prends mes chaussures dans l'obscurité, j'y mets le pied, j'entends un craquement, et je suis pincé jusqu'au sang. J'allume... des centaines de petits crabes se promenaient autour de mon lit. Quant à la tente, son dôme s'était infléchi sous le poids de la rosée. Je m'y ferai; mais ce premier essai m'a un peu ébranlé (1).

» .... Demain on doit se réunir sur la plage de Port-Saïd pour donner le premier coup de pioche.

» A après-demain le récit de cette solennité. »

« 26 avril 1859.

» La manifestation annoncée a eu lieu. Je dis manifestation, parce qu'il me paraît évident que M. de Lesseps a eu surtout pour but de montrer à tous les intéressés qu'il ne veut rien négliger pour donner suite à son magnifique projet. Quant à constituer dès à présent un chantier véritable, nous ne sommes ni assez bien outillés ni assez nombreux, bien que, indépendamment d'une dizaine d'Européens, on ait réuni de cent à cent-vingt ouvriers indigènes.

» Au surplus, si notre groupe était comme perdu dans l'immensité, le cadre même de la scène et l'idée

(1) Nous reproduisons cette description, afin que nos lecteurs puissent comparer l'établissement des travailleurs, au début, avec l'état de prospérité et de développement de l'isthme au moment où nous écrivons.

de la grandeur de l'œuvre à accomplir ont prêté à l'acte d'hier une solennité que ne saurait oublier aucun de ceux qui ont été appelés à y assister.

» .... M. de Lesseps a fait déployer le drapeau égyptien à la tête de la tranchée jalonnée sur le tracé du canal maritime, et nous a dit quelques mots d'une voix émue. On sentait qu'il avait conscience de l'immensité de sa tâche; mais en même temps l'énergique bonté, empreinte sur son visage, dissipait toute inquiétude. Chacun, à son exemple, a commencé à creuser la tranchée où passeront un jour les grands navires faisant le voyage entre l'Occident et l'extrême Orient.

» .... Avec la plus ferme confiance dans le succès définitif, je n'ai jamais eu comme aujourd'hui le sentiment du gigantesque effort qu'il faudra déployer pour transformer, en un port, la lagune où l'on nous a réunis et pour creuser dans le désert qui nous sépare de la mer Rouge. Si nos chefs n'en sont pas effrayés, nous devons conserver notre calme; je ne me sens pas du tout disposé au découragement, seulement je vois surgir des difficultés dont je ne me doutais pas.

» Nous allons rester bien peu dans notre campement avec un petit approvisionnement de vivres, de l'eau dans des barriques et des outils. On nous occupera d'abord à ériger un phare.... On doit aussi nous envoyer du bois pour faire un baraquement. »

Tels furent les modestes débuts de cette entreprise dont les résultats complets, rapides, étonnent à bon droit le monde!...

Moins de quatre années plus tard, le même correspondant écrivait :

« El-Guirs, 11 novembre 1862.

» Un beau spectacle en ce moment, c'est celui des chantiers, depuis le kilomètre 68 jusqu'au lac Timsah. Tous les ouvriers ont été massés sur ces huit kilomètres. Afin d'avoir terminé le 18 de ce mois, jour fixé pour l'arrivée de la Méditerranée au lac, on travaille sans interruption jour et nuit, les équipes se relayant continuellement.

» .... On ne peut se faire une idée de l'effet produit par une vingtaine de mille hommes sur un pareil chantier. De jour, la large tranchée vigoureusement éclairée par le soleil, qui rend éblouissant l'éclat du sable, paraît comme une fourmillière humaine. Incessamment de longues files d'hommes montent les berges escarpées le long des madriers, sur lesquels on a disposé des lattes en travers pour figurer des marches, et vont jeter au delà de la crête, à 25 mètres de hauteur, le contenu de leurs couffins, d'autres redescendent avec leurs paniers vides. Au fond du profil, les hommes les plus forts piochent le sol avec leur fass, tandis que d'autres remplissent les couffins qu'on leur apporte. Pas un ne chôme....

» La nuit, ce tableau est encore plus saisissant, s'il est possible. Des centaines de Machallahs, disposés le long des berges, éclairent la tranchée à la lueur de ces torches de bois gras qu'avivent continuellement des gardiens spéciaux. Les travailleurs avec leurs corps bronzés et leurs vêtements blancs ou bleus semblent une légion fantastique. Leur activité est d'autant plus grande que la température est fraîche et que le travail est mieux payé. De temps à autre, quelque surveillant ou les chéiks du village entonnent un chant rythmé que répètent les porteurs en cadençant leurs mouvements.... »

Et pour cadre à ce magnifique tableau, on a un panorama splendide.

« Au nord et à l'ouest, le désert descendant à perte de vue du plateau sur lequel se détache El-Guisr, avec sa mosquée légère, ses toits blancs et sa chapelle coquette (1); à l'est, la tranchée disparaissant d'abord à pic sous les pieds, puis se montrant plus loin de biais, avec ses rampes couvertes d'ouvriers; au sud, la nappe desséchée du lac Timsah, noire de limon du Nil, tapissée de touffes vertes et bordée de dunes à l'arête sinueuse. Au delà, sur deux plans nettement accusés, la silhouette du mont Geneffe et de l'Attaka. »

« 19 novembre 1862.

» La fête d'hier est de celles qui font époque....

(1) Reconnaissant la nécessité d'avoir sur place des prêtres des trois cultes représentés sur les chantiers, M. de Lesseps a toujours eu soin que les grands campements aient une chapelle catholique, une chapelle grecque et une mosquée, construites par la Compagnie et desservies à ses frais. Là est peut-être le véritable secret de la manière vraiment merveilleuse dont les travaux ont été dirigés et exécutés. En effet, outre les pratiques de chaque culte qui étaient ainsi exactement assurées, les mariages, les baptêmes, les soins spirituels à donner aux malades, les derniers devoirs à rendre aux morts, entretenaient dans cette population mobile une régularité de mœurs et des sentiments de famille qui en faisaient disparaître les inconvénients d'ordinaire attachés aux nombreuses agglomérations de travailleurs.

» Dès l'avant-veille, les visiteurs arrivaient de toutes parts. Un train spécial, gracieusement mis par le vice-roi à la disposition de M. de Lesseps, a transporté du Caire à Zagazi ses invités.

» Dès huit heures du matin, le 18, on s'est mis en marche vers le kiosque du chantier VI. Voitures attelées de chevaux, chameaux, dromadaires, baudets; tout avait été mis en réquisition, ce qui n'empêchait pas que le nombre des piétons, avançant péniblement sur la route sablonneuse, fût encore considérable. Mais chacun était trop animé pour s'arrêter à de pareilles déceptions....

» Le kiosque ainsi qu'un large espace réservé devant sa façade nord étaient entourés de mâts vénitiens aux banderolles de toutes couleurs. On entrait dans l'enceinte par un arc de triomphe orné de bannières et de branches de palmier. Sur le flanc est de la hauteur et bordant le sommet de la berge, une estrade couverte d'une tente aux montants enlacés de palmes et de drapeaux, avait été préparée pour les autorités et pour les dames venues en assez grand nombre.

» Au pied du talus, le chemin de hallage était encombré d'une masse compacte d'ouvriers européens et indigènes. Quelques-uns se tenaient, par un miracle d'équilibre, le long de la pente abrupte de la berge.

» Sur un terre-plein, ménagé entre le lac et les eaux de la Méditerranée (introduites depuis deux jours dans la tranchée), le chef de la religion de l'Egypte à côté de l'évêque catholique et des Pères de la Terre-Sainte mêlés à des ulémas du Caire, étaient prêts à appeler ensemble la bénédiction du Ciel sur l'œuvre dont un des premiers succès allait s'affirmer solennellement. Le délégué du vice-roi, à la tête d'un groupe d'officiers, représentait son souverain dont jusqu'au dernier moment on avait espéré la présence.

» Monté sur le barrage, M. de Lesseps commandait aux ouvriers chargés de couper cet obstacle. Je me rappelais la scène du premier coup de pioche. L'émotion de notre président était aussi grande. Malgré son empire sur lui-même, son visage était pâle; mais il exprimait cette fois un légitime orgueil. S'il avait eu de terribles luttes à soutenir, sa victoire n'en était que plus éclatante.

« Au nom de Son Altesse Mohammed-Saïd, dit-il, je commande que les eaux de la Méditerranée soient introduites dans le lac Timsah, *avec la grâce de Dieu !...* »

» A ces mots, les pioches s'abaissent : en un instant un sillon est creusé au centre des barrages, et les hommes n'ont que le temps de se retirer sur la berge. Déjà l'eau se précipite en bouillonnant, élargit violemment l'ouverture qu'on lui a livrée, fouille, entraîne le sable et, rompant le reste de la digue, dépasse l'extrémité du seuil pour aller couvrir d'une nappe écumeuse les bords du bassin qu'elle doit remplir un jour.

» .... De ma vie je n'oublierai cette journée où la mer, ramenée par la main de l'homme, a repris possession de son lit abandonné depuis tant d'années !...

» De Port-Saïd jusqu'au lac Timsah, sur 75 kilomètres de parcours dans l'intérieur de l'isthme, une première passe du canal maritime était en eau.

« Ismaïla, 14 mars 1869.

» La population tout entière, — fonctionnaires, agents, ouvriers, industriels arabes et européens — se presse aux abords du chemin de fer, prêt à saluer par ses vivats Son Altesse Ismaïl Ier venant pour la première fois dans l'isthme de Suez.

» D'autres, dit le savant auteur auquel nous avons emprunté les deux tableaux qui précèdent (1), d'autres ont pris soin de décrire sous l'impression du moment les incidents de cette visite, les mille banderolles flottant au vent, les arcs de triomphe, les trophées d'instruments de travail, les cantates et les fanfares... tout le cortége enfin des fêtes improvisées à chaque étape de l'excursion, sur les chantiers du canal.

» Quant à nous, c'est un autre souvenir que nous voulons évoquer.

» Il est peu de travaux humains, surtout à notre époque marquée par les plus admirables progrès, qui n'aient leurs similaires en quelque point du globe. Avoir vu l'un suffit le plus souvent pour apprécier les autres. Mais un des côtés caractéristiques de l'œuvre du percement de Suez, c'est qu'elle n'a pas eu de précédent, et qu'il a toujours été impossible de s'en faire une juste idée sans avoir assisté à son exécution.

» De là tant d'attaques, plus tard regrettées, dont elle a été l'objet; de là aussi tant de chaleureuses admirations que sa vue a excitées.

» Les sympathies des premiers temps s'exprimaient

(1) M. Olivier Ritt : *Histoire de l'isthme de Suez.*

en encouragements chaque jour plus accentués : les incrédulités ignorantes ou systématiques avaient successivement cédé à l'évidence. Il n'était plus le temps où toute une grande nation hésitait à se prononcer, en présence d'une opposition ministérielle qui s'était peut-être tacitement condamnée elle-même.

» ..... L'Europe avait envoyé, durant les quatre dernières années surtout, ses représentants les plus distingués dans l'isthme, dont la visite était devenue le complément obligé du pèlerinage aux merveilles de l'Egypte, et l'étape indiquée des voyages vers l'extrême Orient.

» Quels devaient donc être les sentiments du khédive Ismaïl Ier en venant lui-même se rendre compte des progrès de l'œuvre? Ce n'était pas seulement un grand travail qu'il allait contempler : c'était le désert vaincu et refoulé ; c'était la vie apportée au milieu du sable ; c'était une nouvelle province tirée du néant et conquise à ses Etats ; c'était la revanche qui s'apprêtait par une grande victoire pacifique des défaites essuyées par les Turcs lors de l'établissement des Portugais dans l'Inde ; c'était enfin, réalisé dans toute sa splendeur, le rêve de Néchao, de Darius, de Ptolémée, de Trajan, d'Adrien, de Soliman, de Bonaparte, de Méhémet-Ali.

» Mais ce que nous voulons rappeler ici, c'est la solennité présidée par le khédive : l'inauguration du pertuis-déversoir destiné au remplissage du bassin des lacs Amers par l'eau de la Méditerranée.

» Après trois journées consacrées à l'examen de tous les chantiers, depuis Ismaïla jusqu'à Port-Saïd,

Son Altesse, s'embarquant sur un bateau à vapeur, escortée par toute une flottille chargée de monde, traverse le lac Timsah et pénètre dans les tranchées de Toussoum et du Sérapéum. Le flanc des berges porte les traces profondes du bouleversement causé par l'abaissement subit du plan de l'eau douce jusqu'au niveau de la mer, et le flot qui vient baigner leurs pieds rejette, comme une écume diaprée, le corps de milliers de poissons, victimes de ce mariage insolite du Nil avec la Méditerranée.

» Un débarcadère, construit auprès du pertuis-déversoir, conduit à une estrade décorée de palmes et de drapeaux, faisant face au canal d'introduction dans le bassin des lacs Amers, et d'où l'on aperçoit le déversoir dans tout son développement.

» La passerelle pavoisée de l'ouvrage est garnie d'ouvriers, chargés de lever les poutrelles-aiguilles, pour livrer passage à l'eau.

» A un signal donné par le prince, la première poutrelle de la travée centrale est dégagée. Un jet s'élance en sifflant par l'ouverture. Les autres poutrelles sont levées à leur tour, et le jet devient une gerbe, puis une cascade. Deux, trois, quatre, dix, vingt travées s'ouvrent encore; le flot gagne de proche en proche, jaillit de toutes parts autour des rocs tapissant le chenal et augmente incessamment de vitesse. Enfin, les cinq cents aiguilles sont levées : la nappe d'eau rapidement grossie est devenue un irrésistible torrent qui passe en mugissant et qui, se changeant plus bas en un fleuve couvert de flocons de sel, s'écoule vers le centre du bassin des lacs Amers....

» Après avoir contemplé quelque temps cet émouvant spectacle, le khédive revient au Sérapéum, et, avant de partir pour le Caire, laisse le télégramme suivant, adressé à Nubar-Pacha, à Paris :

« Sérapéum, 18 mars 1860, 1 heure du soir.

» Je viens de visiter le parcours du canal, et j'ai
» assisté à l'entrée des eaux de la Méditerranée dans
» les lacs Amers. Je rentre au Caire plein d'admi-
» ration pour cette grande œuvre et de confiance dans son
» prompt achèvement. »

Voici venue la dernière période de la lutte : le canal maritime, destiné à relier la mer Rouge à la Méditerranée, est entièrement creusé; l'eau y a pris son niveau définitif, un bosphore créé de mains d'hommes est ouvert aux plus grands navires de toutes les nations du globe.

Il ne reste plus qu'à inaugurer avec éclat cet admirable triomphe de la volonté, de la science et du travail. Et pour rendre hommage à l'homme qui a suscité cette grande œuvre, aux princes qui l'ont comprise et protégée, à l'armée de vaillants combattants qui l'a réalisée, ce n'est pas trop que de convier les représentants de l'Europe entière !

Les invités du khédive étaient donc nombreux et choisis parmi l'élite de la société contemporaine. Les sciences, les arts, les lettres y étaient dignement représentés, et la terre des Pharaons pouvait à bon droit s'enorgueillir, en voyant ces mandataires de la civilisation moderne, accourus de tous les points de l'Occident, pour assister au réveil de son antique gloire.

La généreuse hospitalité du khédive avait préparé à ses invités une réception réellement princière. Impossible d'imaginer un accueil plus gracieux, plus attentif ; impossible de mieux respecter la liberté de ses hôtes, tout en veillant sans cesse sur leur bien-être et en devançant tous leurs désirs. Depuis leurs premiers pas sur le sol égyptien jusqu'à l'instant de leur départ, rien de ce qui touchait à leurs commodités et même à leurs plaisirs n'a été négligé. Dans tous les pays de l'Europe, on parlera longtemps des prévenances délicates et de la somptueuse magnificence des princes et des peuples de l'Orient, naguère encore si hostiles à tout ce qui portait le nom chrétien.

Mais arrivons, sans plus tarder, au jour fixé pour les fêtes de l'inauguration, et cédons la plume à un des témoins oculaires.

« Ismaïla, 18 novembre 1869.

» Hier, suivant le programme, tous les bâtiments qui devaient figurer dans la fête d'inauguration, se sont mis en marche et sont entrés l'un après l'autre dans le canal.

» On ne saurait imaginer la joie, la confiance, l'enthousiasme qui éclataient de toutes parts ; on se félicitait, on se serrait les mains, des vivats et des hourrahs frénétiques retentissaient jusqu'au fond du désert. M. de

Lesseps était à bord de l'*Aigle*, portant l'impératrice Eugénie, et ses deux fils à bord du yacht de l'empereur d'Autriche.... »

Le défilé dans le canal a duré deux jours.

Le matin du second jour, l'*Aigle* faisait son entrée à dix heures du matin dans le magnifique port de Suez, au bruit de l'artillerie et aux acclamations de la foule. L'escadre tout entière est venue se ranger à sa suite....

IX

Résultats de l'entreprise

« Ne serait-il creusé que pour le commerce de la mer Rouge, le canal de Suez serait une grande et fructueuse entreprise. » Cette appréciation faite par un juge compétent (1) s'appuie sur l'histoire de l'ancienne marine.

« Il ne faut pas oublier, en effet, qu'avant la découverte du cap de Bonne-Espérance, tout le commerce entre l'Europe et l'Asie passait par le golfe Arabique. Ce mouvement commercial fit la splendeur de Venise, de Gênes, du bassin de la Méditerranée.... Quand on songe que cette voie nouvelle rapproche de 3,000 lieues, en moyenne, trois cent millions d'Occidentaux et six cent millions d'Orientaux ; que, malgré les difficultés et la lenteur du voyage par le Cap, et les nécessités onéreuses du transit à travers l'Egypte par le chemin de fer, le mouvement commercial en était arrivé, au moment où l'on

(1) Le président de la Chambre de commerce de Marseille.

inaugurait le canal maritime, au développement de onze millions de tonnes, il était facile de pressentir un avenir très-rapproché, où ce tonnage dépasserait toutes les prévisions. »

Le transit à travers l'isthme est, en effet, en voie de progression constante, et rien ne permet de douter de la marche de cette progression (1).

Une des conséquences heureuses et immédiates de l'ouverture du canal de Suez, est le développement qui en est résulté pour la marine à vapeur. De plus, la rapidité, la facilité et le bon marché de cette navigation nouvelle, ont augmenté les transactions générales, et suscité un plus grand nombre de voyages.

Il est vrai que l'importance de la marine à voiles qui continue à prendre le chemin du Cap, est encore presque double de celle de la marine à vapeur qui passe par Suez, mais cette différence tend chaque jour à se modifier au profit de cette dernière.

A mesure, en effet, que l'ancien matériel naval est mis hors de service, le bois est généralement remplacé par le fer, et les voiles par la vapeur.

(1) « En 1870, le canal de Suez a donné passage à 480 navires d'un tonnage de 634,925 tonneaux et a perçu 5,159,327 francs de droits de transit; en 1874, à 1,264 navires jaugés à 2,423,672 tonneaux, et les droits perçus s'élevaient à 24,859,383 francs. Ces chiffres indiquent la marche ascendante du mouvement maritime et des produits de l'entreprise.

» Sur les 1,264 navires qui ont traversé Suez, en 1874, 16 seulement étaient à voiles et 1,246 à vapeur. L'opinion des armateurs qui soutenaient, il y a vingt ans, que la navigation à voiles, au delà du Cap, n'aurait pas avantage à prendre et ne prendrait pas la route de Suez est donc pleinement justifiée.

» Si, dans les chiffres que nous venons d'indiquer, les navires de la Grande-Bretagne représentent les 19/20 de la navigation au long cours par Suez, la part du pavillon français y est tout à fait insignifiante, et le pavillon américain n'y figure pas, bien que la route de Suez abrége de 2,400 lieues la distance de New-Yorck à Bombay, qui est de 6,200 lieues par le cap de Bonne-Espérance.

» Les voyageurs qui ont payé la taxe de passage par Suez ont été au nombre de 73,596 en 1874, contre 68,030 en 1873. » (*Journal des Economistes*, année 1875.)

« Un large contingent est donc assuré à l'avenir du transit par Suez, soit qu'il provienne du remplacement des navires à voiles par les bateaux à vapeur, soit qu'on le doive à l'accroissement de la navigation, conséquence de l'accroissement des échanges. A ceux-ci on ne voit guère de limites à poser : l'Orient étant encombré de multitudes qui ne demandent pas mieux que de consommer, et l'Occident se sentant capable de produire indéfiniment. »

La part prise par la marine anglaise dans la navigation du canal de Suez — les 19/20 — prouve surabondamment, que c'est bien là vraiment la route de l'Inde, « comme le comprenait l'Angleterre, quand elle concentrait tous ses efforts pour faire abandonner l'Egypte au général Bonaparte qui, lui aussi, en avait la vive intelligence.

» Par suite, il est aisé de comprendre que l'Angleterre doit regretter d'avoir laissé à l'esprit d'entreprise et aux capitaux français, l'exécution de la jonction des deux mers. »

Quoi qu'il en soit donc des questions se rattachant à l'avenir du canal de Suez au point de vue financier, cette entreprise n'en sera pas moins un des grands faits économistes de notre époque, auquel « l'histoire ne sera que juste, en y attachant avec honneur le nom de M. de Lesseps, et le souvenir de ceux qui l'ont soutenu, sans se laisser décourager par des injustices et des malveillances, qui auraient cependant justifié bien des défaillances. »

En présence d'une œuvre qui est « un de ces grands

événements qui apparaissent à de rares intervalles dans la vie des peuples, on aime à reconnaître qu'on lui doit cette route courte et directe vers l'Asie Orientale, que pendant trois siècles les navigateurs de toutes les nations maritimes de l'Europe ont cherchée à travers les mers polaires.

Or, « les communications lointaines ainsi rendues plus faciles, plus promptes et plus fréquentes, c'est la civilisation qui se propage, c'est la richesse générale qui s'augmente, c'est la paix du monde qui s'affermit, c'est aussi la science qui va conquérir de nouveaux champs d'observation. La géographie n'est pas la dernière à profiter de ces conquêtes pacifiques : les époques caractéristiques qui en marquent le progrès dans le cours des siècles, les établissements Phéniciens, Alexandre, les Romains, Christophe Colomb se rattachent toutes à un de ces faits universels, qui sont les grandes étapes de la marche de l'humanité (1). »

(1) *L'Année géographique*, 1869.

VIII

La télégraphie interocéanique.

I

Lorsque, il y a environ un demi-siècle, Ampère (1) découvrait la loi de l'électricité dynamique, et faisait construire le premier appareil destiné à transmettre des signaux à l'aide du mouvement de petites aiguilles aimantées, on l'eût sans nul doute bien étonné, en lui prédisant le développement réservé à son ingénieuse invention (2). Quelque profondément qu'il eût pénétré dans le secret des sciences physiques, il eût difficilement cru

(1) Savant mathématicien né à Polemieux (Rhône), le 22 janvier 1775, admis à l'Institut en 1814, nommé, vers 1820, professeur de physique au collége de France et mort inspecteur général de l'Université, le 10 juin 1836.

(2) « L'Angleterre, l'Amérique, l'Allemagne revendiquent en même temps que la France l'invention de la télégraphie électrique; mais Ampère doit être regardé comme le véritable auteur du principe théorique de cette découverte. Il perfectionna les appareils d'Œrsted, empruntés à l'action du fluide électrique sur l'aiguille aimantée et prépara ainsi le télégraphe électro-magnétique, dont il donne lui-même la définition que voici : « Autant d'aiguilles aimantées que de lettres de » l'alphabet mises en mouvement par des conducteurs qu'on ferait communiquer » successivement avec la pile, à l'aide de touches de clavier qu'on baisserait à » volonté, pourraient donner lieu à une correspondance télégraphique qui franchirait toutes les distances et serait aussi prompte que l'écriture pour transmettre » la pensée. »

» Le germe de la télégraphie était dans cette phrase.... » (*Biographie des grands inventeurs.*)

à la possibilité, par exemple, d'immerger un câble au fond de l'Atlantique, de manière à mettre les deux mondes en communication.

Mais nous n'en sommes pas encore à ce moment décisif et triomphal où le câble transatlantique portera, en quelques secondes, la pensée de l'homme des côtes de l'Irlande au rivage de Terre-Neuve.

Avant de songer à cette prodigieuse entreprise, les Etats de l'Europe installeront entre tous les points où s'agitent des intérêts de nature à attirer leur attention, ces poteaux bien connus de nos lecteurs, à la cime desquels on ne peut, sans une secrète émotion, voir suspendus une série de fils qui, sous leur frêle apparence et derrière leur immobilité, cachent une puissance de transmission dont la rapidité ne se peut comparer qu'à l'exactitude (1).

Les premiers essais de télégraphie électrique, eurent lieu en France en 1845, sur la ligne de Paris à Rouen, et en 1846, sur celle de Paris à la frontière du Nord.

Ce nouveau mode de communication, qui piquait la curiosité des populations et séduisait peut-être plus l'imagination que ne l'avaient fait les merveilles de la vapeur, fut généralement accueilli avec faveur.

Dès 1852, une loi spéciale affectait un crédit de 5,000,000 à la création d'un réseau de lignes qui, em-

(1) Pendant que ces lignes étaient à l'impression, un fil supplémentaire et différent par sa forme, sa composition et son degré de tension, prenait place sur les poteaux du télégraphe électrique entre Paris et Versailles. Ce *fil*, qui est celui du *téléphone*, porte entre ces deux villes le son distinct de la parole. Ce premier essai, mis au service de l'Etat, a, paraît-il, prouvé surabondamment que ce neuveau mode de communication électrique, qui semble dépasser tout ce que l'imagination pouvait se croire en droit de demander à la science, est d'une application pratique certaine.

brassant tout l'intérieur de la France, venait aboutir à nos différentes frontières.

Comme les choses se passaient à peu près de même dans les pays voisins, les lignes françaises en vinrent

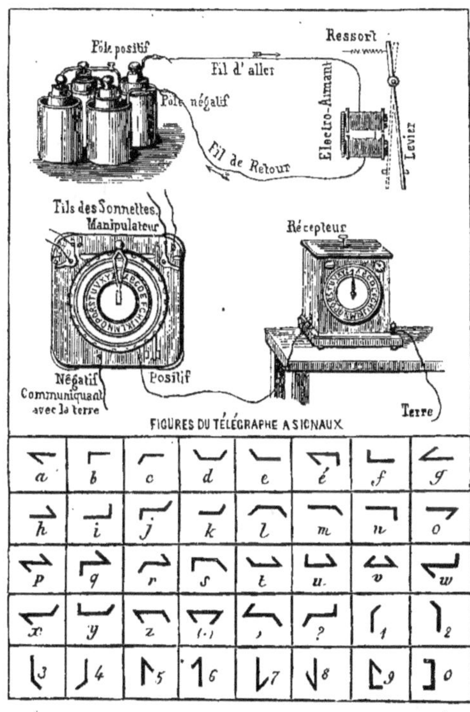

TÉLÉGRAPHIE ÉLECTRIQUE

naturellement à se relier aux lignes étrangères, de telle sorte, qu'avant que les gouvernements eussent songé à établir un service international sur des bases discutées et acceptées officiellement, ce service existait de fait.

On dut le régulariser, ce qui se fit de 1852 à 1855, par des conventions particulières avec chaque Etat, et seulement à titre provisoire.

Non-seulement ces conventions ont pris depuis une forme définitive, mais les puissances de l'Europe ont, pour la plupart, reconnu l'utilité d'une entente commune à ce sujet.

Or, il est à remarquer que, « sur aucune des questions qui aient jamais provoqué des délibérations internationales, l'entente ne s'est établie d'une façon aussi rapide et aussi complète que sur les règles du service télégraphique. L'immense réseau de fils métalliques qui embrasse l'Europe et qui, depuis que les premières conférences qui ont réglé l'accord international dont nous parlons, a atteint, par des câbles sous-marins, toutes les autres parties du monde, fonctionnent sous l'autorité d'un véritable syndicat, établi entre les administrations des divers pays. Des conférences internationales règlent périodiquement les principes de cette exploitation syndicale. »

II

Le rapide développement de la télégraphie sur le continent s'explique aisément par la simplicité des moyens qu'elle emploie : « Un fil de fer, des poteaux, quelques appareils d'une construction et d'un emploi faciles, voilà tout ce qu'il faut... Mais avec cette intrépidité qui caractérise l'esprit scientifique et industriel moderne, on ne s'est point contenté de communiquer à la surface des terres ; il a fallu traverser les mers elles-mêmes, et la télégraphie sous-marine est alors entrée dans une phase nouvelle où elle a rencontré des difficultés toutes spéciales.

» Les premiers essais, dans lesquels la France se distingua par son initiative et par ses travaux, furent timides. »

Le début fut le câble sous-marin placé en 1851, dans le détroit du Pas-de-Calais, entre Douvres et le cap Sangate; puis vinrent les câbles d'Holyhead à Dublin; de Douvres à Middelkerke près d'Ostende; du comté de Suffolk à Scheveningen, près de La Haye. Un peu plus tard, en 1855, le Danemarck se mettait en communication avec l'île de Seeland par l'île de Fionie, l'Ecosse se rattachait à l'Irlande, le Zuiderzee était traversé.

La première étape de la grande ligne qui depuis a relié les deux continents, était établie au Canada entre le Nouveau-Brunswick et l'île du Prince-Edouard, dans le golfe Saint-Laurent.

Dans la Méditerranée, la Spezzia était unie au cap Corse, l'île de Corse à la Sardaigne.

Avec le succès, l'ambition grandit : la ligne de l'Algérie fut résolue.

Cette ligne qui, partant du cap Spartivento, devait aboutir à la Calle dans la province de Constantine, était le fait d'une audace prématurée. Le câble qui devait, à certains endroits, descendre à une profondeur de plus de 2,000 mètres, n'avait pas la force nécessaire. Il se rompit et ne put être retiré du fond de la mer (1).

(1) En 1860, au moment où, sous l'impression de la rupture du câble transatlantique dont nous aurons tout à l'heure à entretenir nos lecteurs, le public

Toutefois, cette tentative hardie devait porter ses fruits. Non-seulement elle fut le point de départ d'un plan plus grandiose encore : la jonction des deux mondes à travers l'Atlantique, mais encore les expériences auxquelles elle donna lieu, en stimulant le zèle des ingénieurs, en leur facilitant l'étude des difficultés à vaincre, entrèrent pour beaucoup dans l'enthousiasme avec lequel fut accueilli en Europe et en Amérique, le projet du câble transatlantique.

L'importance commerciale, et surtout la portée politique et sociale de cette entreprise gigantesque, devinrent l'objet de l'attention publique ; les esprits se passionnèrent, et la possibilité ou l'impossibilité de la pose du câble océanique et de son fonctionnement, devinrent la grande préoccupation du moment.

Le savant physicien, qui est justement considéré comme ayant rendu pratiques les expériences tentées avant lui pour transmettre les communications électriques, le professeur Morse, de New-Yorck (1), se fit le promoteur le plus ardent de l'entreprise. Une Compagnie fut fondée, les capitaux nécessaires réunis, et un câble commandé à Londres dès la fin de l'année 1856.

La côte d'Irlande et les rivages de Terre-Neuve étaient les deux points extrêmes de cette ligne.

désespérait de voir s'établir jamais des communications lointaines de télégraphie sous-marine, l'administration française reprenait et achevait cette ligne qui, depuis, n'a cessé de fonctionner.

(1) A Morse revient l'honneur de la première ligne télégraphique qu'il inaugura en mai 1844, entre Washington et Baltimore. Son appareil ne tarda pas à jouir d'une grande faveur et fut universellement adopté en Europe. — En 1856, les différents gouvernements représentés au congrès de télégraphie internationale, réuni à Paris, allouèrent à l'illustre inventeur une somme de 400,000 francs à titre de récompense.

Le 3 août 1857, une foule immense, composée en majeure partie des notabilités de tous les pays, assistait, dans la paisible baie de Valentia, à l'inauguration solennelle de l'immersion du câble sous-marin. Le lord-lieutenant d'Irlande présidait la cérémonie.

Tout, affirmait-on, avait été examiné, pesé, prévu, et cependant, dès les premières heures de navigation, la pose du câble rencontra des difficultés si sérieuses, qu'on put craindre de ne les pas surmonter.

La réalisation de ces craintes ne se fit pas attendre : le 11 août, le câble se rompit en pleine mer, et tous les efforts pour le repêcher furent inutiles.

Deux ans plus tard, le 10 juin 1859, l'opération fut reprise à nouveau, mais sans aboutir d'abord à de meilleurs résultats. L'insuccès ne découragea ni les directeurs de la Compagnie ni les ingénieurs et les marins chargés de l'exécution. La flottille d'expédition, qui avait dû rentrer dans la baie de Valentia, en ressortit après avoir fait à son outillage quelques modifications jugées nécessaires.

Cette fois le câble devait arriver à Terre-Neuve. L'opération cependant laissait à désirer. Les signaux échangés étaient faibles, presque inintelligibles.

Après avoir espéré un instant que ce défaut disparaîtrait, on se trouva tout à coup en présence d'une interruption subite et complète de transmission.

Le fil conducteur avait perdu toute sensibilité, et il n'y avait pas moyen de remédier au mal, le câble ne pouvant être relevé sans se rompre (1).

(1) En effet, quand on essaya de le relever, en 1860, on put à peine en repêcher quelques kilomètres.

La télégraphie interocéanique est-elle donc un rêve de la science et de la spéculation, que l'avenir ne réalisera jamais ?

On commence à le craindre, et malgré le succès de la ligne de l'Algérie, plusieurs années s'écoulent pendant lesquelles la Compagnie de la télégraphie transatlantique semble ne plus songer à une nouvelle entreprise.

III

Cependant, voici que, dans les derniers jours de juillet 1866, une grande nouvelle se répand, et vient étonner le monde :

Un câble sous-marin (1) a été immergé à travers l'Atlantique, établissant enfin entre l'ancien et le nouveau monde ce lien direct que l'on désespérait de pouvoir former.

Une conversation peut être entretenue entre Valentia

(1) La matière et la force des câbles sous-marins ont peu varié depuis les premiers essais de télégraphie océanique qui furent faits en 1851, entre la France et l'Angleterre. Ces câbles se composent, au centre, d'un faisceau de fils de cuivre revêtus d'une enveloppe isolante de gutta-percha. Cet axe est entouré d'une garniture de matière textile que recouvrent des fils de fer nus ou enveloppés de chanvre et enroulés en hélice.

Le fil central conduit l'électricité dont la gutta-percha empêche la déperdition. Le reste protége contre tout accident la partie intérieure, *l'âme*, qui est la chose essentielle.

« Quant à l'épaisseur de ces différents fils et des matières qui les séparent, quant à la proportion à établir entre le poids du cuivre et celui de la gutta-percha qui le protége, ce sont des problèmes à résoudre en chaque cas particulier. Les diamètres sont fixés d'après la distance à parcourir, d'après la profondeur des eaux au fond desquelles le câble doit être posé et le degré de vitesse que les transmissions doivent atteindre.

» Tel câble, bon pour une certaine traversée, ne conviendrait pas dans une autre mer ou même sur un autre point de la même mer. A défaut de théorie certaine, il faut donc que le constructeur demande à la pratique les indications nécessaires.

et Terre-Neuve, à travers plus de 3,000 kilomètres de mer et 70 degrés de latitude.

Jamais, peut-être, pareil triomphe n'avait encore été obtenu par l'industrie humaine.

Que sera-ce, lorsque, le réseau entier qui doit relier entre elles toutes les parties du monde étant complet, « la volonté de l'homme pourra, avec une rapidité prestigieuse, faire presque le tour entier du globe! N'aura-t-il pas alors le droit d'être fier et de sentir plus vivement sa propre grandeur!... Mais ne sentira-t-il pas d'autant mieux sa petitesse, en voyant d'une façon si nouvelle et si saisissante, combien est étroit cet empire qui lui est attribué et dont les bornes lui renverront en un temps si court l'écho de sa propre pensée?... »

Les insuccès successifs que nous avons fait connaître et dont il était facile pour les hommes compétents de s'expliquer la cause, et par suite de porter remède aux défauts qui l'avaient amenée, avaient été pour le public une condamnation momentanée des entreprises de télégraphie océanique. Il ne fallut pas moins de cinq années d'efforts de la part des ingénieurs, pour reconquérir la confiance des capitalistes, et réunir les 12 ou 15 millions nécessaires pour recommencer l'entreprise.

Les promoteurs de ce nouvel essai avaient, « avec une persévérance méritoire, frappé à toutes les portes et quêté dans toutes les bourses en faveur de leur œuvre.

» Près du gouvernement anglais, ils faisaient valoir l'immense intérêt politique, de mettre à portée de la voix les troupes et les escadres qui défendent l'Amérique britannique, ils obtinrent une garantie de recettes de 500,000 francs par an.

» Chez les gros négociants, chez les armateurs dont les navires traversent sans cesse l'Atlantique, ils montrèrent de quelle utilité serait un câble pour la prompte expédition des affaires et la sécurité des transactions.

» Partout, dans toutes les villes et dans toutes les classes de la société, ils s'adressèrent à l'orgueil national, en exposant le mérite qu'il y aurait à réussir dans une si noble entreprise.

» Dès qu'ils eurent la certitude de n'être pas arrêtés par la question d'argent, c'est-à-dire aussitôt que les souscriptions eurent atteint le chiffre demandé de 12 millions, ils firent appel à la publicité, invitant tous les ingénieurs et fabricants de câbles à présenter des modèles de conducteur sous-marin : ces modèles étaient soumis à un comité composé d'hommes distingués à la fois par leur réputation scientifique et par l'étude spéciale qu'ils avaient faite des matières en discussion.

» Ces conseillers de la Compagnie évitèrent prudemment de s'aventurer dans des voies nouvelles, et ne donnèrent place aux innovations qui leur furent soumises que dans les limites où la théorie ne s'écartait pas trop des anciens errements. Le type des câbles adopté par eux fut, au diamètre près, le même que l'administration française avait approuvé en 1860 pour la création de la ligne entre la France et l'Algérie.

» Le fil central ou conducteur électrique était formé de sept brins de cuivre tordus, d'un diamètre total de trois millimètres et demi ; la substance isolante était d'une épaisseur double. Cette *âme* du futur câble transatlantique était enveloppée dans un bourrelet de jute (1); autour de ce matelas s'enroulaient dix fils de fer destinés à donner de la force à l'ensemble.

» La fabrication de ce cordage, qui mesurait 4,300 kilomètres, prit plus d'une année. Commencé le 18 avril 1864, il ne fut terminé que le 29 mai 1865. Pendant ce temps, les ingénieurs déterminaient les points exacts d'où devait partir le câble en Irlande, et où il devait arriver à Terre-Neuve (2).

» Quand le câble fut achevé, il se trouva qu'un seul navire au monde était capable de recevoir un pareil volume; c'était le navire géant, *le Great-Eastern,* qui se reposait dans la Tamise, après deux ou trois voyages au delà de l'Atlantique.

» Ce colossal steamer reçut trois grandes cuves en tôle, susceptibles de loger le câble tout entier et de le conserver immergé dans l'eau pendant toute la durée de la traversée.

» La machinerie d'émission fut installée sur le pont.

» L'équipage avait été recruté avec le plus grand soin. L'un des meilleurs capitaines de la Compagnie, Cunard, en reçut le commandement. Tout compris, électriciens, ingénieurs, manœuvres, matelots, il y avait cinq cents hommes à bord.

» .... Dès les premiers jours de juillet, *le Great-Eastern* quittait la Tamise pour se rendre sur la côte

(1) Sorte de fibre textile dont on fait les grosses toiles d'emballage.

(2) L'Atlantique a dans cette latitude un peu plus de 3 kilomètres de large et une profondeur à peu près constante de 4 à 5,000 mètres.

d'Irlande. La grosse portion du câble, qu'on appelle *shore-end*, fut immergée sans embarras; puis le bout en fut soudé au câble des grandes profondeurs, et le navire géant se mit en route avec une vitesse de quatre à cinq nœuds.

» Pendant la nuit, lorsqu'on n'était encore qu'à 84 milles de la terre, les électriseurs s'aperçurent qu'un défaut était survenu dans l'isolement du conducteur. On se mit aussitôt en devoir de relever le câble immergé jusqu'au point défectueux. Après une journée entière consacrée à cette pénible et délicate opération, on reconnut qu'un fragment de fil de fer, taillé en pointe, avait traversé l'enveloppe protectrice et pénétré la gutta-percha (1). La réparation fut bientôt faite, et le navire reprit sa marche en avant.

» Cinq jours durant, il ne survint rien d'extraordinaire; le précieux cordage se déroulait paisiblement à l'arrière du navire. On se félicitait d'avoir si bien réussi; on admirait la façon dont le câble se comportait à la mer, lorsque tout à coup une nouvelle interruption se produisit. »

De nouveau on relève le câble, et il se trouve que l'accident, arrivé une première fois, s'est renouvelé dans des conditions identiques.

Le mal réparé, la marche reprend; deux jours se passent sans encombre. Mais, le 2 août, survient une troisième interruption.

Pendant qu'on repêche le câble pour y remédier, « les freins se détachent, la machine à vapeur stoppe, le

(1) Cette légère blessure eût suffi pour perdre le câble tout entier.

câble se rompt tout à coup à l'arrière, et l'extrémité disparaît dans les profondeurs de l'Océan.

» *Le Great-Eastern* avait alors accompli les deux tiers de son voyage. Il se trouvait à 1,062 milles de Valentia et à 601 milles de Heart's-Content.

» Tant que le câble avait été en bon état, des correspondances s'échangeaient à chaque instant entre la côte d'Irlande et les voyageurs. Après l'accident, on fut une vingtaine de jours sans entendre parler du navire, que l'on crut perdu corps et biens. »

Pendant ce temps, l'ingénieur qui dirigeait l'immersion, M. Canning, faisait les plus grands efforts pour retrouver le câble et le retirer de la mer. Après plusieurs dragages dans une mer qui mesurait au moins un kilomètre de profondeur, et au cours duquel on raccrocha plusieurs fois le câble, mais sans parvenir à le remonter à la surface faute de grappins assez solides, le savant ingénieur se décida à suspendre ses recherches et à aller chercher en Angleterre un outillage *ad hoc*.

Le bilan de cette grande entreprise pour l'année 1865 s'établissait ainsi : une longueur de câble de 1,200 milles, c'est-à-dire une valeur de 8 millions de francs gisaient abandonnés au fond de l'Océan.

Bien loin de se laisser décourager par cet accident, la Compagnie du télégraphe transatlantique puisa dans les faits portés à sa connaissance un zèle nouveau. La possibilité de l'entreprise était démontrée, et nul esprit sérieux ne pouvait, en effet, douter qu'elle ne se réalisât plus ou moins aisément.

Un autre câble fut fabriqué pendant l'hiver, et aussitôt

qu'il fut prêt, *le Great-Eastern* reprit la mer (1).

La nouvelle expédition se proposait un double objet : immerger d'abord le second câble, et ensuite opérer le sauvetage du premier.

L'opération d'immersion se fit avec le plus rare bonheur; aucun accident sérieux ne se produisit, et le 27 on arrivait en vue de Terre-Neuve. Le même jour, le câble transatlantique était soudé au *shore-end* préparé pour l'atterrissement, une communication prompte et directe était établie entre les deux mondes.

Or, « vit-on jamais phénomène plus merveilleux? Confondre l'espace, annuler le temps, devancer le soleil dans sa course autour de la terre, réunir deux peuples que séparait un immense obstacle! Le fluide électrique si capricieux, si bizarre en ses effets, si mobile qu'on l'eût pu prendre, à plus juste titre que l'onde, pour symbole de la mobilité, ce fluide est si docile cette fois, que, non content d'aller jusqu'au bout de la voie qu'on lui a préparée, il revient sur lui-même, et rapporte la réponse au message qu'on lui a confié!... »

Le premier objet de l'entreprise de 1866 était réalisé, restait à accomplir le second, c'est-à-dire à retrouver et à repêcher le câble perdu l'année précédente.

M. Canning et ses habiles collaborateurs ne furent pas moins heureux dans cette partie de leur programme, qu'ils ne l'avaient été dans l'autre. Le câble fut repêché à 1,300 kilomètres de la terre; relié et complété, il fut conduit jusque Terre-Neuve (2), de manière que deux

(1) Le 12 juillet 1866.

(2) L'île de Terre-Neuve, où aboutissent les deux câbles transatlantiques,

fils de communication, au lieu d'un, se trouvèrent tendus entre l'Europe et l'Amérique.

III

Le succès de l'expédition dont nous venons d'esquisser les principaux incidents, ne pouvait manquer de donner le goût des entreprises de télégraphie océanique; aussi ne nous étonnerons-nous pas du prodigieux accroissement que, pendant ces dix dernières années, a pris une industrie aussi précieuse.

Il n'y a guère plus de trente ans que l'électricité, réduite à l'office de messager, a transmis sa première dépêche, et voici qu'aujourd'hui, non contente de circuler d'un bout à l'autre de l'Europe, de l'Amérique et de l'Inde anglaise; non contente d'avoir pénétré jusque dans cet extrême Orient si soigneusement fermé aux envahissements de la civilisation moderne (1), elle franchit les mers et va porter nos messages et en chercher la réponse, jusque sur les points les plus éloignés du globe.

Avant de nous occuper du rôle considérable revendiqué en ces derniers temps dans cette entreprise qui, comme merveille de résultats, se place au premier rang de ce qu'a jusqu'ici osé concevoir et exécuter le génie humain, arrêtons-nous un instant à l'influence exercée indirectement sur les arts industriels par la pose des câbles

possédait une ligne télégraphique qui la mettait en correspondance avec le continent américain, au moyen d'un câble immergé, en 1856, dans les eaux peu profondes du golfe Saint-Laurent. Le câble transatlantique trouvait une communication toute établie avec les Etats américains.

(1) Des lignes de télégraphie électrique fonctionnent en Chine, au Japon et en Cochinchine.

sous-marins, et plus particulièrement par celle du câble transatlantique.

Il est arrivé, à cette occasion, ce qui se produit nécessairement chaque fois que l'esprit humain agrandit le cercle de ses investigations. Une connaissance nouvelle fait jaillir la lumière sur une foule de points obscurs, de telle sorte qu'un progrès en provoque un autre, non pas toujours dans le même ordre de recherches et de faits, mais dans les branches différentes de la science ou des arts.

Ainsi, si en ce qui concerne le sujet que nous traitons : « on est frappé de l'analogie des deux arts qui luttent l'un et l'autre contre le même élément tout en se proposant un but différent, à savoir : la télégraphie océanique et la construction des ponts sur les grandes rivières; » on ne peut s'empêcher de remarquer combien les études faites à l'occasion d'un de ces deux arts se sont entr'aidées et sont surtout destinées à s'entr'aider réciproquement.

« Jusqu'au siècle de Louis XIV, les ponts, à peine édifiés, étaient emportés par une crue ou une débâcle; parfois même les désastres survenaient avant que les ouvriers eussent posé la dernière pierre; c'est que les constructeurs étaient alors impuissants à descendre les fondations sous l'eau : parce qu'ils ne savaient calculer ni le débouché du fleuve, ni la résistance des matériaux, leurs œuvres ne pouvaient être durables.

» Ce fut une des gloires des ingénieurs du XVIIIe siècle, d'avoir su déterminer, pour ce genre d'édifices, les règles de l'art.... C'est une des gloires des ingénieurs du

XIXe siècle, d'avoir conduit le fluide électrique à travers les océans en dépit des profondeurs qu'ils présentent et des tempêtes qui les bouleversent. »

Et à côté de cette gloire, les uns et les autres ont un mérite qui ne s'apprécie pas au premier regard. De même que les travaux des premiers ont ouvert la voie aux savantes observations qui ont facilité les entreprises si merveilleusement accomplies par les seconds, les expériences faites par ceux-ci, les connaissances théoriques et pratiques qu'ils ont acquises, permettront — et peut-être permettent dès à présent — de tenter de nouvelles conquêtes dans les arts qui se rapportent aux constructions maritimes et fluviales.

Quelle lumière ne jettent pas ces travaux sur les conditions géologiques des abîmes dont les eaux de la mer avaient jusqu'ici dérobé le secret à notre curiosité !

Quelle lumière sur les conditions atmosphériques et sur les phénomènes divers de ces masses d'eaux, dont la surface seule était connue, et dont les instruments de sondages perfectionnés pour le retrait du câble échoué en 1865, vont maintenant labourer le fond, dont les appareils de plongeurs que la pose et l'entretien du câble ont fait inventer, permettent d'étudier les moindres détails.

IV

Nous voici arrivé à la partie la plus importante de notre récit, à celle qui lui donne à vrai dire le droit de figurer dans ce volume, nous voulons parler du câble transatlantique français, dont la pose eut lieu en juin 1869.

Nous emprunterons au *Journal officiel* la relation de cet événement digne, à tant de titres, de faire époque dans nos annales industrielles commerciales et maritimes.

Disons auparavant qu'à défaut de navire français assez colossal pour permettre d'entreprendre une œuvre aussi considérable, on dut recourir au *Great-Eastern* qui, pour la pose des câbles anglo-américains avait fait ses preuves, ainsi que nous l'avons dit.

Laissons maintenant la parole au savant rédacteur de l'article de *l'Officiel :*

« Bien qu'à proprement parler, l'expédition du *Great-Eastern* ne commençât qu'à Brest, ceux qui étaient appelés à en faire partie avaient été prévenus qu'ils auraient à s'embarquer à Portland, le navire ne devant s'arrêter sur la côte de France que le temps nécessaire pour opérer la soudure du câble dont il était porteur, avec le gros câble d'atterrissement.

» C'est donc de Portland que nous daterons ce résumé des événements survenus pendant le cours du voyage.

» Le départ était annoncé pour le samedi 19 juin. Depuis le 14, *le Great-Eastern* était à l'ancre dans la rade de Portland, et depuis quatre jours on était occupé à entasser dans les soutes du géant, le charbon nécessaire pour compléter l'approvisionnement de 5,000 tonnes, au moyen duquel on alimentera, pendant la durée du voyage, ce Gargantua de fer et de cuivre qui consomme par jour 500 tonnes, c'est-à-dire pour environ 6,000 francs de combustible.

» Le navire est plus pesamment chargé qu'il ne l'a encore été dans aucun de ses précédents voyages. Outre l'approvisionnement de combustible et l'immense attirail nécessaire pour l'expédition, les 3,600 kilomètres de câble qu'il porte enroulés dans ses flancs, représentent un poids de 5,500 tonnes. Il cale près de 34 pieds d'eau.

» Toute la nuit du 17 au 18 juin est employée à terminer les préparatifs. Le 18, à 8 heures du matin, tout est fini. Nous levons l'ancre. Roues et hélices se mettent en mouvement. L'immense navire tourne sur lui-même, sort de la rade et prend sa course vers la haute mer. Deux coups de canon retentissent; c'est notre salut d'adieu à la terre d'Angleterre, qui bientôt après disparaît dans l'éloignement. *Le Great-Eastern* vogue vers Brest, suivi à une distance de quelques centaines de mètres par *le Scanderia*, qui doit l'escorter pendant toute la durée de l'expédition.

» Le lendemain, dès midi, nous apercevons la côte de France. C'est d'abord le phare d'Ouessant, dont la tour blanche se dresse à l'horizon; puis les Pierres-Noires, ces rochers auxquels leurs silhouettes bizarres ont valu les noms qui les désignent : le Taureau, les Cheminées, les Vieux-Moines; et bientôt enfin, nous découvrons à notre gauche le phare de la pointe Saint-Matthieu, non loin duquel est mouillée la bouée portant l'extrémité du câble d'atterrissement.

» Au moment où nous jetons l'ancre, nous sommes

entourés d'une véritable flottille de bateaux, qui vont et viennent en tous sens. Tous ces curieux espèrent sans doute pouvoir contempler de plus près *le Great-Eastern* et les merveilles qu'il renferme. Malheureusement des ordres sévères interdisent l'admission à bord des visiteurs. La soudure du câble est une opération longue et délicate; elle doit être effectuée sur l'heure, et l'on craint qu'elle soit rendue impossible par l'affluence des curieux.

» A trois heures du matin, tout est terminé. *Le Chittern* jette par-dessus bord le lourd cordage tout bardé de fer; le câble d'atterrissement ne fait plus qu'un avec celui que *le Great-Eastern* porte dans ses flancs. Le navire retient suspendu à son arrière ce fil de 3,600 kilomètres de long, dont il doit déposer l'extrémité de l'autre côté de l'Atlantique.

» Le signal du départ est donné; la vapeur mugit dans les machines; les rouages compliqués de l'appareil de déroulement se mettent en mouvement; le câble, passant de poulie en poulie jusque dans la mer, file d'abord avec lenteur, puis de plus vite en plus vite, tandis que s'accélère la marche du navire. A mesure que nous nous éloignons, les feux des phares s'éteignent un à un; enfin le dernier d'entre eux disparaît à son tour à l'horizon : nous sommes partis!

» *Lundi 21 juin.* — La terre a depuis longtemps complétement disparu. Nous n'avons plus pour horizon que ce cercle aux bords duquel le ciel et l'eau semblent se rejoindre, et au milieu duquel nous allons rester enfermés pendant vingt jours au moins.

» ..... Notre vitesse est d'environ cinq milles à l'heure.

C'est celle que l'expérience a démontrée être la plus favorable; le câble, tendu par la progression du navire, décrit une longue courbe avant d'arriver à la surface de l'eau.

» Au câble d'atterrissement a succédé le câble intermédiaire, dont nous avons à poser une longueur de 105 milles avant d'arriver au câble de haute mer. Ces différents tronçons ont été préparés à l'avance. Ils forment un tout continu partagé entre les trois cuves, à l'avant, au milieu et à l'arrière du navire. C'est dans la cuve principale, celle du milieu, qu'a commencé le déroulement. 1,112 milles de câble sont emmagasinés dans l'énorme capacité de cette cuve; les longues spirales, étagées les unes sur les autres, forment une série de couches horizontales dont chacune représente une longueur de 7 milles de câble, et met cinq quarts d'heure à se dérouler.

» A mesure qu'il se déroule, le câble traverse un anneau central, monte verticalement à travers une ouverture pratiquée dans le pont, passe sur une poulie, puis s'engage dans une espèce de gouttière, régnant horizontalement dans toute la longueur du navire à une hauteur d'environ un mètre au-dessus du pont, et qui aboutit à l'appareil de déroulement.

» Rien d'ingénieux et de simple à la fois comme cet appareil, au moyen duquel l'opération si délicate de l'immersion s'effectue avec une précision et une régularité parfaites. Des freins à contre-poids, adaptés au tambour et à chacune des roues qui le précèdent, permettent de régler la marche de l'appareil et même de l'arrêter tout à fait. Enfin un dynanomètre indique à chaque instant la tension exacte à laquelle le câble est soumis, et un compteur enregistre le nombre de tours du tambour et permet de se rendre aisément compte de la quantité de câble mis à la mer.

» Mais revenons à notre voyage. Le lundi 21 juin, à midi, nous nous trouvons à une distance de quarante-deux milles. L'opération du déroulement s'effectue de la manière la plus satisfaisante. L'état électrique du câble est excellent; tout s'annonce donc de la manière la plus heureuse.

» Dans la nuit du lundi au mardi, à une heure quinze minutes, l'extrémité du câble côtier intermédiaire passe sur le tambour de déroulement; l'immersion du câble de haute mer commence. La distance du navire au point d'atterrissement est à ce moment de 112 milles et demi.

» *Le mardi 22 juin.* — Nous recevons des dépêches pour la première fois depuis notre départ. Des groupes se forment devant l'affiche. Chacun commente à sa manière ces brèves dépêches qui parlent de ce monde que nous avons laissé derrière nous. Admirable conquête, en vérité! que celle de cet agent mystérieux à l'aide duquel un navire, perdu au milieu de l'Océan, reçoit ainsi en un instant, à des centaines de lieues de distance la pulsation de la patrie!

» *Mercredi 23 juin.* — A une heure du matin, la longueur du câble immergé est de 250 milles.... A midi, nous arrivons au point — 293 milles — où le fond commence à s'abaisser pour arriver graduellement au niveau normal de l'immense plaine sous-marine, qui est appelée le plateau océanique. La profondeur, qui n'était hier que de 80 brasses, s'élève aujourd'hui à 900 brasses..... Tout va à merveille, et on se félicite déjà par avance d'un succès qui semble assuré.

» *Jeudi 24 juin.* — Notre quiétude ne devait pas tarder à être troublée. Ce matin, à trois heures trente-six minutes, une déviation subite de l'aiguille du galvanomètre, annonce un défaut dans l'enveloppe isolante du conducteur. Aussitôt le gong se fait entendre. En moins de temps qu'il n'en faut pour le dire, le navire est arrêté, et l'appareil de déroulement, enrayé par l'action des freins, retient le câble suspendu à l'arrière : un cordage solide, maintenu par six hommes, achève de le fixer; puis on le coupe, afin d'éprouver séparément la partie immergée et celle qui est restée dans les cuves. L'expérience démontre que le défaut se trouve dans la partie immergée; il faut ramener celle-ci à bord.

» C'est à l'avant du navire qu'est placé l'appareil de relevage. Il se compose d'un tambour analogue à celui de la machine de déroulement, et qu'une série d'engrenages met en rapport avec une machine à vapeur de la force de 40 chevaux installée sur le pont.

» ...... Deux fois on arrête la marche de l'appareil pour soumettre le câble au contrôle des appareils électriques; le défaut est toujours dans la partie immergée.

» On commence à concevoir de sérieuses inquiétudes, car le dynanomètre indique une tension de plus en plus considérable; mais à une troisième expérience, on constate que la partie défectueuse est ramenée à bord. La bonne nouvelle se répand aussitôt, tandis que l'on se met en devoir d'opérer la soudure du câble.

» ..... Du 25 au 29 juin, aucun incident digne de remarque.

» *29 juin.* — Une forte dépression barométrique annonce un changement dans l'état de l'atmosphère. Vers quatre heures du matin, j'étais éveillé dans ma cabine écoutant le grondement de la tempête qui s'élève, lorsque tout à coup un son métallique domine tous les autres bruits. C'est le gong qui retentit à coups pressés. Le doute n'est pas possible : un nouvel accident vient de se produire. L'opération du relevage est commencée ; le câble revient lentement à bord ; mais le navire présente maintenant son arrière à la lame qui lui livre de furieux assauts. Des montagnes d'eau viennent s'abattre sur le pont, et mettent en danger les travailleurs. A six heures trois quarts, on n'a pas encore ramené à bord la partie défectueuse. La traction qui s'exerce sur le câble est énorme ; elle augmente encore chaque fois que le navire s'élève par un mouvement de tangage. Le dynanomètre indique jusqu'à 96 quintaux. Tout à coup les cris : « Arrêtez !... arrêtez !... » se font entendre. Le câble vient de se rompre entre la machine de relevage et l'arrière, à moitié de la longueur du pont. L'extrémité du câble retourne déjà à toute vitesse vers la mer. Le lieutenant Husson, témoin de l'accident, se précipite, suivi de quelques hommes pour le retenir ; mais l'action énergique des freins, appliquée aux tambours d'arrière, suffit heureusement pour l'arrêter à temps. Chacun est déjà accouru sur le lieu de l'accident, et l'émotion est grande, lorsqu'on apprend à quel danger le câble vient d'échapper. Une seconde d'hésitation, et tout était fini ! Le câble disparaissait dans la mer pour aller s'enfoncer à une profondeur de plus de 3,000 mètres.

» Il faut prendre un parti sur l'heure, car la situation est devenue tout à fait critique. L'accident qui vient d'arriver est un avertissement, il y a danger évident à continuer l'opération du relevage. On se consulte à la hâte, et, après une délibération de quelques instants, on se décide à amarrer le câble à une bouée et à l'abandonner à la mer jusqu'à ce que la tempête soit apaisée. Quatre énormes bouées de tôle ont été embarquées en prévision de l'événement; le câble est fixé à l'une d'elles à l'aide d'une chaîne; puis on la passe par-dessus bord et on la laisse glisser en la retenant à l'aide de palans. Enfin la dernière amarre est coupée; la bouée tombe à la mer, et chacun regarde tristement s'en aller à la dérive, ce globe de tôle ballotté par les vagues, qui porte la fortune de la Société du câble transatlantique français.

» Il s'agit maintenant de pouvoir retrouver cette bouée, perdue comme un point imperceptible au milieu de l'Océan, et c'est ici que va se montrer l'habileté consommée des hommes auxquels est confiée l'expédition.

» Pendant le jour, la manœuvre à suivre est toute simple; mais, la nuit, elle se complique singulièrement. Il est convenu que le navire règlera sa marche de manière à se tenir sur une même ligne droite, qu'il parcourra, alternativement, dans les deux sens opposés, de trois heures en trois heures. Cette manœuvre s'accomplit avec une précision telle que le matin, au lever du soleil, nous apercevons la bouée à quelques centaines de mètres seulement du navire.

» La tempête est à peu près apaisée, mais les vagues sont encore trop fortes pour que l'on puisse songer à mettre une embarcation à la mer. Force nous est d'attendre et de continuer nos allées et venues jusqu'au lendemain.

» Enfin, le matin du 2 juillet, tout danger a disparu. Un canot se détache des flancs du *Great-Eastern* et fait force de rames vers la bouée. Il est porteur d'une amarre dont l'extrémité reste fixée au navire.

» Le canot arrive; un des matelots qui le montent saute avec une agilité de singe au sommet de l'énorme globe de tôle, et relie solidement l'amarre à la chaîne qui retient le câble. Celui-ci est resté en parfait état; un cri de joie s'échappe de toutes les poitrines, lorsque son extrémité apparaît à la surface. On achève de le hisser à bord, tandis que le canot prend la bouée à la remorque, et l'on a à peine ramené quelques brasses que la partie défectueuse est trouvée.

» Cet accident devait être le dernier..... Le 8 juillet, nous atteignions la plus grande profondeur que nous dussions rencontrer pendant tout le cours de notre navigation : 2,760 brasses (4,970 mètres environ), puis le fond s'élève rapidement. Dès le surlendemain, le succès de l'expédition peut être considéré comme assuré, car nous naviguons dans des parages où la rupture même du câble ne serait plus qu'un accident sans gravité.

» Le 1er juillet, dans la soirée, nous parvenons au sud du banc de Terre-Neuve, au point où notre itinéraire change brusquement de direction pour remonter vers le nord-ouest, en longeant la limite occidentale du banc. Déjà tout nous annonce que nous approchons de ces côtes inhospitalières, où règne pour ainsi dire un hiver perpétuel.

» Quoique le soleil brille d'un éclat resplendissant, une brise âpre refroidit l'air à tel point, que le thermomètre n'accuse que 10 degrés au-dessus de zéro. Le soir, les rafales deviennent glaciales ; on craint la présence dans le voisinage de quelques-uns de ces *icebergs* qu'il est si fréquent de rencontrer, en été, dans ces parages. Ordre est donné au *Scanderia* de se porter en avant pour éclairer notre route ; mais heureusement, aucun obstacle n'essaie de nous barrer le passage.

» *Le 11 juillet.* — Nous entrons dans la région des brouillards ; il semble que nous naviguions au sein d'un nuage. Il devient impossible de distinguer les objets d'un bout du navire à l'autre. *Le Chittern* et *le Scanderia* ont disparu, mais les sons répétés du sifflet à vapeur nous annoncent leur présence.

» ..... Tout à coup le brouillard tombe comme par enchantement ; il se condense en un nuage qui semble glisser comme un rideau à la surface des eaux. L'horizon s'élargit de plus en plus ; un navire se dessine à quelque distance devant nous, c'est *le Williams-Covy* qui, du plus loin qu'il nous aperçoit, nous salue des coups de son artillerie. Un peu plus loin, une goëlette aux formes élancées, arrive en bondissant sur la lame ; c'est l'aviso anglais *le Gulnare* qui a quitté sa station de Saint-Jean pour venir nous souhaiter la bienvenue.....

Le Chittern manque au rendez-vous; mais nous ne pouvons l'attendre, et *le Great-Eastern* reprend sa marche escorté du *Gulnare* et du *Scanderia*, tandis que *le Williams-Covy* se porte en avant pour guider notre course.

» *Le 12 juillet.* — A huit heures du matin, les quatre navires arrivent au lieu où se trouve mouillée la bouée portant l'extrémité du câble d'atterrissement. Nous coupons le câble dont nous venons d'achever la pose, et nous fixons l'extrémité à une seconde bouée qui est mise à la mer. C'est *le Williams-Covy* qui est chargé de relever ces deux bouées et d'effectuer la soudure entre les deux parties. Le brouillard qui s'est élevé de nouveau, rend cette opération impraticable pour le moment, mais elle aura lieu à la première éclaircie.

» La ligne reliant Saint-Pierre à la France peut dès à présent être considérée comme étant définitivement établie. Dans deux jours, au plus tard, *le Scanderia* se mettra en route pour poser le câble reliant Saint-Pierre au continent américain. La communication entre les deux mondes se trouvera ainsi complète.

» La Société des câbles transatlantiques français a donc accompli son œuvre. Quant au *Great-Eastern*, sa mission est terminée. Dans deux jours, il repart pour l'Angleterre; dans quelques semaines, il commencera à emmagasiner dans ses cuves le câble de 2,000 milles de longueur qui doit relier Aden à Bombay en traversant l'Océan Indien.

» L'expédition qui vient de s'achever d'une manière si brillante et si heureuse est, sous tous les rapports, une véritable merveille de science physique et mécanique de la part des éminents ingénieurs qui ont présidé à la partie technique de l'entreprise; merveille de science nautique de la part de l'habile marin qui a su conduire son navire d'un bout à l'autre de l'Atlantique, sans s'écarter un seul instant de l'itinéraire tracé sur la carte. M. Alpin se montre le digne élève de sir James Anderson, son illustre prédécesseur. En réussissant pour la troisième fois à établir une communication sous-marine entre l'Europe et les Etats-Unis, *le Great-Eastern* a démontré victorieusement que la télégraphie interocéanique a définitivement pris la place, dans le domaine des exploitations industrielles, d'une exploitation sûre et régulière.

» Déjà du reste les projets les plus grandioses surgissent de toutes parts..... Dans quelques années, nous n'en doutons pas, la pensée humaine, traversant les océans, volera d'un bout du monde à l'autre, avec la rapidité de l'éclair, et la postérité reconnaissante prononcera avec respect et admiration les noms de ces marins et de ces ingénieurs qui, triomphant de tous les obstacles, à force de persévérance et de génie, auront jeté les fondements de la science en établissant les premières communications transatlantiques. »

V

« Après l'union de l'Europe et de l'Amérique, dit un savant écrivain qui s'est beaucoup occupé de la question de la télégraphie internationale (1), l'œuvre principale de la

(1) M. Edgard Savenay : *Revue des Deux-Mondes.*

télégraphie sous-marine était l'établissement d'une communication sous-marine avec les Indes anglaises. La péninsule indienne elle-même est, en effet, une tête de ligne pour un réseau qui embrasse l'Océanie et l'extrême Orient, et qui viendra bientôt par l'Océan Pacifique prendre les Amériques à revers.

» Ici encore le projet de jonction a fait comme le phénix, il est sorti de ses cendres.

» Dès l'année 1856, de hardis pionniers avaient offert au gouvernement anglais d'atteindre Bombay et Calcutta, en passant par Suez, la mer Rouge et l'Océan Indien. Les câbles qu'ils posèrent n'eurent qu'une existence éphémère, et, pour un temps, on renonça au tracé par la mer Rouge; cette mer, disait-on, tant à cause de la haute température des eaux que de la nature rocailleuse du fond, était impropre à la conservation des câbles.

» On songea donc à gagner la péninsule indienne en suivant autant que possible la voie de terre. En 1862, une première communication fut établie d'après cette donnée. Comme le réseau européen atteignait Constantinople, la ligne traversa les provinces turques de l'Asie et le territoire persan, pour gagner les bords du golfe Persique. De là jusqu'à la côte septentrionale de l'Hindoustan, on employa une série de câbles côtiers à cause du peu de sécurité qu'offraient sur terre les peuples barbares de cette contrée.

» Cette première voie terrestre ouverte à la correspondance anglo-indienne, fut doublée bientôt par une ligne qui, partant du golfe Persique, se dirigeait sur

Tifflis et le Caucase pour gagner de là les lignes russes et Moscou.

» Les négociants anglais, aux abords des années 1865 et 1866, avaient ainsi pour correspondre avec les Indes deux grandes voies distinctes, la voie turque passant par Constantinople, puis celle que nous pouvons appeler russo-persane. Ils trouvèrent bientôt que ces deux voies, nominales plutôt que réelles, ne répondaient point à leurs besoins. Confiées à des nations qui n'ont point d'aptitude pour la télégraphie, les correspondances restaient en chemin ou mettaient des semaines entières, voire des mois, à parvenir à destination, encore n'y arrivaient-elles que défigurées et inintelligibles. C'était d'ailleurs le moment où venait de se produire le premier et grand succès de la pose des câbles transatlantiques. La télégraphie sous-marine, délaissée et repoussée encore la veille, éprouvait un retour de faveur, et les capitaux enhardis venaient se mettre à son service. En présence de cet état de choses, les Anglais résolurent d'établir entre la métropole et toutes les stations qu'elle possède sur la surface des deux hémisphères, un réseau sous-marin entièrement indépendant des territoires étrangers. »

Nous ne suivrons pas avec l'auteur de la savante étude qui nous sert ici de guide, les divers essais qui se succédèrent; nous ne mentionnerons pas les Sociétés qui se formèrent, et dont plusieurs fonctionnent encore; nous passerons d'emblée à la Compagnie *British-Indian* grâce à laquelle devait s'exécuter la pose du câble d'Aden à Bombay, dont nous avons parlé plus haut au sujet du prompt retour du *Great-Eastern* en Angleterre, après le succès de l'entreprise du câble transatlantique français.

Cette Compagnie, « héritière des anciennes Sociétés qui avaient adopté le tracé de l'Océan Indien, fut fondée au capital de 50,000,000 de francs. Elle avait deux câbles, l'un de Suez à Aden, l'autre d'Aden à Bombay, dont l'exploitation commença en mars 1870.

Le succès de cette entreprise amena les deux grandes Compagnies anglo-indiennes déjà en cours d'exploitation : l'*Anglo-Mediterranean telegraph Company* et *les Falsmouth's Gibraltar and Malta telegraph Company* à se fusionner avec le *British-Indian*. Elles ne forment plus qu'une seule ligne qui, par un tracé entièrement sous-marin, relie l'Angleterre à Bombay.

Ainsi que nous l'avons dit, « la Péninsule indienne sert d'origine à tout un réseau qui couvre l'extrême Orient.

» Au delà de l'Inde, on trouve la *British-Indian extension Company* qui a deux câbles, l'un de Madras à l'île de Penang, l'autre de Penang à Singapour, extrémité de la pointe de Malacca. — *La British Australian Company* qui joint Singapour à l'île de Sumatra et à Java, puis Java à Port-Darwin, pointe nord de l'Australie du sud ; les câbles ont été placés dans les premiers mois de l'année 1872 ; la *China submarine Company*, qui a ouvert en juin 1871 la ligne de Singapour à Hong-Kong, passant par Saïgon et qui joint par conséquent la Cochinchine française à la métropole ; — enfin le *Great Northern China and Japan extension Company* qui, dans cette même année 1871, a joint

Hong-Kong à Shang-Haï ainsi que Shang-Haï au Japon. »

Pendant que se formaient tous ces rameaux et d'autres encore, que les bornes de cet article ne nous permettent pas de mentionner, se greffaient sur un tronc unique, lequel a pour trait caractéristique de traverser la Méditerranée, une autre grande voie s'ouvrait dans le nord, non plus cette fois pour atteindre directement les Indes, mais pour gagner l'extrême Orient.

« A l'époque où les échecs multipliés des entreprises transatlantiques avaient discrédité la télégraphie sous-marine, on s'était préoccupé d'unir les deux mondes par la Sibérie et l'Amérique Russe, c'était un tracé qui, tout en présentant ses difficultés et ses dangers, paraissait cependant plus sûr que les trajets maritimes.

» Le réseau moscovite pénétra donc en Asie, et dès l'année 1866, il atteignait Nicolaï à l'embouchure du fleuve Amour, poussant en même temps sur Kiakhta un embranchement qui amorçait un service avec la Chine. D'autres Sociétés greffèrent leurs lignes sur ce grand tracé septentrional, les unes pour s'étendre, par le Danemark et la Norwége, jusqu'aux mers du Japon, les autres, et parmi celles-ci nous devons citer la Compagnie *Indo-European*, pour joindre par voie terrestre l'Angleterre aux Indes (1). »

Avant d'en finir avec cette entreprise sans précédents,

(1) Cette Compagnie, formée en 1868, « sous la protection de l'Allemagne du nord et de la Russie, part d'Emden, en Hanovre, où atterrit un câble anglais; traverse l'Allemagne en écharpe, gagne Varsovie, puis Odessa, touche à Tifflis, dans le Caucase, et aboutit à la frontière persane. Là elle se relie à une ligne établie sur les terres du shah.

puisque, seule jusqu'à ce jour, elle comprend dans un lien et un intérêt communs le monde entier, disons que, sous le titre de *télégraphie internationale*, un accord s'est formé entre la plupart des Etats modernes au sujet des tarifs et du service télégraphique.

Des conférences périodiques permettent aux délégués des nations qui font partie de cette utile fédération, de discuter les améliorations à apporter dans le service, de résoudre les difficultés qui peuvent survenir, en un mot, de régulariser ou plutôt de légiférer tout ce qui a rapport à ce puissant moyen de civilisation.

« Et, pendant que des hommes de bonne volonté établissent ainsi autour d'un tapis vert les conditions propres à développer les relations télégraphiques, le réseau des lignes et des câbles s'étend de proche en proche, et d'une façon continue.... Bientôt se trouvera complété un circuit qui embrassera le monde. Notre planète, sillonnée par un réseau complet, ressemblera, suivant une comparaison souvent employée, à un être pourvu d'un système nerveux. Les barrières élevées entre les nations s'abaisseront et s'effaceront, » et, en ce qui nous concerne, l'influence exercée par le génie français trouvera de nouveaux moyens de se développer et de s'étendre jusqu'aux extrémités du monde, portant avec elle, en même temps que le progrès de la civilisation et le bienfait des arts et de l'industrie, l'essor plus puissant et plus salutaire encore de l'esprit chrétien.

IX

Le percement des Alpes.

I

Le système Fell.

Le tunnel du Mont-Cenis, qui relie directement la France à l'Italie, est un des travaux gigantesques de notre siècle. « On ne peut mettre en parallèle, assurent les juges compétents, que le percement de l'isthme de Suez et la pose du câble transatlantique. »

Avant d'aborder l'historique de cet important travail, nous croyons devoir consacrer quelques pages à l'examen d'une entreprise moins considérable comme résultats, attendu qu'elle ne fut exécutée qu'à titre provisoire, mais non moins digne d'intéresser nos lecteurs, et peut-être non moins importante, eu égard aux services que, dans l'avenir, elle est appelée à rendre.

En effet, établir une communication rapide et facile, par voie ferrée, entre deux pays séparés par une chaîne de hautes montagnes, au moyen de galeries souterraines creusées à prix de temps et d'or, est sans doute une de ces audaces de l'industrie humaine que les anciens ne se fussent pas lassés de glorifier et que même à notre temps, et habitués, comme nous le sommes, aux merveilles de ce genre, nous avons le devoir d'admirer, mais combien plus avantageux encore, combien peut-être plus étonnant et plus digne de remarque, est de parvenir à suspendre une voie ferrée aux flancs des montagnes, et d'amener ainsi voyageurs et marchandises jusque sur les sommets les plus élevés.

Cette expérience a eu lieu; elle a été couronnée de succès, au Mont-Cenis même. Malheureusement, les travaux de percement étaient alors déjà trop avancés pour abandonner le projet primitif. Sans cela il est probable que le système sur lequel nous allons donner quelques détails, et que nous avons eu nous-mêmes l'occasion de voir fonctionner en mars 1870; il est probable, disons-nous, que la voie à découvert eût été adoptée.

Nous ne savons pas si, à l'heure où nous écrivons ces lignes, le système de M. Fell a été exploité dans nos régions montagneuses. S'il ne l'a pas été, c'est là une lacune regrettable dans les nombreuses améliorations qui ont été apportées depuis quelques années dans nos voies ferrées, lacune qu'il faut surtout, croyons-nous, attribuer au peu de publicité donné à l'essai fait au Mont-Cenis.

Nous voudrions avoir assez de compétence et surtout assez de notoriété dans l'espèce, pour que les lignes qui vont suivre pussent jeter quelque lumière sur la question.

Le 15 octobre 1864, un ingénieur anglais, M. Fell, fut autorisé à occuper temporairement une partie de la route impériale qui, par mille détours, franchit le Mont-Cenis (1), pour y établir, de Saint-Michel à Suze, une voie ferrée d'un nouveau et ingénieux système, sur laquelle circuleraient des locomotives capables de remorquer des trains sur des rampes de 8 centimètres.

« On sait que la puissance de traction d'une locomotive dépend de l'adhérence des roues motrices sur les rails. Si, par une cause quelconque, par la présence d'un corps gras, un excès d'humidité, des feuilles mortes mouillées par la pluie, le rail devient trop glissant, les roues de la locomotive ne tournent plus, tournent sur place, patinent et n'avancent pas. La machine ne peut plus se traîner elle-même, et à plus forte raison ne peut-elle entraîner le convoi qu'elle remorque. Pour ramener l'adhérence, le mécanicien ouvre un petit conduit qui lance du sable fin sur le rail en avant des roues.

» En temps ordinaire, la force d'adhérence à produire pour remorquer un convoi, est en relation avec le poids total du train, avec l'inclinaison des rampes à gravir, les rayons des courbes et la vitesse exigée. Or, cette adhérence si nécessaire des roues dépend de leur pression sur les rails, pression qui, d'après la position verticale des roues ordinaires, est déterminée tout entière par le poids de la locomotive.

(1) Cette route, qui a figuré à juste titre parmi les travaux d'art les plus remarquables de notre siècle, fut faite, en 1810, par ordre de Napoléon.

» Plus une locomotive est pesante, plus sa puissance de traction peut être considérable.

» Voici la conséquence de ce principe :

» A mesure que les chemins de fer vont se multipliant, les difficultés de tracé augmentent. Pour remonter les vallées secondaires, on se trouve dans la nécessité d'aborder des rampes de plus en plus fortes, et des rayons de courbure de plus en plus petits (1); il faut des machines plus puissantes, et l'on ne peut accroître leur puissance qu'en augmentant leur poids.

» En certains cas, pour des trains exprès remorqués par des machines Crampton, on va jusqu'à charger artificiellement la locomotive de barres de fer pesantes.

» Les machines devenant plus lourdes, il faut natu-

(1) Ce que nous avons vu de plus curieux en fait de courbes suivies par une voie ferrée, c'est pendant le voyage que nous avons fait en mars 1871, de Vienne à Paris en passant par la haute Italie. Sur un point de la Styrie que nous ne saurions préciser, le chemin de fer entre dans une profonde vallée, en forme d'entonnoir, que nous ne pouvons mieux comparer qu'à un cirque gigantesque, entourée de toutes parts de montagnes rocheuses s'étalant en amphithéâtre; une rivière qui pénètre dans la vallée en même temps que la voie ferrée en fait le tour presque entier. C'est entre cette rivière et le flanc de la montagne qu'a été tracé le chemin de fer; on a dû avoir souvent recours à la mine pour conquérir sa largeur sur le rocher qui sert de base à la montagne. La locomotive qui court ainsi entre une muraille naturelle dont l'œil a peine à mesurer la hauteur et le lit de la rivière, et cela en décrivant une courbe des plus rapides, produit sur le voyageur un effet que nous ne saurions décrire.... Comment sortira-t-on de cette enceinte qui n'a pas d'issue apparente? se demande-t-on avec une profonde émotion. Tout à coup, la vitesse du train diminue d'une façon appréciable, on sent que la route monte; elle s'engage dans un col étroit et encaissé où le soleil ne pénètre jamais, où parvient à peine un peu de jour. L'effet est saisissant, mais plus saisissante encore est l'impression que l'on éprouve lorsqu'après quelques minutes on débouche sur un plateau entièrement ouvert où l'on retrouve avec délices l'air, la lumière, nous dirions volontiers le sentiment de la sécurité et de la vie. — Nous ne croyons pas qu'il y ait en Europe, en fait de voyage en chemin de fer, rien de plus curieux et de plus beau que cette courbe en Styrie et le chemin de fer du Mont-Cenis. Aussi estimons-nous que ce sont là les deux épisodes les plus notables de notre voyage en 1871.

rellement les faire circuler sur des rails plus résistants; on force leurs dimensions.

» Les rails à double champignon, qui pesaient à l'origine 25 kilogrammes par mètre courant, en pèsent environ 40 aujourd'hui. La voie, par suite, devient plus dispendieuse à établir, et il arrive trop souvent que les chemins d'intérêt local doivent reculer devant le chiffre trop élevé du capital de construction.

» Mais, à côté de cet inconvénient, que d'avantages réels! Aussi ne se laisse-t-on pas arrêter par une question aussi secondaire, et marche-t-on au perfectionnement de la locomotion comme à celui des engins de destruction. Chaque machine sortant des ateliers, ne fait place qu'à un nouveau modèle plus grand et plus lourd, c'est-à-dire plus puissant.

» Ainsi par exemple, sur la ligne du Nord, il y a déjà quelques années, avait-on construit des locomotives gigantesques à douze roues motrices, à quatre cylindres, pesant de 48 à 57 tonnes, ayant près de 9 mètres de longueur, de véritables monstres à vapeur.

» Le nouveau système appliqué au passage du Mont-Cenis par M. Fell est tout différent. La masse de la locomotive n'est plus la source unique de sa puissance.

» En couchant les roues motrices dans un plan horizontal comme des meules de moulin, et, prenant la force d'adhérence nécessaire dans la pression d'un ressort, le poids de la machine devient inutile pour la traction.

» Le 15 mai 1865, la commission chargée de faire subir les épreuves nécessaires avant d'accorder la concession à M. Fell, a fait circuler une première locomotive de son nouveau système sur une ligne de 2 kilomètres choisie dans les plus mauvaises conditions de tracé, dans les lacets du Mont-Cenis près de Lans-le-Bourg. Un second modèle déclaré supérieur fut essayé le 19 juillet de la même année. Bien qu'il y eût encore quelques modifications de détails à y apporter, nous le décrivons comme un excellent type du genre.

» Si l'adhérence n'est plus déterminée par le poids de la locomotive, néanmoins, comme elle ne peut être impondérable, il est tout naturel d'utiliser ce poids pour la traction.

» La locomotive Fell est donc pourvue de deux systèmes de roues motrices : un premier système de deux paires de roues horizontales accouplées, et un second de deux paires de roues verticales comme celles de nos locomotives. Les premières, couchées sous le ventre de la machine, roulent sur un rail central à doubles champignons rabattus sur le côté. Les roues horizontales étreignent ce rail, leurs essieux étant pressés chacun par trois puissants ressorts à boudin en acier. On peut, par un serrage à portée du mécanicien, rapprocher ces ressorts du rail, et augmenter l'adhérence dans de certaines limites.

» Deux cylindres suffisent pour faire agir la vapeur sur les deux systèmes de roues. La tige du piston ressort par les deux fonds du cylindre : une des extrémités agit directement sur la bielle des roues horizontales; l'autre par un renvoi de mouvement fait marcher le système des roues verticales.

» Quant à l'appareil de vaporisation, à la boîte à fumée,

aux tiroirs et aux autres organes, ils sont disposés comme dans toutes les locomotives.

» Le poids total de la machine vide est de 13 tonnes, et, avec le chargement complet de combustible et d'eau, il s'élève à 17 tonnes. La pression des roues horizontales sur le rail central peut aller jusqu'à 27 tonnes. Ce chiffre représente une adhérence une fois et demie aussi grande que celle qui serait produite par la même machine, en la supposant privée de son système horizontal.

» Ce dernier système équivaut donc à lui seul, à une seconde machine, une fois et demie plus puissante, attelée derrière la première (1). »

M. Fell avait été autorisé à s'établir sur les acôtements de la route impériale; c'est ce qu'il a fait en général; toutefois en certains endroits, la voie, prenant des allures indépendantes que le voyageur ne peut s'empêcher d'admirer, renchérit sur la route elle-même et s'engage dans des difficultés que celle-ci avait cru devoir tourner.

Entre les mains de l'habile inventeur de ce système, la vapeur a ainsi des audaces que la traction au moyen de voitures et de chevaux n'osait pas se permettre.

Jetons un coup d'œil sur la voie telle que nous l'avons gravie et que nous avons descendu avec elle les cimes imposantes du géant des Alpes, à travers les flancs duquel passent maintenant les voyageurs.

(1) Il est juste de faire observer que la voie, sur laquelle cette nouvelle machine faisait le service, avait 35 centimètres de moins en largeur que les voies adoptées par les Compagnies françaises et en général par toutes les Compagnies; mais, sur celles-ci, les rapports de puissance que nous venons d'indiquer resteraient les mêmes.

Cette voie était formée « de deux rails extérieurs destinés à recevoir l'action des roues verticales, et du rail central, sur lequel roulent les roues horizontales.

» Les rails extérieurs étaient posés sur traverses comme sur les autres lignes. L'espacement seul a été modifié et réduit à 1^m 10, les conditions dans lesquelles on s'est établi permettant de ne pas donner à la voie l'écartement réglementaire de 1^m 46. Le rail central est boulonné à plat sur des coussinets chevillés sur une longrine en bois, et celle-ci est reliée aux traverses de la voie ordinaire par de fortes broches. »

La solidité de l'ajustage de ce rail central était de la plus haute importance. Il est en effet aisé de concevoir que « sur les fortes rampes les roues, étreignant fortement les deux champignons du rail, le font en quelque sorte passer au laminoir. Dans ce laminage, les roues, en se cramponnant pour monter, repoussent le rail en arrière comme les aubes d'une roue de bateau chassent l'eau. Si le rail n'était pas parfaitement assujetti, il suivrait le mouvement et descendrait.

» Le rail central se trouve à 0^m 20 en contre-bas des rails extérieurs.

» Comme on a des courbes irrégulières et de très-petit rayon à parcourir, les rails sont ceintrés suivant les courbures.

» Les rampes du Mont-Cenis atteignent 0^m 083 par mètre.

» Pour prendre un terme de comparaison, le chemin de fer qui gravit la côte de Saint-Germain-en-Laye et auquel on avait appliqué le système atmosphérique, n'atteint qu'une inclinaison maximum de 0,035.

» Les courbes des lacets du Mont-Cenis descendent jusqu'à des rayons de 40 mètres; c'est presque la limite inférieure des courbes du chemin de fer de Sceaux.

» M. Fell s'était engagé à remorquer, avec leurs bagages, de Saint-Michel à Suze, en 4 heures 30 minutes, un nombre de voyageurs élevant le poids du train à 16 tonnes (1). La vitesse d'un tel train était en moyenne de 18 kilomètres par heure (2).

» Dans les grandes pentes que les diligences ne descendent elles-mêmes qu'avec les plus grandes précautions, il fallait des freins puissants. A cet effet, la machine Fell porte des sabots qui s'appliquent sur les roues verticales à la manière ordinaire. De plus, elle a des sabots indépendants pour agir sur les roues horizontales. En outre, elle possède un troisième système de freins consistant en deux sabots qui étreignent le rail central, et sont manœuvrés à la main par l'intermédiaire d'une double vis sans fin. »

Toutes les difficultés que l'on pouvait craindre de rencontrer dans l'exploitation de la ligne concédée temporairement à M. Fell (3), avaient été prévues et avaient fait l'objet d'études et d'expériences spéciales, ainsi que les conclusions de la commission d'essais l'établissent.

(1) On sait que tonne, comme chargement, se dit d'un poids de 500 kilogrammes : soit ici 8,000 kilogrammes.

(2) Pour les marchandises, en employant deux locomotives, on pouvait remorquer 48 tonnes à une vitesse moyenne de 10 kilomètres à l'heure.

(3) Cette ligne, qui ne devait fonctionner que jusqu'au moment de l'inauguration du tunnel, a été enlevée aussitôt après l'ouverture de la ligne passant par le tunnel.

Ajoutons que ces difficultés, au lieu d'être amoindries, avaient été exagérées dans la ligne expérimentale.

Donc, en concluant ainsi qu'il suit, les membres de la commission allaient au-devant de toutes les objections qui pouvaient être faites.

Ces conclusions établissent :

« 1° Que le système de traction proposé par M. Fell, était applicable à des machines du type de celle qui a fonctionné dans les derniers essais (1).

» 2° Que ce système, au point de vue de la sécurité, ne présente aucun danger, même sur les fortes rampes et dans les courbes de petit rayon, puisque l'existence d'un rail central fournit à la fois une garantie contre le déraillement et un puissant moyen d'arrêt.

» 3° Que, sauf quelques points de détail dont l'étude qui n'a pas été faite, ne devait rencontrer aucune difficulté sérieuse, le système pouvait être considéré, dès à présent, comme applicable à la traversée du Mont-Cenis; que, notamment au point de vue de l'exploitation en temps de neige, les couvertures proposées par M. Fell devaient suffire pour assurer la régularité du service (2).

» 4° Enfin qu'il n'y a pas d'incompatibilité de voisinage

(1) Celle dont nous avons donné ci-dessus la description.

(2) Ces couvertures se composaient d'abris en planches et en tôle. C'est dans l'insuffisance ou plutôt dans le manque de solidité de ces abris, que les bourrasques et surtout les éboulements de neige envahissaient et même renversaient par place, que consistait le véritable inconvénient du système. Mais ce défaut tenait, ainsi que nous l'a expliqué lui-même l'habile inventeur, non à un vice de construction, mais uniquement à l'installation provisoire de la ligne du Mont-Cenis, installation qui n'avait pas permis, eu égard au peu de durée qu'elle devait avoir, de faire les travaux nécessaires pour donner aux portants de la couverture et à la couverture elle-même la force de résistance nécessaire. L'inconvénient signalé a donc dû disparaître ou du moins disparaîtra lors de l'application du système à une ligne définitive.

entre la voie ferrée et la voie de terre ordinaire, pourvu que des travaux de précautions convenables soient effectués sur cette dernière, de façon à ce que les voitures ne puissent en aucun cas s'écarter de la chaussée (1).

» Espérons, continue l'auteur de l'intéressant article que nous venons de reproduire (2), qu'on pourra appliquer ce système à des chemins d'intérêt local, impraticables avec les systèmes employés jusqu'ici.

» La charge par mètre courant devenant moindre, on pourra réduire le poids des rails, les épaisseurs de ballast et les dimensions des maçonneries.

» La faculté de franchir des rampes plus raides, de circuler en même temps sur des courbes de rayons moindres, permettra de tourner certaines difficultés de tracé et d'éviter souvent de dispendieux ouvrages d'art. On pourra même, comme au Mont-Cenis, établir des voies ferrées sur des routes impériales et départementales, et arriver à des frais de construction abordables. »

Quand, en mars 1871, nous avons traversé le Mont-Cenis au moyen du système de M. Fell, la neige mesurait en certaines parties de la montagne 1^{m} 50. Le convoi courait alors avec vitesse, encaissé entre deux murs de neige doublés de tôle et de planches. Les wagons, bien aménagés, avaient leurs vasistas de côté condamnés par mesure de précaution contre la violence du vent; les glaces de devant des coupés permettaient seules de voir se dresser à droite et à gauche les talus couverts de neige, et se dérouler devant soi l'étroit

(1) Rapport du 21 août 1865.

(2) *Magasin pittoresque*, 36e année, pages 99 et suivantes.

boyau où couraient les rails. L'effet était indescriptible, et quand, sur le plateau de la montagne, le train dut s'arrêter devant une avalanche de pierre qui, renversant la clôture, avait obstrué la voie, nous n'eûmes pas à nous plaindre de cet accident, dû, ainsi que nous le disions tout à l'heure, au manque de résistance inhérent à des travaux purement provisoires.

Cet arrêt forcé de trois quarts d'heure, nous permit, en effet, de nous rendre compte des obstacles inimaginables vaincus par la vapeur. Nous pûmes aussi admirer les mesures prises en vue des accidents du genre de celui qui se présentait; l'intelligence, l'activité, le succès avec lequel les employés du train, se transformant en ouvriers terrassiers, et ayant sous la main tous les outils nécessaires, déblayaient la voie pendant que les voyageurs, les uns frileusement blottis dans les wagons, les autres — et nous étions du nombre de ceux-ci, — arpentant curieusement la voie afin de se rendre compte de sa construction et de celle de la machine, ne savaient ce qu'ils devaient le plus admirer, de la grandeur sévère de la nature qui les entourait, ou du génie de l'homme qui, parvenu à dompter la résistance du sol et celle des éléments, avait porté à cette hauteur et dans cette solitude désolée, le bienfait d'une des plus importantes découvertes de la science à notre époque : la puissance de la vapeur appliquée à la locomotion.

Certes, si le percement d'une masse rocheuse comme le Mont-Cenis, peut être appelée une entreprise cyclopéenne et étonner dans ses résultats ceux-là mêmes qui en ont été les promoteurs, le système de M. Fell, dont ce que nous venons de montrer n'était pour ainsi dire qu'un essai, ne deviendrait-il pas, si son application faite d'une façon générale et stable, permettait d'élever les chemins de fer jusqu'au sommet des plus hautes montagnes, à la façon d'une route ordinaire, la source d'entreprises non moins importantes et utiles.

A ce titre, cet essai eût réclamé sa place dans nos récits, alors même que nous n'aurions pas cru devoir l'y faire figurer, comme étude d'un fait curieux et intéressant qui mérite d'autant plus d'être porté à la connaissance du public, et signalé à son attention, qu'il a passé généralement ignoré.

II

Le tunnel du Mont-Cenis.

Dans les derniers jours de septembre 1871, le *Journal officiel* contenait l'article suivant, signé par M. Henri de Parville.

« La grande œuvre est accomplie. L'entreprise gigantesque qui fut considérée si longtemps comme un rêve impossible, vient d'avoir son dénouement. Les Alpes sont percées !...

» Jusqu'à ce que le dernier coup de pic fit cesser toute incertitude, beaucoup de personnes conservèrent des doutes sur l'achèvement des travaux. Dans les tunnels ordinaires, on peut envoyer de l'air aux ouvriers qui s'enfoncent sous le sol, à l'aide de puits plus ou moins multipliés, mais dans les Alpes, comment creuser des cheminées d'aérage à des profondeurs de 1,500 mètres? Nos puits artésiens d'Europe les plus profonds, ne dépassent pas 1,000 mètres, et que d'années pour les forer !

» Puis, par quel moyen broyer la roche sur une longueur aussi considérable? Comment ne pas s'égarer en creusant la montagne sur chaque versant opposé, et se rencontrer exactement sous ces assises de calcaire et de quartz?

» Que n'avait-on pas à craindre? on irait se heurter sans doute contre des filons métalliques dont la mine n'aurait pas raison; on rencontrerait des cavernes, des abîmes insondables, des amas d'eau et une température torride.

» Songeait-on bien aussi au lac du Mont-Cenis, situé sur le sommet de la montagne, dont, selon la légende, on n'avait jamais pu trouver le fond? Si les mineurs allaient briser l'enveloppe qui retenait cette masse d'eau, quel désastre? La galerie serait envahie par le flot, les ouvriers noyés, et la vallée de l'Arc menacée d'un nouveau déluge!

» Toutes ces craintes sont tombées devant les faits. La science a triomphé de toutes les difficultés, prévues et imprévues.

» On a rencontré d'ailleurs une seule source d'eau froide ferrugineuse, aucun filon métallique, un peu de galerie en druse seulement. Le lac du Mont-Cenis, dont on s'effrayait tant, est à 29 kilomètres plus au nord, car, c'est par vieille habitude et par extension que l'on appelle « souterrain » le tunnel du Mont-Cenis ; il ne traverse pas de massif. On est venu à bout de procurer de l'air aux ouvriers, et de perforer par des méthodes toutes nouvelles. Le succès a été complet.

» Le tunnel des Alpes Cottiennes a été perforé entre Modane en Savoie et Bardonnèche en Italie, dans le massif le plus mince que l'on eût pu trouver, et précisément au pied du Mont-Cenis. Le trou de communication entre la France et l'Italie, a été percé dans le massif du Mont-Thabor, à quelques centaines de mètres du col de Fréjus.

» La galerie s'ouvre du côté français sur le flanc de la montagne, à 105 mètres de hauteur au-dessus de la vallée de l'Arc, en face le village de Fourneaux, situé lui-même à 2,400 mètres de Modane.

» Du côté de l'Italie, l'entrée se trouve à Bardonnèche même, bourg bien connu des touristes par les admirables sites qui l'entourent.

» Le tracé est absolument rectiligne, et s'enfonce sous la montagne dans la direction nord 22° ouest, au sud 22° est.

» .... Le tronçon français de Saint-Michel à Modane et au souterrain, unit la vallée de l'Arc comme la route de terre et le chemin de fer Fell dont nous avons précédemment parlé ; on a adouci la pente avec des remblais, et les courbes par l'intermédiaire de quelques souterrains (1).

(1) On compte sur ce tronçon onze souterrains de la longueur totale de 3,186 mètres. L'altitude au-dessus du niveau de la mer est, à Saint-Michel, de 710 mètres. L'ouverture du tunnel à Modane est à 1156 mètres au-dessus du niveau de la mer. Il fallait donc racheter une différence de niveau de 446 mètres. Pour cela, on a été

» La voie passe au milieu de Fourneaux, devant les nombreuses constructions qu'a nécessitées l'organisation du travail... Un peu plus loin est bâtie la station de Modane. De là, on voit facilement en haut, au milieu de la montagne, le trou béant par lequel on s'enfoncera quelques minutes plus tard dans la profondeur des Alpes.

» La voie est obligée de dépasser Modane de 2 kilomètres, de revenir sur elle-même le long du flanc de la montagne et de racheter par une pente de 0,025^{m} par mètre, la différence de niveau de 105 mètres qui existe entre la station et l'embouchure du souterrain.

» Le touriste ne regrettera pas ces quelques kilomètres de surplus. Le passage autour de la vallée de l'Arc est d'une beauté sans égale. »

Les origines de cette gigantesque entreprise étant généralement peu ou mal connues, nous croyons devoir en donner ici l'historique.

« Dès 1832, un simple habitant de Bardonnèche, Joseph Nudail, dont le nom devrait être plus populaire, proposait au roi Charles-Albert de creuser un tunnel, précisément dans la région adoptée depuis par les ingénieurs, et de le relier par une voie de fer à Chambéry en traversant la Maurienne.

» Cette idée devait germer, mais elle était encore bien loin d'être mûre. Comment, en effet, la réaliser en l'état où était encore alors l'état de l'industrie mécanique?

obligé de donner à la voie une pente moyenne de 21 millimètres par mètre, et même, en certains endroits, de 30 millimètres.

» En 1845, l'ingénieur Mans, qui venait d'attirer l'attention de l'Europe savante par la construction de son beau plan incliné de Liége, fut nommé par Charles-Albert inspecteur général du génie civil, avec la mission d'étudier le problème de la percée des Alpes. On lui adjoignit, pour l'étude géologique de la montagne, l'éminent professeur A. Sismonda. Les explorations de M. Sismonda furent favorables au passage de la montagne par Bardonnèche et Modane. M. Mans imagina en même temps une machine perforatrice des roches, qui excita une admiration enthousiaste en Savoie pendant les années 1846 et 1847.

» La machine empruntait aux torrents de la montagne une force inépuisable, et, à l'aide de courroies de transmission, elle mettait en mouvement, à distance, de puissants ressorts armés de ciseaux qui entaillaient la roche. Le front d'attaque était découpé par bandes parallèles, et l'on abattait ensuite avec le pic. L'aération devait être produite par le jeu de ventilateurs également entraînés par le câble moteur. Le souterrain ainsi construit, eût été traversé à l'aide de huit plans inclinés du modèle de Liége.

» La guerre qui survint fit oublier Mans, sa machine et la percée des Alpes. » La guerre laissa un déficit dans les finances, qui ne permit pas de revenir tout d'abord à un projet dont l'exécution était évaluée à 1,000,000 de francs. D'ailleurs les imaginations s'étaient refroidies, et les partisans les plus ardents de la percée, ne trouvaient plus de bonnes raisons à objecter aux craintes de ses détracteurs.

Une assez longue période s'écoula ainsi pendant laquelle, en Italie et en Savoie, on prépara indirectement les voies à une entreprise définitive, soit en gravissant la montagne, soit en passant au-dessous. Nous voulons parler des tronçons de chemins de fer construits de Turin à Suze d'une part, et d'autre part de Saint-Michel à Culoz.

Les grandes lignes italienne et française se trouvaient ainsi reliées, sauf l'épaisseur du géant alpestre.

Telle était la situation lorsque, en 1855, un ingénieur anglais, M. Bartlett, ayant imaginé une machine perforatrice plus puissante encore que celle de Mans, en fit avec succès l'essai à Gênes et à Chambéry.

« Au premier aspect, reprend M. de Parville, le curieux avait devant lui une simple locomobile; mais au piston de la machine à vapeur s'ajoutait un second piston plein d'air, dont la tige était armée d'une barre à mine. On pressent vite l'utilité du piston pneumatique; l'air, faisant matelas, empêchait les chocs trop brusques de se transmettre au piston moteur. La barre à mine frappait jusqu'à 300 coups à la minute.

» Le problème de la perforation mécanique était évidemment résolu. Cependant on ne pouvait raisonnablement songer à utiliser une machine à vapeur dans un trou d'une profondeur de plusieurs kilomètres. Le peu d'air respirable qu'on eût pu envoyer aux ouvriers eût été trop rapidement vicié.

» Ici intervint l'idée ingénieuse et féconde de l'emploi de l'air comprimé comme force motrice, en remplacement de la vapeur.

» L'honneur de l'application définitive de cette idée (1), revient aux trois ingénieurs Sommeiller, Grandis et Grattoni (2). »

Le projet fut mis à l'étude, les expériences réussirent, et le 17 juin 1856, il était présenté au Parlement par un de ses auteurs, M. Sommeiller, représentant du collége électoral de Saint-Jeoire-en-Faucigny.

L'éminent inventeur décrivit les compresseurs qu'il comptait employer, « machines immenses dont le rôle devait être d'emprisonner l'air, de le comprimer à cinq atmosphères, et de l'envoyer par des conduits dans le souterrain jusqu'au front d'attaque.

» Il proposa en outre de joindre à son système, la machine perforatrice de M. Bartlett, en la modifiant un peu et en la comprimant par l'air.

» La conviction se fit dans tous les esprits ; nul ne douta que les moyens d'exécution de la percée ne fussent trouvés.... La solution ne pouvait se faire attendre.

» Le 20 juin, en effet, la Chambre votait à l'unanimité un ordre du jour invitant le gouvernement à faire procéder sans délai aux expériences préliminaires, et à préparer un projet de loi pour l'exécution de la percée.

(1) On ne saurait préciser le nom de celui qui, le premier, songea à utiliser l'emploi de l'air pour la perforation des tunnels. Disons seulement qu'avant l'époque où en est arrivé notre récit, plusieurs savants mémoires avaient été publiés à ce sujet, entre autres celui de M. le marquis de Coligny, de Versailles (1837), et en 1852, celui de M. Rolladon, de Genève.

(2) Anciens élèves de l'Université de Turin, liés ensemble par une mission commune en Belgique et en Angleterre; ces trois ingénieurs conçurent autour de la même table le projet qui devait permettre de mener à bonne fin la percée des Alpes. La première application de leur système fut faite à la sortie du tunnel de Giovi sur le chemin de fer de Turin à Gênes.

» Les expériences furent faites l'année suivante à la coscia près de Saint-Pierre d'Aveiro avec des machines que l'on avait fait construire en Belgique. Les résultats très-satisfaisants dissipèrent les craintes qui pouvaient exister encore dans quelques esprits.

» Peu après ces essais concluants, la Chambre vota la loi, et le 31 août 1857, le roi de Sardaigne, en mettant le feu à la première mine, inaugura solennellement les travaux.

Ainsi « le Piémont commençait seul ce travail gigantesque; il l'entreprenait non-seulement sans subsides étrangers, mais même sans l'appui moral des savants des autres nations; mais la foi du gouvernement dans la réussite de ce hardi dessein était robuste, et la nation applaudissait à son exécution. »

Lorsque la Savoie lui fut annexée, la France redouta un moment de s'engager dans une aussi colossale entreprise, laquelle fut sans hésitation revendiquée par le gouvernement Italien.

Cependant, lors de la convention internationale du 7 mai 1862, nos hommes d'Etat revinrent sur leur première indécision. La France prit à sa charge 19 millions; « mais dans le cas seulement où les travaux seraient achevés dans le délai de vingt-cinq années, à partir du 1er janvier 1862. Une prime de 500,000 francs était promise pour chaque année gagnée sur les vingt-cinq ans de délai, et cette somme augmentée de 100,000 francs pour chaque année de gagnée sur quinze ans.

« Le travail ayant été terminé en huit ans, à partir

de 1862 à 1870, l'apport financier de la France s'est coté par une somme d'environ 28 millions (1) »

Abordons maintenant avec M. de Parville, le détail des moyens employés pour réaliser ce beau et rapide travail :

« Le tunnel des Alpes, dit-il, a été tout entier percé à coups de poudre.

» Le retentissement mérité qu'a eu la perforatrice-Bartlett et Sommeiller a fait généralement supposer qu'on avait broyé la roche mécaniquement. Il n'en est rien. Tout le travail s'est exécuté à la pince, comme pour les perforations ordinaires, avec cette différence essentielle, il est vrai, puisque à elle seule, elle constitue une révolution dans l'art du mineur, que les trous pour déposer les cartouches ont été forés à la mécanique.

» En minant à la main, on n'aurait guère pu avancer de plus de 17 mètres par mois; la perforatrice a permis de quintupler l'avancement. La machine peut être transportée avec une extrême facilité, et on peut aligner dix fleurets contre le front de taille dans l'espace réduit, où deux ouvriers se gêneraient dans leur travail commun. La barre à mine frappe en outre le rocher vingt fois plus vite que le fait un homme expérimenté. L'invention de la perforatrice a donc mis, à la disposition des ingénieurs, un mineur mécanique infatigable, d'une étonnante activité et d'une puissance incomparable.

» La série des opérations effectuées en galerie, comprenait le forage des trous, la charge, l'explosion et

(1) Les dépenses totales ont un peu dépassé 75 millions de francs.

l'enlèvement des débris. En six heures, le front de la roche était criblé de 90 à 100 trous, ayant 80 centimètres de profondeur et 4 centimètres de diamètre; on ne chargeait qu'une portion de ces trous, les autres n'ayant d'autre rôle que d'affaiblir le rocher par leurs vides et de faciliter la désagrégation.

» On faisait en moyenne, avec la poudre (1), 1 mètre 80 centimètres à 2 mètres par vingt-quatre heures; dans la petite galerie d'attaque, de 3 mètres 40 centimètres de largeur et de 2 mètres 40 centimètres de hauteur. Après le travail des mineurs, venait celui des déblayeurs, qui chargeaient les déblais sur wagons et les transportaient jusqu'à la bouche du souterrain. »

Les moyens, grâce auxquels cette percée gigantesque a dû d'être parfaitement rectiligne, méritent d'être signalés :

« On établit, à travers la montagne, un réseau géodésique de 28 triangles, et comme ce réseau montait par degré jusqu'à la plus haute cime — 3,100 mètres au-dessus du niveau de la mer, — il est facile de se figurer les difficultés que les habiles ingénieurs chargés de ce travail (2), eurent à vaincre dans ces régions visitées par les avalanches. On montait pendant cinq à six heures au milieu de la neige; puis le brouillard,

(1) La poudre de guerre, qui donne moins de fumée que la poudre de mine, a seule été employée au Mont-Cenis. « Un kilogramme de poudre dégage par la combustion 49 centigrades d'acide carbonique, 10 d'azote et 4 de sulfure de potassium. Pour diluer ce gaz, on jugea qu'il fallait bien 250 mètres cubes d'air pur. Aussi, à la tempête de feu faisait-on succéder un ouragan d'air. Pour cela on ouvrait le robinet de la conduite qui amenait l'air depuis les compresseurs installés sur chaque versant jusqu'au fond du souterrain, et immédiatement se produisait une tourmente qui chassait et diluait les gaz nuisibles. »

(2) MM. Borelli et Capella.

en cachant les hauts sommets, rendait inutile cette excursion périlleuse. Il est certains angles du réseau qu'il a fallu mesurer jusqu'à soixante fois. L'instrument dont on se servait pour faire le tracé était exact à cinq secondes près par 10 kilomètres. Le maximum de déviation ne pouvait dépasser dix secondes, soit un écart qui se traduisait au milieu du tunnel par 29 centimètres. Les faits ont vérifié la précision de cette opération géodésique.

» Pour contrôler la rectitude de l'avancement, on avait établi un petit observatoire en face de chaque bouche du tunnel, et un observateur, muni du théodolithe, visait tour à tour les différents sommets du réseau trigonométrique et une lumière placée au fond du tunnel. Si l'œil tombait sur la lumière après avoir visé le point de repère, c'est que l'axe de la galerie était bien compris dans le plan vertical adopté. »

Ces observations furent si exactes et l'opération de la percée si bien conduite, que, lorsque les deux galeries d'attaque se rejoignirent, on ne constata qu'un désaccord de 30 centimètres environ dans l'axe de chaque tronçon; seulement les deux galeries se trouvèrent à leur point de jonction à un niveau un peu différent.

« Ce résultat inespéré d'une précision admirable, fait le plus grand honneur aux ingénieurs de l'entreprise » dont les calculs ne se trouvèrent pas moins exacts, quant au développement du tunnel, lequel, au lieu des 12,220 mètres qu'il devait avoir d'après les plans, a été, le percement fait, de 12,233 mètres, soit une différence de 12 à 13 mètres seulement.

Ce travail vraiment prodigieux n'offre aux regards, quand on pénètre sous la voûte, aucune différence appréciable avec les tunnels ordinaires. Il contient deux voies ; sa section est d'apparence tubulaire ; sa largeur est de 8 mètres, y compris ses deux trottoirs latéraux. Sa hauteur est de 6 mètres.

La paroi est revêtue d'une muraille en blocs de granit cimentés, dont l'épaisseur varie de 55 centimètres à 1 mètre. Sous la voie et non compris dans la hauteur que nous avons indiquée, court un aqueduc d'un mètre de profondeur sur 1 mètre 20 de largeur.

Cet aqueduc était destiné à recevoir les eaux de condensation et d'infiltration ; mais ces dernières lui font heureusement défaut. Jamais, en effet, tunnel ne fut aussi sec.

Quant à l'aération, elle est suffisante pour que les voyageurs ne soient nullement incommodés pendant la traversée.

Le trajet fait à pied demande trois heures à un bon marcheur. « Le couloir est sombre ; quelques becs de lumière placés de loin en loin et des transparents lumineux, indiquant les distances kilométriques, tranchent seuls sur l'obscurité de la galerie. On avance entre deux murailles qui vous défendent contre l'écroulement des roches et qui se déroulent en ligne droite jusqu'au versant opposé. Au milieu du tunnel, on rencontre une excavation assez large de la roche. Elle est muraillée, et on en a fait un bureau télégraphique pour correspondre avec Bardonnèche et Modane. De là on n'aperçoit ni l'extrémité sud, ni l'extrémité nord du souterrain.

L'atmosphère chargée de la fumée des lampes, n'est pas assez transparente, pour que la lumière du jour puisse la traverser, sur une épaisseur d'une lieue et demie. »

L'effet, malgré sa monotonie, est saisissant; on frissonne malgré soi en pensant à la masse rocheuse, suspendue au-dessus de sa tête, et il est facile à une imagination un peu vive, de se croire dans un monde étrange, presque surnaturel....

Tout à coup deux yeux brillants apparaissent au loin; un sifflement rauque se fait entendre, la montagne semble prête à s'écrouler : c'est le train qui approche apportant avec lui le mouvement du dehors, le sentiment de la réalité.

Grande et heureuse fut l'émotion des travailleurs et de leurs chefs, au moment où, touchant au but de leur entreprise, ils purent prévoir le moment où tomberait la dernière barrière, qui séparait encore les deux parties du tunnel.

« .... Le 9 novembre 1870, au matin, le chef du chantier du versant français perçut pour la première fois, l'explosion des mines de la section de Bardonnèche. Au commencement de décembre, les coups répétés des perforatrices s'étendaient à travers l'épaisseur de la roche. Puis on distingua vaguement le bruit des voix.

» Le jour de Noël, on ne devait plus être bien loin, car l'attaque de la roche sur une section, faisait tomber des parcelles de roche sur le front opposé. Et en effet, dès le soir, vers quatre heures et demie, une sonde de 4 mètres passa de part en part.

» Les ingénieurs et chefs de chantier n'avaient pas quitté la galerie depuis plusieurs jours ; on passait la nuit devant les perforatrices ; on avait la fièvre, tout le monde voulait être là pour le grand moment.

» Quand la sonde traversa la roche, les vivats éclatèrent et transmirent la bonne nouvelle de proche en proche, jusqu'aux bouches du tunnel, à Modane et à Bardonnèche.

« Voici la dépêche expédiée à ce sujet à Turin : Quatre heures vingt-cinq. La sonde passe à travers le dernier diaphragme de 4 mètres, juste au milieu. Nous nous parlons d'un côté à l'autre. Le premier cri poussé des deux parts a été : Vive l'Italie ! vive la France ! »

La France, hélas ! ne s'intéressa que plus tard à ce grand événement. Pendant que le lendemain de ce premier succès, le 26 décembre, partait le dernier coup de mine et s'écroulait le dernier obstacle, en présence de la direction technique convoquée à cet effet, Paris, investi, non-seulement ne pouvait s'associer à cette fête mémorable de la science et de l'industrie, mais il ne pouvait même en recevoir la nouvelle.

Et maintenant, passant de l'entreprise elle-même à ses résultats, disons que ces résultats, qui du reste avaient été prévus, ne se sont pas fait attendre.

Non-seulement la jonction des chemins de fer français et italiens, opérée par le percement du Mont-Cenis, en diminuant notablement les frais de transport, soit pour les voyageurs, soit pour les marchandises, augmente, dans une proportion considérable, les rapports de relations et d'échange entre les deux pays, mais encore — et cette conséquence du percement des Alpes suffirait seule à compenser amplement les efforts et l'argent qu'il a coûtés — elle a exercé une immense influence sur le commerce de transit. Ainsi, en ce qui concerne la France, de 1869 à 1873, ce commerce de transit s'est accrû de 85 millions : 165 millions contre 80 !

III

La percée du Saint-Gothard.

Le succès incontestable obtenu au Mont-Cenis, devait susciter à bref délai d'autres entreprises du même genre.

Aussi l'Europe ne s'étonna-t-elle point, lorsque dix-huit mois à peine après que le dernier coup de pic eut réuni les deux voies française et italienne, les Alpes entendirent retentir sur un autre de leurs points, non moins célèbre, les puissantes machines perforatrices.

Il s'agissait cette fois de réunir les voies ferrées de l'Allemagne à l'Italie, et c'était au pied du Saint-Gothard que l'on opérait (1).

(1) « Au point de vue supérieur auquel l'économie politique doit se placer, c'est-à-dire à celui de l'intérêt général de la civilisation, l'œuvre de percement du Saint-Gothard, en tant qu'elle se rattache au progrès des voies de communication, pour faciliter les relations et les échanges entre nations, mais non pas le transport des régiments et des canons d'un envahisseur, aura certainement des résultats féconds. Au point de vue français — et peut-être est-il permis d'en tenir compte au lendemain des jours qui ont montré quelle place large et imprévue il faut encore faire à la sauvagerie dans la civilisation européenne; — au point de vue français, disons-nous, il eût été préférable qu'on perçât le Simplon au lieu du Saint-Gothard; peut-être les résultats économiques généraux n'eussent-ils pas

Ce nouveau tunnel fait partie du chemin de fer dit du Saint-Gothard, lequel part de Lucerne où il se rattache aux divers chemins de fer suisses et va se relier, à Chiano, aux chemins de fer de l'Italie.

Son altitude moyenne, au-dessus du niveau de la mer, est un peu moindre que celle du tunnel du Mont-Cenis : 1,130 mètres au lieu de 1,300. Il aura 14,900 mètres de longueur, soit 2,700 mètres de plus que celui du Mont-Cenis. La largeur et la hauteur sont les mêmes. (1).

Les travaux sont également commencés aux deux extrémités. Au nord, du côté de Goeschenen, on a rencontré jusqu'à présent, une roche très-compacte formée de granit chargé de quartz. Du côté sud, à Airolo, le terrain traversé est en grande partie de mica-schiste granulifère, fissuré et rempli d'eau à une forte pression.

Le percement a commencé, en septembre 1872, sur le versant italien ; toutefois ce n'est que vers la fin de 1873, que les travaux sont entrés dans une voie régulière et sérieuse.

D'après les calculs du savant ingénieur placé à la tête de l'entreprise, M. Louis Favre de Genève, sept années et probablement même six années suffiront à la complète exécution de cette magnifique entreprise (2).

été inférieurs. Mais à quoi bon s'arrêter sur les motifs qui ont pesé sur le choix du Saint-Gothard? Ils sont visibles à l'œil nu.... Les considérations économiques et commerciales n'étaient pas au premier plan ! » (A. Chevat : *Journal des Economistes.*)

(1) 8 mètres de largeur à la naissance de la voûte, et 6 mètres d'élévation sous la clef de voûte.

(2) Les mesures les plus intelligentes ont été prises pour que les neiges et le froid qui, pendant près de neuf mois, entravaient dans ces régions la circulation et les approvisionnements, n'apportent aucune suspension dans les travaux de perforation.

— A quoi, se demande-t-on, tient cette plus grande rapidité d'exécution, les roches à traverser n'offrant pas moins de difficulté qu'au Mont-Cenis.

Le *Journal des Economistes* nous répond :

« A deux causes principales en dehors de l'expérience acquise.

» Les perforatrices employées au Mont-Saint-Gothard sont en progrès important sur celles employées au Mont-Cenis. Moins puissantes, elles ont un effet utile bien plus considérable, en raison du nombre de coups de fleuret donnés par minute, avec une course de piston beaucoup moindre. Elles sont d'ailleurs constamment améliorées avec l'expérience.

» En second lieu, la substitution de la dynamite à la poudre de guerre, donne des résultats tels que son application au Mont-Cenis, conjointement avec les perforatrices perfectionnées du Saint-Gothard, aurait probablement diminué de moitié la durée du travail. »

« Tel est le résumé de la grande entreprise Germano-Italienne, que l'année 1879 et peut-être l'année 1878 verra finir. Ce que nous avons dit, suffit à en faire comprendre l'importance. Nous n'insisterons donc que sur un seul point : « Le progrès réalisé en si peu de temps par la science, appliquée à l'industrie, pour le percement de ces longs souterrains à travers les montagnes ; œuvre réputée impraticable, il n'y a pas vingt ans (1) ! »

(1) *Journal des Economistes. — Revue de la science économique et de la statistique.*

X

Une mer intérieure en Algérie.

I

« Le mot impossible n'est pas français, disait je ne sais quel général à un officier qu'il venait de charger d'enlever une position.

» L'officier se fit bravement tuer avec bon nombre de ses hommes, et la position fut emportée.

» Le mot du général était un de ceux avec lesquels on entraîne les hommes aux limites du possible, mais il n'était pas exact même militairement parlant. Aujourd'hui cependant, dire que l'impossible n'existe pas pour le génie industriel moderne, semblerait bien plus près de la vérité.

» Ils existent en effet de nos jours, ces Titans rêvés par l'imagination grecque, seulement ils sont de fer et d'acier et, en vérité, nul ne saurait dire encore où s'arrêtera leur puissance. Ils coupent les continents, percent les montagnes, traversent les mers sans le concours du vent et des voiles, sur des colosses en fer, dont la dimension et la vitesse maîtrisent l'effort des tempêtes; et nous n'en sommes encore qu'à la période de leur jeunesse.

» Si un homme du commencement du siècle peut regarder en arrière, en s'isolant du temps présent, il a le droit d'être ébloui, effrayé peut-être du chemin parcouru depuis soixante ans.

» Combien de ceux qui traversent aujourd'hui l'Atlantique en neuf jours, du Havre à New-York, se doutent-ils qu'au commencement de ce siècle, la substitution de la machine à vapeur à l'action du vent, pour faire marcher un navire, était traitée de billevesée, et que Fulton, l'inventeur de la machine à vapeur, était considéré comme un rêveur par Napoléon Ier.

» Combien, sur les millions de voyageurs qu'entraînent chaque jour les chemins de fer, savent-ils qu'il y a cinquante ans à peine, les hommes les plus autorisés dans la science et dans l'industrie ne voyaient, eux aussi, qu'un rêve dans la locomotive sur les voies ferrées?

» Au jour présent, les chemins de fer, la navigation à vapeur, sont tellement passés dans les mœurs, qu'on se figure volontiers qu'ils ont toujours existé. De même de la télégraphie électrique et de vingt autres produits merveilleux de la science unie à l'industrie, qui font désormais partie du domaine commun, et dont on ne s'occupe plus que pour s'en servir. Par suite, on ne s'étonne plus de rien, ou, si l'on s'étonne, c'est pour si peu de temps! L'étonnement de la veille et celui du lendemain n'ont pas le temps d'exister ensemble; l'un fait oublier l'autre.

» On a coupé l'isthme de Suez et joint la mer Rouge à la Méditerranée ; qui pense à cette heure aux merveilles de l'exécution et aux résultats non moins merveilleux de cette jonction des deux mers ? On a percé le Mont-Cenis et traversé les Alpes, au moyen d'un chemin de fer. Eh bien quoi ? On travaille à percer le Mont-Saint-Gothard, par un tunnel plus long et plus difficile encore. On se prépare à creuser sous la Manche une vaste galerie pour établir un chemin de fer entre la France et l'Angleterre. Notre génération trouve cela tout simple, et personne ne doute que l'industrie n'y réussisse, puisqu'elle l'entreprend. Assurément cette confiance est une puissance, et c'est à elle que nous devons la conception successive d'entreprises, qui auraient paru fabuleuses en se reportant seulement d'un quart de siècle en arrière, et l'énergie surexcitée des intelligences, qui enfante les moyens de les conduire à la réussite.

» Aussi, quand se présente une de ces entreprises gigantesques, l'immense majorité des esprits ne doute plus : les uns croient instinctivement et sans réfléchir ; d'autres, en plus petit nombre, parce qu'un coup d'œil rétrospectif sur les œuvres colossales accomplies de la veille, leur donne la conviction que les moyens d'exécution à la hauteur de la conception se sont jusqu'ici toujours révélés, et ne cesseront pas de se révéler à l'heure convenable, s'il est besoin.

» L'opinion ne tient plus compte des calculs et des prévisions pessimistes qui n'ont jamais fait défaut, de la part de gens qui semblaient autorisés par l'expérience et la compétence. L'optimisme général ne croit plus à rien d'impossible. Il n'y a pas lieu de s'en plaindre! »

Ces réflexions nous ont semblé très-intéressantes par la forme sous laquelle elles sont présentées, et si vraies quant au fond, que nous avons cru devoir les placer comme introduction à l'étude que nous allons faire, pièces en mains, d'un des projets les plus vastes et les plus controversés, parmi les nombreuses entreprises qui sont actuellement en voie de préparation.

Nous voulons parler de la mer intérieure que l'on se propose de créer, ou plutôt de rétablir dans le Sahara.

II

Chargé en 1872, avec le concours du capitaine de Villars, des opérations de la méridienne de Biskara, un de nos plus habiles ingénieurs, M. Roudaire, capitaine d'état-major attaché aux travaux géodésiques de l'Algérie, fut frappé de la facilité relative avec laquelle on pourrait ramener les eaux de la mer dans les dépressions du Sahara qui, évidemment, leur ont autrefois servi de lit.

De cette première impression au projet qui, au moment où nous écrivons ces lignes, passionne le monde savant, il n'y avait, pour un homme doué d'une décision aussi prompte et d'une persévérance aussi énergique que M. Roudaire, qu'un pas.

Ce pas fut si rapidement franchi, que, dès le mois de novembre 1873, la Société de géographie était saisie d'une note qui, après avoir mentionné « le fait très-curieux d'une large dépression présentée par le sol du Sahara immédiatement au pied méridional du Djebel (mont) Aurès, la montagne la plus élevée de l'Algérie orientale, dépression qui fait descendre le niveau des vastes lagunes qui existent ici, à plus de 26 mètres au-dessous du niveau de la Méditerranée, » émettait l'idée « d'ouvrir une large voie par laquelle la Méditerranée, pénétrant dans cette dépression saharienne, y créerait une petite mer intérieure. »

Cette première communication fut bientôt suivie d'une note présentée à l'Académie des sciences, et d'une proposition directement adressée à l'Assemblée Nationale.

Une longue suite de notes et de mémoires tantôt favorables, tantôt défavorables au projet, se succédèrent et provoquèrent une polémique assez ardente « pour causer une véritable agitation dans le monde savant, » et pour exciter non-seulement en France, mais dans toute l'Europe, et en particulier en Italie, l'intérêt général.

Le 15 mai 1874, paraissait dans la *Revue des Deux-Mondes*, un article qui fut publié à part avec cartes à l'appui, et qui eut un grand retentissement.

C'est à cet article sorti de la plume du promoteur lui-même de l'entreprise, que nous allons emprunter l'exposé des faits (1).

(1) Tout ce qui va suivre jusqu'au paragraphe III est pris textuellement dans cet article de la *Revue des Deux-Mondes*, que, lorsqu'il parut, son savant auteur fit tirer séparément à un grand nombre d'exemplaires avec cartes et plans à l'appui, et auquel toutes les personnes, désireuses d'encourager une entreprise qui ajouterait une si brillante page à nos annales industrielles et scientifiques, ne sauraient donner trop de publicité. Nous croyons donc entrer dans les vues de M. Roudaire, en lui empruntant, au profit de nos jeunes lecteurs, l'historique de son magnifique projet.

Nulle part, dit M. Roudaire, les contrastes de la nature ne sont plus frappants qu'au sud de la province de Constantine. La chaîne de montagnes la plus élevée de l'Algérie, le Djebel-Aurès, dont les points culminants dépassent 2,300 mètres d'altitude, y domine de toute sa hauteur les régions basses et sablonneuses du Sahara.

Ce sont deux mondes opposés qui se touchent; d'un côté un massif aux pics neigeux, aux larges flancs couverts de pâturages et de forêts, aux nombreux cours d'eau arrosant une suite à peine interrompue de pittoresques villages, qui rivalisent entre eux pour la richesse et la fertilité de leurs jardins; de l'autre, une plaine desséchée par un soleil brûlant, un horizon sans limites, quelques oasis perdues dans l'espace; au nord, les descendants de l'ancienne race berbère, les Kabyles Chaouïas, chez lesquels abondent les types blonds aux yeux bleus, peuple laborieux, sédentaire, ayant l'amour du sol; au sud, les Arabes nomades aux cheveux noirs, au visage bronzé, qui n'ont d'autre toit que leur tente, d'autre travail que leur marche incessante à travers le désert, d'autres ressources que leurs troupeaux de chameaux et de moutons. Le contre-fort le plus méridional de l'Aurès, le Djebel-Amar-Khaddou dresse verticalement au-dessus du désert, avec lequel il s'harmonise par l'aridité, son ossature de grés rouges dénudée.

En explorant cette montagne aux déchirures profondes, aux escarpements vertigineux, aux pentes couvertes d'immenses blocs de rochers affectant des formes bizarres, aux ravins creusés dans le roc, dont les lits, coupés par de brusques versants, semblent des torrents de laves subitement figées, on se demande avec stupeur quelle collision de forces terribles a pu produire un tel chaos?...

Du sommet de l'Amar-Khaddou, on jouit d'un magnifique spectacle. Au nord, le massif de l'Aurès se dresse dans toute sa majesté grandiose; au sud, on voit se dérouler à ses pieds l'immensité, la mer de sable. Çà et là quelques taches d'un vert sombre et presque noir tranchent sur le fond grisâtre du désert; ce sont les oasis de Garta, de Seriana, de Sidi-Ochba, de Sidi-Mohammed-Moussa. Plus loin, à l'horizon, le regard s'arrête étonné, ébloui, sur la surface claire et resplendissante du *chott* Mel-Rir.

En suivant la route de Biskara à Tougourt, on traverse une vaste plaine où la végétation ne produit que des broussailles clair-semées, au pied desquelles les sables s'accumulent en petites dunes de 1 à 2 mètres de hauteur. A 28 kilomètres de Biskara, on trouve la forêt de Saâda, qui n'en est une que dans l'imagination des habitants de ces régions arides. Les arbustes les plus élevés y atteignent à peine la hauteur d'un homme à cheval. Cependant, quand on a séjourné quelque temps dans le sud et que l'on remonte vers le nord, on est si heureux de retrouver ces traces de végétation arborescente, que ce titre de *forêt* dont on décore le maquis de Saâda ne semble plus aussi exagéré.

A partir de Saâda commence la région des nomades ou Sahariens. Là, plus d'autre végétation que des bruyères, plus d'autre eau que celle des puits artésiens. Ces plaines stériles, qui nous paraîtraient inhabitables, sont couvertes de tentes et de troupeaux pendant la saison d'hiver. Les bruyères y suffisent à la nourriture des moutons et des chameaux. Quand les nomades sont campés trop loin des puits artésiens, ils ne les conduisent que tous les deux jours à l'abreuvoir. Ils font en même temps leur provision d'eau. Ils partent dans la nuit pour arriver au puits vers six ou sept heures du matin, et être de retour avant le milieu du jour.

Les puits artésiens de Chegga ont été réparés récemment par le capitaine Picquot, directeur d'un atelier de forage. Il y a construit un vaste abreuvoir. Tous les matins, de nombreuses bandes de chameaux s'y dirigent de tous les points de l'horizon. Rien n'est curieux comme de voir ces pauvres bêtes altérées abandonner, en arrivant près du puits, leur démarche grave et nonchalante, se précipiter vers l'eau avec des grognements bizarres et témoigner leur joie par les gambades les plus grotesques.

A partir du mois de mars, les tribus nomades commencent à remonter vers le nord, pour aller passer l'été dans les terres de parcours situées entre Batna et Constantine. Du 20 avril à la fin de septembre, on nè trouve plus une seule tente au sud de Saâda, la chaleur y devient insupportable. Dans la première quinzaine de mars 1873, nous avons eu 30 degrés sur les bords du *chott* Mel-Rir, où nous avions à exécuter des opérations géodésiques. L'atmosphère était alors d'une telle transparence que nous pouvions nous croire à peine éloignés de quelques kilomètres du Djebel-Amar-Khaddou, dont les crêtes étaient encore couvertes de neige. Ce contraste de climats nous créa d'assez sérieuses difficultés. Il était indispensable, en effet, de construire un signal sur l'Amar-Khaddou avant de faire les stations de la plaine de Chegga, d'où la chaleur chassait déjà les nomades. Heureusement le signal put être installé dans le courant de mars, et les opérations furent terminées vers le 15 août dans la plaine de Chegga.

Les indigènes désignent sous le nom de *chotts* ou *sebkhas* des bas-fonds vaseux couverts de matières salines où l'eau ne séjourne qu'à certaines époques de l'année. Le *chott* Mel-Rir est à 70 kilomètres de Biskara; il occupe une superficie d'environ 150 lieues carrées; son lit communique à l'est avec celui du *chott* Sellem. Du *chott* Sellem au golfe de Gabès situé à 80 lieues à l'est, on trouve une série d'autres bas-fonds semblables, parmi lesquels les plus importants sont : les *chotts* Kharsa et El-Djerid. Le bord oriental de ce dernier n'est distant de la Méditerranée que d'environ 18 kilomètres. Tous ces bas-fonds sont souvent à sec. Ils sont alors couverts de sels de magnésie, et ressemblent à s'y méprendre à d'immenses plaines couvertes de gelée blanche. Quand on s'aventure dans l'intérieur des *chotts*, on y éprouve une chaleur lourde et accablante. Les yeux sont éblouis par la réverbération des rayons du soleil sur les petits cristaux de magnésie qui tapissent le sol. Les objets placés sur les bords y sont réfléchis avec autant de fidélité que dans les eaux les plus transparentes. L'illusion est complète ; on se croirait sur un îlot au milieu d'un lac véritable.

Le lit du *chott* Mel-Rir était tout à fait à sec lorsque nous l'avons parcouru en 1873 ; on y voyait de nombreuses empreintes de gazelles. Le sol était assez solide ; en quelques endroits seuls, nous enfoncions jusqu'à la cheville. Il serait imprudent de s'y risquer sans guides ; il y a des trous de vase très-difficiles à distinguer, dans lesquels on disparaîtrait entièrement ; les indigènes les appellent *marmites (chriats)*. Le *chott* Mel-Rir est beaucoup moins dangereux cependant que le *chott* Sellem et le *chott* El-Djerid. Ce dernier est traversé par la route très-fréquentée qui conduit de Nifzaoua à Touzour, c'est une ligne longue et étroite sur laquelle on ne peut s'avancer qu'un à un. A certains moments de l'année, celui qui se hasarde à droite ou à gauche, s'expose à être submergé dans la boue.

Moula-Ahmed, dans ses *explorations scientifiques de l'Algérie*, raconte, d'après El-Tedjâni, qu'une caravane de mille chameaux traversant le *chott* El-Djerid, il arriva qu'un de ces animaux s'écarta un peu du chemin. Tous les autres le suivirent et disparurent successivement dans la vase. Il ajoute qu'à l'époque où il suivit lui-même ce chemin, un terrain de cent coudées s'enfonça tout à coup, engloutissant les hommes et les animaux qui s'y trouvaient. Les chameaux se mirent à beugler et ne laissèrent d'autres traces que leurs fientes, qui remontèrent à la surface. Des arbres que le vent avait déracinés, poussés par la rafale vers cet endroit, y disparurent en sa présence. « C'est un lieu étrange que cette *sebkha*, dit-il en son langage oriental; la nuit n'y a pas d'étoiles, elles se cachent derrière la montagne; le vent souffle à rendre sourd, de tous les côtés à la fois; afin de faire sortir le voyageur de son chemin, il lui jette le sable à la figure, et on ne peut ouvrir les yeux qu'en prenant de grandes précautions. »

...... Il s'agissait de prendre des mesures pour déterminer avec toute la précision possible l'altitude du *chott* Mel-Rir. Au sud de Biskara, il ne fallait plus compter sur le nivellement géodésique qui donne les différentes hauteurs, par des observations faites à de grandes distances. Dans ces régions sablonneuses, les rayons lumineux rasant le sol échauffé par le soleil, éprouvent souvent des déviations considérables; on y voit se produire tous les jours le phénomène du mirage. Il était donc nécessaire de se munir d'un niveau à lunettes et de mires rapprochés, pour y faire un nivellement de proche en proche. Cette opération exécutée en 1873, avec le concours du capitaine Noll, sur un trajet de 125 kilomètres, prouva que le bord occidental du lit du *chott* Mel-Rir était à 27 mètres au-dessus du niveau de la Méditerranée, et que ce lit avait une inclinaison moyenne de 25 centimètres par mètre dans la direction de l'est; d'où il résulterait que celui du *chott* Sellem est à plus de 40 mètres au-dessus du niveau de la mer..... Il était donc mathématiquement démenti que les *chotts* Mel-Rir et Sellem occupaient une vaste dépression du sol.

Dès lors, il était naturel de supposer que cette dépression se continuait par les *chotts* Rharsa et El-Djerid, jusqu'à peu de distance du golfe de Gabès, et qu'il suffirait de la relier à ce golfe par un canal, pour la transformer en mer intérieure.

Quand on voit les régions mornes et désolées du *chott* Mel-Rir, que l'on songe aux modifications profondes, que leur ferait éprouver la présence de la mer, en tempérant le climat, en régularisant les pluies et en y développant ainsi la fécondité naturelle du sol, on ne peut s'empêcher d'être ému par la grandeur de cette entreprise, dont les indigènes eux-mêmes ont la plus favorable idée.

Ainsi, ayant, en 1872, rencontré, entre Constantine et Batna, le Caïd des nomades sahariens, Bou-Lakrase de la famille des Ben-Gannah, il nous demanda pourquoi nous nous donnions tant de peine à construire des signaux sur les sommets les plus élevés. Nous lui répondîmes que notre intention était d'aller ainsi jusqu'au Sahara, afin de savoir si le *chott* Mel-Rir était au-dessous de la mer :

— J'ai souvent contemplé les *chotts*, nous répondit-il tout rêveur ; j'ai pensé quelquefois qu'ils étaient semblables à la mer, et que jadis les flots devaient venir jusque-là.

Je lui expliquai alors comment il serait peut-être possible de les y ramener. Son imagination parut vivement frappée.

— Dieu le veuille ! dit-il après un instant de silence; ce sera une grande chose!

Or, en étudiant attentivement les auteurs anciens, qui nous ont laissé des renseignements sur l'histoire et la géographie de l'Afrique, en examinant tous les documents topographiques que nous possédons sur le bassin des *chotts*, on acquiert la conviction que ce bassin communiquait autrefois avec la Méditerranée et formait un golfe intérieur, connu sous le nom de *grande baie du Triton ;* — que la baie du Triton s'est desséchée, vers le commencement de l'ère chrétienne, par suite de la formation d'un isthme qui l'a séparée de la mer ; que, dans l'état des choses, il suffirait de creuser un canal de communication, entre le bassin des *chotts* et le golfe de Gabès, pour créer une mer intérieure.

Il est indubitable que les conséquences de cette opération seraient immenses pour la prospérité de l'Algérie et de la Tunisie.

Remontant ensuite aux sources des preuves historiques dont il vient d'indiquer l'existence, M. Roudaire cite l'autorité de Pindare, celle d'Hérodote (1), celle de Scylax (2), celle de Pomponius Milas qui écrivait l'an 43 de Jésus-Christ, celle de Ptolémée et enfin celle de Diodore de Sicile. Tous ces écrivains, d'accord du reste avec les traditions de l'antiquité, sont unanimes à mentionner la mer intérieure du *Triton*, et les renseignements topographiques, qu'ils donnent à son égard, ne permettent pas de douter qu'elle occupait l'emplacement des *chotts*.

Une question importante se présente ici : Comment la communication entre la mer et les *chotts* s'est-elle

(1) Livre IV de son *Histoire*.

(2) Auteur du périple de la Méditerranée. Scylax vivait au IIe siècle avant l'ère chrétienne.

comblée? Comment s'est fermé l'isthme qui les sépare? Plusieurs auteurs ont cherché à expliquer la naissance de l'isthme de Gabès, par l'action des torrents qui apportaient dans les lacs des masses considérables de cailloux et de graviers. Ces dépôts, en s'accumulant à l'entrée de la baie du Triton, auraient fini par la fermer. Il est certain que les cours d'eau, qui s'écoulent dans le bassin des *chotts*, deviennent par moment de véritables torrents, mais lorsque, la communication existant, ce bassin était inondé, et quelle que fut la vitesse des torrents, elle était bientôt détruite par la résistance de la masse liquide dans laquelle ils pénétraient.... Il est donc plus probable que la formation de l'isthme a pour cause la double influence des dépôts salins, successivement accumulés par les eaux de la mer, dans le passage relativement étroit qui séparait la baie du Triton du golfe de Gabès et par les amas de sable et de vase soulevé, par les vagues, du lit peu profond de ce dernier et retenu par le banc de sel (1).

Quoi qu'il en soit, après la formation de l'isthme, dont la conséquence fut le desséchement des lacs par l'évaporation, l'action des torrents eut pour résultat d'entraîner les matières qu'ils charriaient, d'abord dans les parties les plus basses des lits desséchés et, de proche en proche, dans toutes les dépressions qui furent ainsi successivement comblées.

La plupart des témoins de la présence de la mer furent ainsi enfouis dans le fond vaseux des *chotts*, et

(1) Cette hypothèse semble justifiée d'une part par les couches de sel laissées par la mer dans les *chotts* eux-mêmes, et d'autre part par le fait de l'ensablement des côtes que l'on constate sur toutes les parties du littoral du golfe de Gabès.

il est fort probable qu'on les y retrouverait en grand nombre, si on y faisait des fouilles assez profondes.

Après avoir indiqué la longueur du canal à creuser — longueur évaluée à neuf heures de marche, pour la route dont il suivrait l'itinéraire actuel, — M. Roudaire appuie sur la nécessité de fixer tout d'abord les contours du bassin à inonder, et indique les moyens d'opérer, à peu de frais et en moins d'un seul hiver, ce travail, à la suite duquel, dit-il, on reconnaîtrait exactement le rivage et la profondeur de la mer à créer, le nombre et l'importance des oasis à exproprier, la nature des terrains où le canal devrait être creusé.

Avec ces données, on pourrait calculer la largeur et la profondeur du canal, et par conséquent, le nombre de mètres cubes à déplacer pour percer l'isthme de Gabès. On pourrait même désigner à l'avance, l'emplacement des ports futurs. La question se poserait alors avec une grande netteté. Il n'y aurait plus qu'à établir le devis des dépenses.

Devançant une des plus sérieuses objections qui devaient lui être faites, M. Roudaire signale lui-même l'ensablement probable du canal de communication.

Après avoir creusé ce canal, il y aurait évidemment, dit-il, des précautions à prendre pour éviter l'ensablement; mais, outre le dragage dont on aura toujours la ressource, on pourra arrêter les sables au moyen d'une digue jetée vis-à-vis de l'entrée du canal. Cette digue serait dirigée du nord au sud, de façon à recevoir obliquement les vagues venant de la haute mer. Deux épis ou petites jetées, partant du rivage, protégeraient l'entrée du canal, contre les remous et les courants littoraux. Entre la jetée et les épis, deux passages, un au nord, l'autre au sud, seraient ménagés pour l'entrée des navires. Les sables s'accumuleraient au pied des jetées ; il en entrerait très peu dans le canal, et il suffirait de draguer de temps en temps.

.... Une autre question importante mérite l'attention : l'influence que cette mer est appelée à exercer sur le climat du midi de l'Europe. Il n'entre pas dans le cadre de cette étude de traiter à fond une question, qui nécessiterait préalablement des observations météorologiques longues et régulières dans la région des *chotts* ; nous en dirons cependant un mot.

Pendant l'été, les vents, donnant de la partie orientale de la Méditerranée, sont les vents de nord-ouest. La mer d'Algérie réduirait d'autant la surface du grand foyer d'appel saharien, et la violence des vents de nord-ouest serait légèrement atténuée.

Dans les autres saisons de l'année, les vents dominant sont les vents de sud-ouest. En passant sur la mer intérieure, ils se chargeront de vapeur d'eau, dont une partie se résoudra en pluie, sur les flancs de l'Aurès ; l'autre partie ira augmenter la quantité d'eau, qui tombe annuellement en Sicile et dans le midi de l'Italie, mais sans modifier sensiblement le climat de ces régions.

Le bassin des *chotts* et la Petite-Syrte, n'ont pas toujours été stériles comme de nos jours. « Les bords du lac Triton, dit Scylax, sont habités tout autour par les peuples de la Libye, dont la ville est située sur la côte occidentale. Tous ces peuples sont appelés Libyens, et malgré leur teint jaunâtre, ils sont naturellement très-beaux. Le pays qu'ils habitent est excessivement riche et fertile ; de là vient qu'ils nourrissent beaucoup de nombreux troupeaux. » Polybe nous apprend que Massinissa, voyant le grand nombre de villes bâties autour de la Petite-Syrte et la richesse des cantons des *Emporia* ou places marchandes, jeta des yeux jaloux sur les revenus que Carthage en tirait. Diodore de Sicile parle également avec admiration de la fertilité de l'Afrique proprement dite (1).

Sous la domination des Romains, ces contrées devaient être encore très-prospères, si l'on en juge par le grand nombre des établissements qu'ils y ont fondés. Cela est bien changé aujourd'hui. Il n'y a plus une seule ville importante sur le bord de la Syrte, et l'on ne trouve autour des lacs que quelques rares oasis. Le retrait des eaux de la mer paraît donc avoir profondément modifié le climat de ces régions florissantes, où les sables du désert, charriés, par les vents du sud, à travers le lit desséché des *chotts*, sont venus porter la désolation.

Cet envahissement lent mais continu des sables du sud, est malheureusement un fait bien constaté. M. Guérin en parle en termes éloquents dans la relation de son voyage à Nefta. « Les sables, dit-il, engloutiraient cette sorte de paradis terrestre, si l'homme ne luttait

(1) L'Afrique proprement dite comprenait la Tunisie et la partie est de la province de Constantine.

avec énergie pour repousser leurs vagues mobiles et progressives, chaque jour plus menaçantes. » Dans cette lutte sans trêves, l'homme finira par être vaincu, s'il n'oppose aux sables une barrière infranchissable, en ramenant la mer dans son ancien lit. Et il est impossible de douter de l'efficacité de cette barrière, si l'on songe que le seul cours de l'Oued-Djeddi a suffi pour arrêter, pendant des siècles, la marche des sables vers le nord (1). N'est-il donc pas permis d'espérer que l'influence bienfaisante du rétablissement de la mer intérieure du Sahara se ferait sentir de proche en proche jusqu'aux extrémités de la limite sud de la province d'Alger elle-même?

Ici vient se placer un précédent d'une incontestable valeur : le percement de l'isthme de Suez a suffi pour amener une notable amélioration de climat dans les régions que traverse le canal de communication. Il est bien constaté, en effet, que les pluies y ont augmenté dans une notable proportion et que, d'exceptionnelles qu'elles y étaient, elles y sont devenues régulières. Si la présence d'un simple canal de communication a suffi à produire une amélioration aussi sensible, que ne doit-on pas attendre de la création d'un vaste golfe ayant

(1) Ce cours d'eau offre une particularité assez remarquable pour n'avoir échappé à aucun des peuples qui se sont succédé dans cette contrée. Dans une longueur de 300 kilomètres, il forme la ligne de démarcation entre les terres et les sables. Sur la rive gauche ou septentrionale, les terres cessent brusquement au lit du fleuve; les sables commencent de l'autre côté; malheureusement, ils ont fini par franchir le cours inférieur de la rivière. Pourquoi? — Parce que le retrait des eaux de la mer a eu pour résultat de creuser devant ce fleuve un gouffre de 25 à 30 mètres de profondeur; alors la vitesse de son cours s'est accélérée, et, le volume de ses eaux diminuant en même temps par une évaporation plus rapide due à une plus grande sécheresse de l'air, le lit de la rivière s'est trouvé périodiquement à sec, ce qui a permis aux sables de passer sur la rive septentrionale.

320 kilomètres de longueur sur une largeur moyenne de 60 kilomètres? Ne serait-ce pas une rénovation complète de tout le sud de la province de Constantine et de la Tunisie?

Pour ne parler que de la partie de ce vaste territoire qui appartient à la France, nous ferons observer que, de Chegga à la frontière tunisienne, s'étend une immense plaine comprise entre les derniers contre-forts de l'Aurès au nord et le rivage septentrional des *chotts* au sud. Cette plaine n'a pas moins de 150 kilomètres de longueur, sur une largeur moyenne de 40 kilomètres. Cette vaste surface se compose de terres entièrement stériles aujourd'hui, à quelques rares oasis près, mais qui deviendraient admirablement fertiles si elles étaient arrosées. C'est un fait incontestable, en effet, que les terrains arides et calcinés du sud, que le sable si fin et si pénétrant du désert, se transforment, sous l'influence de l'eau, en un limon d'une incroyable fertilité.

En 1873, nous avons traversé, vers la fin de mars, plusieurs oasis de cette région. Les Arabes moissonnaient déjà, et cependant cette récolte, qui d'ailleurs était admirable, n'avait été ensemencée que vers la fin de décembre.

L'attention des colons algériens s'est portée plusieurs fois de ce côté, et un comité agricole s'est formé pour demander la concession de plusieurs milliers d'hectares après la réussite du premier puits artésien à El-Ferdh.

..... Certes si la mer venait au-devant de la colonisation, lui apportant à la fois un climat plus tempéré, une voie de communication et de transport, une sécurité absolue, on n'hésiterait plus devant les frais que nécessite le forage des puits artésiens..... Ce forage serait-il même nécessaire ?

En regardant la carte de cette contrée, on est frappé du nombre des cours d'eau qui la sillonnent. En établissant des barrages sur ces rivières qui parfois se changent en torrents, ne pourrait-on pas emmagasiner une quantité d'eau assez considérable pour arroser les terres ? N'est-il pas, en outre, permis d'espérer qu'avec le concours des pluies devenues plus fréquentes et plus régulières, il serait facile de changer complétement l'aspect de cette vaste région, qui se transformerait en une immense oasis couvrant une superficie de 600,000 hectares ?

En présence de ce résultat colossal, que sont les quelques oasis qu'il faudra peut-être exproprier (1) ?

L'amélioration du climat se ferait d'ailleurs sentir au delà de Biskara, jusqu'à la vaste et fertile plaine de El-Outaya, où plusieurs fermes sont déjà créées. Toute cette contrée, qui n'est aujourd'hui desservie que par la route de Batna, à peine tracée dans l'Aurès, et souvent impraticable au roulage, pourrait écouler ses produits et s'approvisionner au moyen de transports par mer, qui sont toujours peu dispendieux, tandis que le transport par le roulage sur les routes défoncées de l'Aurès

(1) En établissant ses calculs sur le percement de l'isthme de Suez, avec la différence qu'amènerait nécessairement l'expérience acquise, M. Roudaire estime à 20 millions de francs le chiffre maximum de la dépense, y compris les quelques expropriations d'oasis. Est-il permis, continue-t-il, d'hésiter devant cette somme? La terre n'est-elle pas le premier élément de la fortune publique, le capital producteur par excellence. Or, nous aurions créé un admirable capital agricole de 600,000 hectares, qu'on peut sans exagération estimer à plusieurs milliards.

UNE MER INTÉRIEURE EN AFRIQUE

atteint des prix exorbitants. Rien ne serait plus facile et moins coûteux d'ailleurs, que d'établir un chemin de fer entre le port le plus *vaste* et les plaines de Biskara et d'El-Outaya. Par nos postes militaires appuyés au littoral, nous serions aux portes des riches oasis du Rouf et de l'Oued-Rir. Tougourth serait alors moins éloigné de notre colonie que ne l'est aujourd'hui Biskara. Ouargla, Coléah, Gadhamès seraient rapprochés de plus de 300 kilomètres.

Ce gigantesque travail aurait un immense retentissement jusqu'au centre de l'Afrique, et y porterait à un haut degré l'influence et le prestige de la France. A plusieurs reprises, des tentatives ont été faites pour attirer en Algérie les caravanes qui font le commerce du centre de l'Afrique. Elles sont toujours restées infructueuses. Il est facile d'en comprendre la raison. Si les caravanes ne viennent pas échanger leurs produits sur notre littoral, c'est non-seulement parce qu'elles auraient à faire un trajet plus long que pour se rendre à Tripoli ou au Maroc, mais encore, parce qu'elles traverseraient notre colonie dans toute sa profondeur, qu'elles relèveraient de notre autorité pendant ce parcours, et qu'elles craindraient ainsi de compromettre leur indépendance...... Or, si la mer d'Algérie était créée, il serait facile d'établir, dans un de ses ports, un grand comptoir pour le commerce du centre de l'Afrique. Ce comptoir pourrait s'élever sur le littoral sud, et être au besoin neutralisé. Il suffirait d'un poste militaire pour le protéger. Il est permis d'espérer qu'alors les caravanes, attirées par les ressources que leur offriraient les produits variés de notre industrie et de notre commerce, afflueraient bientôt sur ce nouveau marché.

La Tunisie n'a pas moins d'intérêt que l'Algérie à la création de la nouvelle mer. Entourée par la mer de trois côtés, au nord, à l'est et à l'ouest, elle deviendrait une vaste presqu'île, préservée à jamais de l'envahissement des sables du sud. Les heureuses modifications qui en résulteraient pour son climat, lui rendraient bientôt cette richesse et cette fécondité qui faisaient l'admiration des contemporains de Scylax et de Massinissa.... Le gouvernement tunisien tiendrait désormais les clefs de toutes les portes du sud, et l'exercice de son autorité serait mieux assuré. Il pourrait établir, au débouché du canal, un vaste port à la fois militaire et commercial. Les travaux du percement de l'isthme, qui se feraient sur son territoire, donneraient lieu à une grande opération financière, dont il pourrait recueillir les principaux bénéfices et qui, dans tous les cas, aurait pour résultat, l'accroissement de la fortune publique de la Tunisie (1).

(1) La Tunisie n'est pas le seul pays directement intéressé à l'entreprise projetée par M. Roudaire; l'Italie, par suite des intérêts considérables que son commerce possède en Tunisie et de l'influence que la création de la mer du Sahara pourrait exercer sur l'avenir de ses relations avec la régence, devait prendre une part active à l'examen de la question. La Société de géographie italienne ayant organisé une commission à cet effet, une étude approfondie des localités eut lieu, tant au point de vue physique qu'au point de vue économique.

Cependant dès ses premiers travaux, cette commission s'est montrée défavorable au projet Roudaire : « L'examen de la nature du sol et de sa conformation dans le golfe de Gabès, les sondages pratiqués tout le long de la côte ne furent pas concluants en faveur de la création d'une mer intérieure. Il parut au contraire résulter du début de ces études la difficulté d'admettre que la mer ait jamais pu arriver jusqu'aux *chotts*. » Les observations qui suivirent ne modifièrent pas ce premier jugement. Les conclusions du rapport du docteur Brunialte, chef de cette mission, se terminent, en effet, par ces paroles : « Quant à la mer projetée, la commission a non-seulement acquis la certitude qu'il serait impossible de reconstituer une

Pour terminer cette étude, M. Roudaire jette un coup d'œil en arrière et se résume ainsi :

On a vu qu'au commencement de la période géologique moderne, tout le centre du continent africain était occupé par un vaste océan qui s'étendait jusqu'au pied de l'Atlas. Dans le soulèvement qui fit émerger le Sahara du sein des eaux, un grand bassin, compris entre le *chott* Mel-Rir et le golfe de Gabès, dut rester au-dessous du niveau de la mer, puisqu'il communiquait encore avec elle peu de temps avant l'ère chrétienne, et formait une baie intérieure connue sous le nom de *grande baie du Triton*.

Nous avons vu ensuite qu'un isthme s'est formé à l'entrée de cette baie, par l'accumulation successive des sables que les vagues arrachaient aux bas-fonds du golfe de Gabès et rejetaient sur le littoral. La baie s'est desséchée, et il s'est formé de petits lacs permanents occupant les dépressions les plus profondes de son lit. Nous avons vu ces lacs s'élargir, se niveler sous l'action des torrents, se transformer définitivement en larges surfaces planes connues sous le nom de *chotts*. Partant des résultats précis donnés par un nivellement régulier, les combinant avec tous les documents modernes qu'il nous a été possible de réunir, nous avons dû conclure que le bassin des *chotts* est encore au-dessous du niveau de

mer avec les moyens que l'on possède actuellement, mais que probablement aussi cette mer n'a jamais existé. » Il y a là tout à la fois une sorte de démenti donné aux observations de M. Roudaire et de ses savants collaborateurs et un défi porté à notre puissance, disons mieux, à notre audace scientifique et industrielle. Espérons que les promoteurs de l'entreprise, loin de se laisser décourager par cette dénégation, — intéressée peut-être — y puiseront un nouveau et puissant stimulant.

la mer, et qu'il suffirait de creuser un canal de quelques kilomètres pour y ramener les eaux de la Méditerranée. Nous avons montré que ce projet ne présente aucune difficulté sérieuse, et qu'en quelques mois il serait possible de déterminer exactement les données du problème à résoudre. Les avantages qui en résulteraient pour l'Algérie et la Tunisie, ont pu faire comprendre que jamais entreprise aussi vaste n'a demandé aussi peu d'efforts..... Déjà des études de nivellement ont été projetées dans la région des *chotts*. Nous allons entrer ainsi dans les voies de l'exécution, et l'on peut espérer que notre génération verra l'accomplissement de ce grand travail, dont le résultat comptera parmi les plus importantes conquêtes que, par son intelligence et son énergie, l'homme aura jamais faites sur la nature.

III

A la suite des observations et des études que l'article de la *Revue des Deux-Mondes*, dont nous venons de reproduire les principaux passages, a fait connaître à nos lecteurs par la plume même de leur savant auteur, l'Assemblée nationale vota des fonds destinés à l'étude préliminaire de la question.

Cette étude fut confiée à M. Roudaire lui-même, auquel furent adjoints plusieurs ingénieurs, ainsi qu'un membre distingué de la Société de géographie de Paris, M. Henri Duveyrier.

Voici le résultat de cette mission, tel qu'il a été présenté par M. Roudaire à l'Académie des sciences :

« J'ai l'honneur de rendre compte à l'Académie, des travaux qui viennent d'être exécutés dans la région des *chotts, travaux dont les résultats confirment entièrement nos prévisions sur l'existence dans cette région d'un vaste bassin inondable.*

» Sur l'initiative de l'honorable M. Bert, l'Assemblée nationale avait voté, en 1874, un crédit de 10,000 francs destiné aux études préliminaires. M. le ministre de la guerre et M. le gouverneur général de l'Algérie organisèrent alors une mission dont ils voulurent bien me confier le commandement. Elle se composait de M. Parisot et Murtin, capitaines d'état-major, Baudet, lieutenant d'état-major, Comoy, capitaine d'infanterie, Jacquemet, médecin-major, Duveyrier, délégué de la Société de géographie, et Le Chatellier, élève ingénieur des mines, délégué du ministère des travaux publics.

» Notre but principal était de déterminer, par un nivellement de proche en proche, le périmètre du bassin inondable. Le 2 décembre 1874, nous quittions Biskara, et quatre jours après, les travaux commençaient au signal de Chegga, dont j'avais déterminé l'altitude en 1873, avec le concours de MM. les capitaines de Villars et Noll. Les nivellements géodésiques et géométriques, exécutés à cette époque, ont fait l'objet d'un mémoire qui a été présenté à l'Académie. J'aurai l'honneur de lui soumettre plus tard un second mémoire détaillé sur les dernières opérations; mais j'ai tenu à lui communiquer immédiatement les résultats sommaires de nos travaux.

» Le nivellement géométrique, exécuté par portées de

150 mètres, mesurés à chaînée lorsque le terrain le permettait, était confié à deux observateurs qui faisaient successivement deux lectures sur chaque mire. Le cheminement était levé à la boussole. Les coordonnées géographiques des points principaux ont été déterminées, soit par des observations géodésiques, soit par des observations astronomiques faites avec un instrument portatif de passage.

» Commencées le 5 décembre 1874, les opérations ont été poursuivies sans relâche jusqu'au 2 avril 1875, jour où nous revenions à notre point de départ, après avoir fait le tour des *chotts* algériens et relié El-Oued à Negrin par un profil en travers. Le nivellement avait ainsi parcouru une distance de 650 kilomètres.

» ..... Le bassin inondable occupe, en Algérie, une superficie de près de 6,000 kilomètres carrés. Il est compris entre les degrés de latitude nord 34°, 36' et 39°, 51' et les degrés de longitude 3°, 40' et 4°, 51'. Dans les parties centrales, la profondeur au-dessous du niveau de la mer varie entre 20 et 27 mètres.

» Aucune des grandes et belles oasis du Souf ne serait submergée. Debila, la moins élevée de toutes, est à 38 mètres d'altitude. Dans l'Oued-Rir, les oasis peu importantes et peu prospères de Nécora et Dendouga seraient seules inondées.

» On a craint que l'envahissement par la mer du bassin des *chotts* n'ait pour résultat de donner lieu à des infiltrations, et de détruire ainsi une partie des puits qui fertilisent les oasis. Nous avons mesuré la profondeur d'un grand nombre de puits situés non-seulement dans le Souf, mais encore dans les terres de parcours avoisinant le bassin inondable, et nous avons constaté que tous, sans exception, s'alimentent à une nappe plus élevée que le niveau de la mer.

» La mission ne devait pas franchir la frontière tunisienne. Aussi n'a-t-elle pu étudier que la partie occidentale du *chott* Rharsa, mais elle a constaté que ce *chott* est au-dessous de la Méditerranée, et qu'il s'incline de 2m 20 par kilomètre vers le golfe de Gabès.

» Les bassins inondables du *chott* Mel-Rir et du *chott* Rharsa, quoique reliés par le *chott* El-Asloudj, ne sont pas aujourd'hui en communication directe. Ce dernier, en effet, a, dans sa partie centrale, 3m 20 d'altitude. Il est, en outre, borné à l'est et à l'ouest par des chaînes de dunes dirigées du nord au sud. Ce sont les dunes de Bou-Douil et de Zeninine, qui peuvent être franchies par des passages, dont les points les plus élevés n'ont que 6 à 7 mètres de hauteur.

» En considérant la disposition de la nature des terrains composés de sables et d'alluvion qui séparent actuellement les deux zones submersibles, on est amené à en deduire qu'elles ne formaient autrefois qu'un vaste bassin resserré vers la région occupée aujourd'hui par le *chott* El-Asloudj.

» La partie la plus étroite de ce bassin, est celle qui s'est exhaussée plus rapidement par suite de l'accumulation successive des alluvions qui s'y distribuaient sur une surface moins étendue et des sables versés par les vents. Ces apports ont alors pris la forme d'une dune très-applatie, dont le talus le plus raide est tourné vers l'est, c'est-à-dire du côté opposé aux vents dominants de l'ouest.

» Quoi qu'il en soit, la distance comprise entre les deux bassins, est un peu inférieure à 20 kilomètres. Le relief de l'isthme est très-faible, et il serait très-facile d'établir une communication à travers les sables et les alluvions dont il est formé. On inonderait d'abord le *chott* Rharsa, puis on le relierait au *chott* Mel-Rir par une tranchée à laquelle les eaux, en s'y précipitant, auraient bientôt donné la largeur et la profondeur nécessaires. Le volume des sables entraînés serait insignifiant relativement à l'étendue du bassin. Ils y disparaîtraient. La marée, qui atteint plus de 2 mètres d'élévation (1) à l'extrémité du golfe de Gabès, contribuerait puissamment à ce résultat. Je dois faire remarquer, à ce sujet, que toutes nos altitudes sont rapportées au zéro donné par le niveau le plus bas du maréomètre des ponts-et-chaussées à Alger. Il faudrait les réduire de 2 mètres au moins, si l'on voulait les rapporter au niveau du golfe de Gabès, au moment de la marée haute.

» Les bassins tunisiens et algériens peuvent être inondés successivement. Le temps nécessaire au remplissage en sera notablement abrégé, puisque, pendant la première partie de l'opération, la surface soumise à l'évaporation sera réduite de moitié. D'ailleurs, un chenal intermédiaire aurait l'avantage de marquer la limite des eaux

(1) Les marées qui sont généralement peu sensibles dans la Méditerranée sont au contraire très-accidentées dans le golfe de Gabès (*). Cette curieuse particularité est mentionnée par les auteurs anciens.

(*) D'après MM. Guérin et Elisée Reclus, la marée atteint une élévation de plus de 2 mètres à l'embouchure de l'Oued-Gabès; elle doit être naturellement un peu plus forte à l'embouchure de l'Oued-Akaveith situé tout à fait au fond du golfe.

tunisiennes et algériennes dans la mer intérieure. Ajoutons que la route du Souf à Négrin et Tebessa ne serait pas interceptée, puisqu'on pourrait jeter un pont sur le détroit.

» Il s'agit maintenant de savoir s'il n'y a, sur le territoire tunisien, aucune difficulté sérieuse à la création d'une mer intérieure. M. l'ingénieur Fuchs a attribué une altitude d'environ 50 mètres à deux points de l'isthme de Gabès qu'il a explorés. Nous avons étudié un des baromètres anéroïdes qui lui ont servi dans cette détermination, et nous devons constater que ses indications présentaient entre elles des écarts dépassant 4 millimètres, et correspondant par conséquent à des erreurs de 40 à 50 mètres. Dans la question qui nous occupe, où une différence de niveau de quelques mètres est d'une importance capitale, on ne peut se fonder sur des données aussi incertaines. Il est donc indispensable de déterminer par un nivellement précis, analogue à celui qui vient d'être fait en Algérie, la profondeur du bassin algérien et le relief de l'isthme de Gabès dans toute son étendue. »

IV

Ce nivellement des *chotts* tunisiens ne devait pas se faire longtemps attendre.

Vers la fin de janvier 1876, M. le ministre de l'instruction publique nommait à cet effet une commission nouvelle composée de MM. Roudaire, Michel Baronnet ingénieur civil, et Cormon peintre. De leur côté, le ministre des affaires étrangères et la direction des consulats, s'étaient assuré l'agrément du bey de Tunis et la bienveillance des autorités.

Afin de continuer cette étude avec des pièces officielles comme nous l'avons fait jusqu'à présent, nous allons céder la parole au savant rapporteur (1) du concours au prix annuel de la Société de géographie qui, dans sa séance du 4 avril 1877, a décerné à M. Roudaire une de ses médailles d'or.

« La petite expédition débarquait à Gabès le 27 février. Le projet était de relier le nivellement à faire à celui de l'année précédente; mais la saison était avancée, il fallait se hâter pour éviter les chaleurs. A Gabès, il n'existait aucune triangulation sur laquelle on put s'appuyer, aucun maréographe ne donnait le zéro de la basse mer, dans ce golfe où les marées sont beaucoup plus accentuées qu'à Alger. Les opérateurs durent attendre, par un temps calme, le moment où la mer cesserait de descendre, observation rendue facile du reste par le peu de déclivité d'une côte où toute baisse se traduit par de grands espaces mis à sec.

» Le nivellement suivit alors l'Oued-Akarit pour arriver au *chott* El-Fejej, prolongement vers la mer du *chott* Djévid. Il longea le bord méridional de ce *chott*, jusqu'à Dbabcha, au bout de la presqu'île de Nifzoua, en lançant en route, en face de Seftimi, un profil jusqu'au milieu de la vallée. De Dbabcha, il fallut traverser le *chott*, pour poursuivre l'opération sur la rive opposée, et se rapprocher de la sorte de l'extrémité du nivellement exécuté en 1875.

(1) M. William Hüter.

» Cette traversée est réputée très-dangereuse : le sol est composé d'une croûte de sel presque pur, de 0^m, 70 à 0^m, 80 d'épaisseur, sous lequel se cache une eau saumâtre et visqueuse de profondeur telle, qu'une pierre attachée à toutes les cordes que possédait la caravane, n'atteignit pas le fond. Cette eau est plus amère que celle de l'Océan. La main que l'on y trempe, en ressort imprégnée de sel blanc.

» Il n'est pas d'événements tragiques que ne racontent les habitants : chaque année, la *sebkha* (1) sert de tombeau à de nombreuses victimes ; bêtes et gens, lorsqu'ils sont assez imprudents pour sortir de la direction à peine tracée par quelques pierres couchées sur le sel, sentent la croûte manquer sous leurs pas. Ils s'enfoncent lentement, en se débattant dans la certitude de leur perte ; puis la crevasse ferme la tombe sans qu'il soit possible à l'œil le plus exercé de discerner la place où la mort a fait son appel...... On comprend, lorsque chaque pas peut être le dernier, combien est chose difficile une opération de nivellement, où toute l'attention et toute la présence d'esprit sont indispensables, et l'on ne peut qu'admirer l'étonnante force de volonté qu'il faut pouvoir mettre en œuvre pour cheminer, observer, *calculer* sur ce gouffre qui ne rend jamais rien !

» Arrivé sans encombre à Nefta, M. Roudaire espérait gagner les rives du *chott* Rharsa en se dirigeant droit au nord ; mais l'absence complète d'eau le contraignit à prendre la route du puits, plus longue, plus accidentée et de nature à retarder et à augmenter les difficultés du

(1) Dénomination tunisienne identique à celle de *chott*, en arabe.

nivellement. Un mois après le départ de Gabès, le capitaine posait sa mire sur le repère de l'année précédente, et cherchait une vérification sur un autre repère à 5 kilomètres plus à l'ouest (1).

» Le chef de la mission désirait ardemment retourner à Tozeur par un chemin différent, mais le manque d'eau sur toute autre direction, le contraignit à revenir sur ses pas. Il saisit l'occasion pour faire, au passage, un nivellement de vérification dans la partie la plus accidentée du seuil de Kriz qui sépare les bassins des *chotts* Rharsa et Djevid (2).

» ..... A Tazeur, M. Roudaire lança des profils dans le nord jusqu'à l'extrémité orientale du *chott* Rharsa et dans la direction du sud jusque sur le sel, à une distance peu considérable du bord, il est vrai, mais le danger devenait imminent.

» La région méridionale du *chott* n'avait pas été explorée. Pour combler cette lacune, un nivellement partiel parti de Dbabcha atteignit Touïbon au sud. Mais la chaleur rendait le travail de plus en plus difficile, et le peu d'auxiliaires mis à la disposition de M. Roudaire ne permit pas une exploration plus précise du bord sud du Djevid, mais l'approximation qui a pu être faite, est suffisante, puisqu'il n'y a dans ces parages ni oasis ni terres cultivées dont il importerait de connaître l'altitude exacte.

(1) Entre ces deux repères, les opérations de 1876 n'ont donné, sur celles de 1875, qu'une différence d'un millimètre.

(2) Cette vérification, en donnant lieu à une différence presque insensible — 127 millimètres pour un parcours d'environ 60 kilomètres, — a permis de constater l'exactitude du travail de nivellement.

» Peu de jours après, la mission rentrait à Gabès et faisait, avant de s'embarquer pour la France, une dernière opération entre la mer et le *chott* El-Fejej par l'Oued-Mélah.

» ...... En résumé, dans le cours de ces études, M. le capitaine Roudaire et ses collaborateurs ont nivelé de proche en proche, un parcours de 1,100 kilomètres, soit environ la distance de Paris à Vienne, à travers un pays difficile, malsain, et dans des conditions défavorables, où jamais nivellement de précision n'avait été exécuté.

» Les résultats en sont dès aujourd'hui acquis à la science; puissent-ils l'être un jour à l'humanité, en rendant habitables, fertiles et commerciales ces vastes étendues que la vie semble avoir abandonnées. »

V

A la rapide mais complète étude qui précède, nous n'ajouterons plus que quelques lignes pour signaler une des objections les plus importantes qui aient été opposées au projet de M. le capitaine Roudaire :

Alors même que la possibilité d'amener dans le lit des *chotts* les eaux du golfe de Gabès, — ce dont il doute, — un savant qui, depuis de longues années, a étudié l'Algérie en naturaliste et en physicien, M. Cosson, prétend que l'on devrait encore mettre en doute que les avantages réels de l'entreprise fussent jamais en rapport avec les frais de son exécution.

Il y a plus, ajoute-t-il : « le dattier, il ne faut pas l'oublier, est la véritable richesse du Sahara. Les conditions essentielles à la culture de cet arbre précieux qui, à lui seul, subvient à presque tous les besoins des habitants, et, par l'abri tutélaire qu'il leur offre, est la base de toutes les autres cultures, sont une grande somme de chaleur au moins pendant l'été, la pureté de l'air, la rareté des pluies, la sécheresse de l'atmosphère et une humidité suffisante du sol. Dans leur langage imagé, les Arabes résument ces conditions en disant : « Le dattier, père et roi des oasis, doit plonger son pied dans l'eau et sa tête dans le feu du ciel. »

» Or, c'est dans la région même désignée pour être envahie par la mer projetée, ou dans son voisinage presque immédiat, que le dattier donne ses plus abondants et ses meilleurs produits ; c'est le Blad-El-Djevid, qui serait occupé par la mer nouvelle ou soumis à l'influence de son voisinage. Si le climat de cette partie du Sahara devait se rapprocher de celui du littoral méditerranéen, où le dattier ne mûrit qu'exceptionnellement ou imparfaitement ses fruits, ne serait-il pas à redouter que la production des dattes, véritable richesse de la contrée et presque son seul article d'exportation, ne fût compromise même à une assez grande distance du littoral de la mer nouvelle ? Les cultures qui pourraient être introduites compenseraient-elles la perte certaine à laquelle on exposerait le pays (1) ?

(1) M. Cosson signale ensuite une source de richesses à ses yeux moins hypothétiques pour le sud de l'Algérie que la mer Saharienne. Ce serait la multiplication des puits artésiens — multiplication dont nous avons parlé nous-même dans un précédent article et qui, sur certains points, est déjà en voie de réalisation. — « Ce serait encore, dit-il, le rétablissement des points indiqués effondrés et des encouragements donnés à la plantation de nouvelles oasis ou à l'extension des oasis actuelles, en exemptant d'impôts, pendant un certain nombre d'années, les dattiers

Quant à la crainte que l'on a exprimée au sujet de la modification nuisible que la création d'une mer intérieure en Algérie, pourrait apporter au climat du midi de l'Europe et de la France en particulier, un savant géologue, M. Ch. Grad, la combat ainsi :

« En tout état de chose, dit-il, dans un rapport adressé à cet effet à l'Académie, cette appréhension n'est pas fondée. Suivant toutes probabilités, l'évaporation d'une nouvelle mer intérieure produite par l'inondation des lacs salés du Sahara algérien, augmenterait la pluie sur les versants de l'Atlas et des monts Aurès, mais sans donner plus de développement aux glaciers des Alpes. La grande extension des glaciers des Alpes, attribuée par les géologues suisses à l'existence d'une mer à la surface du Sahara, ainsi que la réduction des glaces par suite de la disparition de cette mer, est une hypothèse sans aucun fondement.

« ..... La création d'une mer intérieure dans la dépression saharienne, ne pourrait donc influer *d'une manière sensible* sur le climat de la France ou de l'Europe

de nouvelles plantations. Le boisement des points non irrigables ou impropres à la culture du dattier par les espèces d'accacias qui produisent la gomme, procurerait aussi des avantages certains. »

Nos lecteurs ont vu comment, dans l'article de la *Revue des Deux-Mondes*, dont nous avons reproduit les principaux passages, M. Roudaire, répondant à ces objections ou peut-être les pressentant par avance, appuie sur le fait de différence de niveau entre la mer Saharienne et la nappe liquide qui alimente en puits artésiens cette partie de l'Afrique, pour démontrer le peu d'influence que pourrait avoir le rétablissement de la mer Saharienne sur les oasis dont, au contraire, il favoriserait le développement. Quant aux modifications climatériques, il démontre non moins clairement qu'elles ne seraient pas assez tranchées pour nuire aux cultures actuelles des oasis. Le vœu émis par M. Cosson, au sujet des encouragements à donner à la culture du dattier dans le Sahara algérien, bien loin d'être en opposition avec le projet Roudaire, est donc, au contraire, en parfaite harmonie avec lui. Les deux entreprises se concilient et se compléteraient admirablement l'une l'autre.

méridionale; mais elle promettrait pour l'Algérie, du côté du Sahara, une augmentation de pluies, sans cependant que cet avantage entraînât une modification dans les cultures existantes. »

Si nous ajoutons, à l'appui de ces assertions, l'opinion de deux autorités, dont la compétence en la matière ne saurait être discutée, le regretté M. Leverrier au point de vue purement scientifique, et M. Ferdinand de Lesseps au point de vue de la possibilité de l'exécution, nous aurons donné au projet de M. Roudaire la plus haute sanction qu'il puisse recevoir et répondre victorieusement à ses contradicteurs.

M. Leverrier, l'illustre astronome, l'actif propagateur des études météorologiques, n'a pas hésité à considérer comme *un bienfait pour l'Algérie* la substitution d'une vaste nappe d'eau au désert de sable, et M. de Lesseps, que tout ce qui est grand et patriotique a le don d'attirer, a chaleureusement soutenu au sein de l'Académie la conception de M. Roudaire, et qui, dès 1874, c'est-à-dire avant que les études de nivellement fussent venues démontrer victorieusement l'exactitude des calculs de son auteur, la jugeait « très-praticable (1). »

Puissions-nous, lors d'une nouvelle édition de notre livre, avoir à enregistrer, non plus comme projet et étude, mais comme mise déjà en exploitation, cette magnifique entreprise dont nous avons la gloire d'être les promoteurs, et dont nous aurons, espérons-le, l'honneur et le mérite de devenir les exécuteurs !

(1) Note de M. de Lesseps, insérée au compte-rendu des séances de l'Académie des sciences du 13 juillet 1874.

XI

Le tunnel sous la Manche.

I

Les études faites pour la pose des télégraphes interocéaniques, celles exigées par les projets de tunnels sous-marins, ont ouvert un champ immense et tout nouveau aux sciences naturelles.

Les abîmes de la mer ont révélé leurs secrets les plus intimes à ces hardis et persévérants explorateurs qui, pendant que d'autres savants non moins intrépides atteignent au péril de leur vie les plus hautes sommités du globe et les derniers espaces accessibles de l'atmosphère, parviennent, au moyen d'ingénieux appareils, jusqu'aux dernières profondeurs des océans.

Et quel champ immense d'observation ! La mer, en effet, recouvre près des trois quarts de la surface de la terre. Cependant, jusqu'à ces dernières années, on n'avait sur ces abîmes au point de vue de la physique et de la biologie, que des notions vagues et incertaines.

« L'opinion générale, dit à ce sujet un savant écrivain

anglais (1), était qu'à une certaine profondeur, les conditions devenaient si spéciales, si complétement différentes de celles des parties accessibles de la terre, qu'elles devaient exclure toute autre idée que celle d'une immense solitude plongée dans une sombre nuit, et soumise à une pression si énorme que la vie, sous quelle forme que ce fût, était impossible dans son sein; on pensait que ces régions opposaient à toute étude, à toute recherche, d'insurmontables difficultés. Les hommes de science eux-mêmes semblaient partager cette opinion, et tenaient peu compte des exemples très-authentiques d'animaux relativement élevés dans l'échelle des êtres ramenés des grandes profondeurs sur des cordes de sonde. »

Sans les travaux de draguage nécessités par quelques-unes des grandes entreprises dont nous avons entretenu nos lecteurs, cette ignorance, ou pour mieux parler, ce préjugé ne se serait probablement pas modifié.

Qui aurait imaginé, en effet, d'aller jusque 2,435 brasses (14,610 pieds), étudier non-seulement la constitution géologique du lit de l'Océan, mais encore la vie et les mœurs des êtres animés qui y habitent, si les grands Etats maritimes de l'Europe n'avaient pas eu un intérêt sérieux à créer et à mettre à la disposition des corps savants les secours matériels et l'habileté professionnelle que réclamait une pareille entreprise.

Les résultats de ce draguage à immense profondeur, ont dépassé les espérances de ceux à qui il était confié, et de ceux qui l'avaient ordonné. « Le lit de la profonde

(1) Thomson (C. Wywille). *Les Abîmes de la mer.*

mer, les 140,000,000 de milles carrés que les explorations sous-marines ont, depuis quelques années, ajouté au légitime champ d'études des naturalistes, ne constituent point un désert stérile. Ils sont peuplés d'une faune plus riche et plus variée que celle qui pullule dans la zone bien connue de bas-fonds qui bordent la terre. Ces organismes sont encore plus finement et plus délicatement construits, d'une beauté plus exquise, avec les nuances adoucies de leur coloris et les teintes irisées de leur merveilleuse phosphorescence. Les formes de ces êtres, jusqu'ici inconnus, leurs rapports avec d'autres organismes vivants, aujourd'hui disparus, constituent, sinon une science à part, du moins une branche nouvelle de la science, qui mérite à tous égards une étude spéciale et sérieuse. Mais c'est surtout au point de vue géologique et géographique, que les sondages dont nous parlons ont ajouté de précieuses observations aux connaissances acquises.

Ici encore, l'expérience, en prêtant son appui aux conceptions nouvelles, permet de se lancer dans des entreprises que naguère on eût jugées téméraires et irréalisables.

Le projet, par exemple, d'une voie sous-marine de communication entre la France et l'Angleterre, eût certes rencontré des contradictions et des obstacles qui en eussent retardé indéfiniment la réalisation, s'il eût fallu auparavant résoudre la question capitale de la constitution géologique des bas-fonds de la Manche.

Heureusement l'étude était faite. D'ailleurs, ne l'eût-elle pas été, les appareils de sondage et le progrès réalisé dans l'art du plongeur la rendait si aisée et si sûre, que ce travail préliminaire n'eût pu arrêter un seul instant les promoteurs de l'entreprise.

II

L'idée de resserrer les rapports qui existent entre l'Angleterre et la France, ou plutôt entre l'Angleterre et le continent européen, en évitant les dangers et les désagréments de la traversée par mer (1), a dû se présenter à l'esprit des savants et des économistes des deux pays, dès le moment même où la construction des ponts suspendus d'une part, et, d'autre part, le percement des longues galeries souterraines, sont venus faire pressentir, dans les moyens de communication, des audaces jusque-là inconnues.

Un instant projetée au commencement de ce siècle, la construction d'un tunnel sous la Manche fut forcément

(1) Bien que l'Angleterre ne soit séparée de la France, au point le plus resserré du Pas-de-Calais, que par un bras de mer de 38 à 40 kilomètres, cependant, l'état de cette mer, toujours rude quand elle n'est pas tempêtueuse, ne laisse pas que de retenir beaucoup de voyageurs qui, désireux de passer d'un pays à l'autre, n'osent pas affronter le mal de mer. Eviter d'ailleurs les ennuis d'un embarquement et d'un débarquement ne pourrait que multiplier les relations entre les habitants de la Grande-Bretagne et ceux du continent, et cela au profit des uns et des autres. Tout ce qui tend, en effet, à rapprocher les distances; à augmenter les rapports d'hommes à hommes, de nations à nations; à faciliter le transport des marchandises, profite à l'accroissement de la richesse générale. Les transactions deviennent plus fréquentes, les produits s'échangent avec plus de rapidité et le même capital rentre plus souvent dans la circulation. La consommation augmente par l'abaissement des prix et la production s'accroît en raison de la consommation. Dans un autre ordre d'idées, par ce fréquent contact, les peuples apprennent à se connaître, à s'apprécier; les antiques préjugés de race disparaissent, les rivalités, voire même les haines traditionnelles s'éteignent, et ainsi se prépare cette grande fraternité des peuples qui est le dernier mot de toute véritable civilisation.

mise de côté par les guerres qui suivirent, et tomba complétement dans l'oubli.

Personne, ni en Angleterre, ni en France, n'y pensait plus, lorsqu'en 1838, un ingénieur français, M. Thomé de Gamond, en ressuscita, si l'on peut ainsi parler, la pensée, et consacra à l'étude des moyens de la réaliser, beaucoup d'intelligence, de temps et d'argent. La grande difficulté de l'entreprise était la construction de puits d'aérage, puits dont, à cette époque, on ne croyait pas pouvoir se passer dans une œuvre de ce genre.

M. Thomé de Gamond imagina un moyen très-ingénieux de construire ces puits. Il offrait de créer artificiellement d'une rive à l'autre, du fond de la mer au niveau des plus hautes eaux, des massifs de ciment dans lesquels on aurait foré des puits d'aérage qui eussent été continués dans le sol sous-marin.

Il n'y avait aucune impossibilité absolue à la réalisation de ce plan, qu'on ne mit d'ailleurs pas à l'essai à cause des sommes énormes qu'eussent à eux seuls coûté ces premiers préparatifs.

La proposition de M. Thomé de Gamond n'eut donc pas de suites, et il était généralement admis que l'établissement d'un tunnel entrepris à une grande profondeur sous les eaux de la mer, ne pouvait avoir lieu, faute de moyens d'aération du souterrain, lorsque le système inauguré pour le percement du Mont-Cenis, système qui, ainsi que nous l'avons expliqué, supprime les puits d'aération, vint attirer de nouveau l'attention publique sur la voie de communication sous-marine entre la France et l'Angleterre.

Cette fois, c'était un ingénieur anglais, M. Hawkshaw, qui avait pris l'initiative.

Après avoir fait exécuter à ses frais les premiers travaux préliminaires, M. Hawkshaw, convaincu que l'exécution du tunnel était, non-seulement praticable, mais encore qu'elle ne demanderait aucun de ces efforts sérieux, qu'elle ne rencontrerait aucune de ces difficultés matérielles dont il faut généralement tenir compte dans des entreprises d'une aussi grande importance, fit partager ses convictions à des personnages éminents. Secondé par l'opinion publique qui, des deux côtés du détroit, se montra favorable à ses plans, l'habile et zélé ingénieur s'occupa de créer sur de larges bases, une Compagnie financière.

Dès 1862, cette Compagnie était formée, et des études préliminaires étaient organisées sur une vaste échelle.

La guerre de 1870-1871 vint tout interrompre. Dès 1872, les Anglais se remettaient à l'œuvre. Un an plus tard, « M. Charles Bergeron, ingénieur français, publiait un mémoire intéressant résumant toutes les phases de l'affaire, les études et les constatations scientifiques qui rendaient le succès infiniment probable.

» Ce travail, reproduit en Angleterre en 1874, fit impression dans le monde des ingénieurs et de la finance, et M. Bergeron réussit à reformer le noyau d'un comité français. Ce noyau a grossi, l'œuvre a marché. Deux comités d'hommes considérables sont constitués aujourd'hui, l'un en Angleterre, l'autre en France. En 1875, ils avaient réuni chacun un fonds de 2,000,000 de francs, destinés à creuser des galeries d'essai et de vérification sous la Manche.

Les gouvernements des deux pays les appuient d'une sympathie sérieuse. Toutes facilités sont données aux travailleurs, que les autorités locales des différents points où sont creusés les puits ou tranchées d'essai, entourent de la plus grande bienveillance. La marine française et la marine anglaise ne s'intéressent pas moins efficacement au succès de l'œuvre, à laquelle elles prêtent, en tout ce qui concerne les études de sondage, le concours le plus empressé.

Les opérations préliminaires touchent à leur terme. Une note, reproduite dans le courant de septembre dernier (1) par les principaux journaux français, ne laisse aucun doute sur la prochaine ouverture des travaux d'exécution.

Les comités français et anglais du tunnel sous-marin, nous apprennent cette note, arrêtent en ce moment les conditions d'exploitation de la voie sous-marine.

La propriété du tunnel sera divisée par moitié de la longueur, c'est-à-dire que chaque Compagnie possédera la moitié du parcours, calculé d'une rive à l'autre à marée basse. Les dépenses de chaque tronçon resteront afférentes à chaque pays. L'exploitation se fera en commun, entre la Compagnie française du chemin de fer du Nord, d'une part, et les deux Compagnies du South-Eastern et du Chatam, qui ont chacune une voie directe de Londres à Douvres.

On sait que, du côté de la France, on a déjà creusé

(1) 1877.

plusieurs puits d'essai traversant le banc de craie, dans une épaisseur d'environ 100 mètres. On commence à ouvrir depuis quelques semaines la galerie d'exploitation.

III

Nous ne saurions mieux compléter cette étude qu'en reproduisant les observations et les détails que nous fournit le savant organe de la science économique et de la statistique (1).

« Un tunnel sous la mer ne peut être praticable qu'à condition de traverser des terrains à peu près imperméables. Les recherches géologiques de M. Hawkshaw ont eu pour résultat la constatation de ce fait capital. Les trous de sondes, qu'il a prolongés jusqu'à près de 180 mètres, ont révélé, directement au-dessous des eaux, un massif compacte de craie de plus de 160 mètres d'épaisseur. Les falaises qui bordent les deux rives du Pas-de-Calais, appartiennent à cette formation qui a conduit les géologues à admettre que la France et l'Angleterre ont été réunies anciennement par un isthme que les eaux de l'Océan ont rongé en se portant vers la mer du nord.

» Ce terrain de craie est d'ailleurs bien connu en Angleterre, où nos voisins ont déjà exécuté des tunnels et d'autres travaux considérables. Au point où est projeté le tunnel sous-marin, le massif crayeux se compose d'une partie supérieure de craie blanche, et d'une partie inférieure de craie grise ou marneuse, plus

(1) *Journal des Economistes.* — Avril 1875.

compacte et plus imperméable. C'est dans ce dernier banc, dont l'épaisseur est de 48 mètres sur la côte anglaise, et de 38 mètres sur la côte française, que sera creusé le tunnel, à 127 mètres au-dessous du niveau des hautes mers de vive eau.

» ..... Le tunnel sera composé de trois parties, l'une pratiquée sous la mer sur une longueur de 38 kilomètres, les deux autres formant accès à la terre ferme par des pentes de 12 à 13 millimètres, et de 11 kilomètres chacune.

» La longueur totale du souterrain à parcourir par les wagons, serait donc de 50 kilomètres. Le chemin de fer à établir partira de la côte anglaise à l'est de Douvres, et aboutira, sur la côte de France, à l'ouest de Calais. »

Ici viennent se placer plusieurs questions de la plus haute importance ?

« Le banc de craie grise ou marneuse, dans lequel il paraît nécessaire de construire le tunnel, est-il suffisamment exempt d'infiltration? Se prolonge-t-il d'une côte à l'autre sans intermittence, sans faille, en un mot, dans les conditions d'homogénéité nécessaires ? »

Ces deux questions ont été résolues affirmativement par les travaux d'exploration exécutés au cours des années 1876 et 1877.

On se demande encore : « Quel temps sera nécessaire pour l'achèvement de l'œuvre ?

» Ici la réponse est tout à fait hypothétique ; si, en effet, il y avait à se baser sur la durée des forages du Mont-Cenis et du Saint-Gothard, il n'y aurait même pas eu à songer à l'entreprise ; mais il n'y a aucune analogie entre les roches dures des Alpes et le sol calcaire de la Manche.

» Cependant, la longueur du tunnel exige un avancement journalier dans la perforation, qui requiert des procédés spéciaux. La science industrielle y pourvoira aussi sûrement que pour le Mont-Cenis et le Saint-Gothard.

» Dès à présent, il existe une machine perforatrice inventée par un ingénieur anglais, M. Brunton, qui a pu assurer la solution du problème aux promoteurs du tunnel. Cette machine, mise en mouvement rotatif par la vapeur ou l'air comprimé, entaille et coupe un massif de craie sur une section circulaire de 2^{m} 10 de diamètre, avec un avancement de 1^{m} à 1^{m} 20 à l'heure. Deux ans pourraient donc rigoureusement suffire au percement de la galerie de reconnaissance, en l'attaquant par chacune des extrémités ; quatre années pourraient être suffisantes, ensuite, pour terminer les travaux, et en tenant compte des imprévus, le tunnel pourrait être livré à la circulation dans sept à huit ans.

» Il a été possible d'approximer, à raison de ce qui précède, la dépense totale : on l'évalue à un minimum de 250,000,000 de francs.

» Etant admise la possibilité de percer un souterrain dans le sol sur lequel repose la mer de la Manche, et d'exécuter ce percement dans un temps relativement court, restent des difficultés accessoires qui paraissent bien grosses au public, mais dont les ingénieurs ne se préoccupent pas outre mesure, et ils ont raison. Les

MACHINE PERFORATRICE

quantités d'eau qui s'infiltreront dans les parties du tunnel à creuser dans les falaises à chacun des bords, ne seront-elles pas trop considérables? Comment éclairer un souterrain de 50 kilomètres, où l'air ne pourra se renouveler naturellement? Comment aérer artificiellement une pareille longueur? On sait que déjà, au Mont-Cenis, et même dans d'autres tunnels de moindre étendue, les tourbillons de vapeur et de fumée vomis par les locomotives, ne sont pas sans inconvénients de quelque gravité; qu'en adviendra-t-il sous ces voûtes à 350 pieds sous terre, et d'une longueur six à sept fois plus considérable que celle du Mont-Cenis? Enfin que serait une collision de trains dans un pareil abîme?...

» Pour notre part, nous n'avons pas d'appréhensions à ces divers sujets, et nous ne croyons pas qu'il doive y en avoir de sérieuses. Nous sommes fermement convaincus que la science industrielle moderne fera face à tout. Ce qu'il sera nécessaire d'inventer sera inventé; mais, dès à présent, elle possède des éléments dont on peut dire qu'il n'y a plus qu'à leur chercher une application convenable. Ainsi la question des épuisements n'est qu'une affaire de pompes et de machines élévatoires au bord de la mer. L'éclairage électrique n'est-il pas à l'abri des inconvénients du gaz d'éclairage? L'aération artificielle, par l'air comprimé, est considérée comme réduite à une question de force (1). Quant aux inconvénients de la vapeur et de la fumée, nul doute que les esprits ne soient déjà tendus vers le remplacement

(1) Les auteurs du projet ont déjà calculé que cette aération ne requerrait qu'une machine à vapeur de 250 chevaux à chacune des entrées du tunnel.

de la locomotive actuelle, par un engin qui en supprimera les inconvénients. Qui sait si l'air comprimé ne sera pas précisément le moteur du nouvel engin? Les locomotives alors, au lieu de vapeur et de fumée, cracheraient de l'air respirable. »

Restent les collisions souterraines, mais, assure M. A. Chérot, « ces accidents, au sujet desquels les imaginations sont si promptes à s'exalter, ne sauraient être à redouter. Elles ne peuvent, en effet, avoir lieu entre deux trains marchant en sens contraire, sur deux voies différentes; un réglement d'administration publique peut les rendre également impossibles entre deux trains suivant la même voie. Il suffit pour cela d'interdire à un train de s'engager sous le tunnel avant que le télégraphe électrique ait fait connaître la sortie du train précédent. »

Une dernière question appelle à plus juste titre que celles que nous venons de mentionner, l'attention des économistes. Mais nous n'avons pas à nous y arrêter ici; le percement du tunnel au point de vue où nous nous en occupons, c'est-à-dire comme entreprise industrielle et scientifique de premier ordre, étant tout à fait indépendant de ces sortes de préoccupations. Nous voulons parler « des résultats bénéficiants » de la voie nouvelle de communication établie par le tunnel.

Sans entrer dans l'examen de la question, laquelle est fort controversée, nous nous bornerons à dire qu'il résultera de la concurrence établie entre cette voie terrestre et les transports maritimes, un abaissement évident dans les tarifs de transport pour les marchandises, et dans les prix de places pour les voyageurs.

La marine marchande des deux pays n'aura-t-elle pas à en souffrir? Là, est l'inconnu de la question. M. A. Chérot pense toutefois que cette concurrence ne sera onéreuse pour personne. Il estime que les transactions et les rapports entre les deux peuples augmentant dans une forte proportion, il se créera un mouvement tout nouveau, et de nature à alimenter aussi bien la marine marchande que le service par le tunnel.

« L'accroissement du tonnage des marchandises sera, dit-il, la conséquence de l'accroissement du nombre des voyageurs. Plus il y aura d'Anglais à visiter la France et de Français à visiter l'Angleterre, plus les échanges se multiplieront dans les deux pays : rapprochement dans les habitudes, naissance de besoins nouveaux, facilités d'aller commercer les uns chez les autres, concurrence à faire de nouveaux consommateurs et à augmenter la consommation là où elle existe déjà. En réalité, Paris et Londres seront toujours les grands centres de rayonnement..... A côté de la circulation internationale franco-anglaise, les pays limitrophes de la France et d'autres à la suite, apporteront sans nul doute, un contingent important de trafic..... On peut donc admettre en perspective, le transport d'un million de voyageurs, et d'un million de tonnes de marchandises..... »

Ces chiffres dispensent de tout commentaire.

XII

Le canal interocéanique.

I

Le goût des grandes entreprises n'est, à notre siècle, ni particulier à la France, ni même particulier à l'Europe.

Toutes les nations, même celles qu'une immobilité séculaire retenait, depuis des temps immémoriaux, en dehors de tous les efforts des civilisations nouvelles, s'associent à cette avidité de pénétrer l'inconnu, de réaliser l'impossible, dont nous avons, dans les pages qui précèdent, esquissé la marche et indiqué quelques-uns des résultats.

Mais c'est surtout aux Etats-Unis, dans ce nouveau monde où la civilisation suit les défrichements et s'implante tout d'un jet à mesure que l'homme apparaît, que s'enfantent et s'exécutent journellement des œuvres qui, même pour nous, accoutumés aux conquêtes de l'art et de la science, semblent merveilleuses.

Là, en effet, à l'endroit où le voyageur, peu de temps

auparavant, a été arrêté par l'inextricable fouillis des arbres et des lianes centenaires, il trouve en repassant une ville sortie comme par enchantement du sein de la terre. Des édifices grandioses, des docks commerçants, une population affairée et déjà sur la voie de la fortune, se dressent et s'agitent dans un milieu qui garde encore l'écho mystérieux des solitudes inhabitées.

L'industrie, au sein de ce peuple neuf, a des audaces inouïes. Elle entreprend et mène à un prompt succès des œuvres que nous n'oserions pas projeter.

Le pont sur le Niagara, dont nous n'avons pas à nous occuper ici, parce que l'action de la France y est demeurée tout à fait étrangère, est un des mille exemples que l'on pourrait en donner.

Il était donc tout naturel que le retentissement qu'a eu, dans l'univers entier, le percement de l'isthme de Suez, n'évoquât pas seulement dans ce pays par excellence de l'initiative et des opérations financières, une simple et stérile admiration.

Le projet d'une entreprise semblable à celle que venait de sanctionner un succès éclatant, devait se présenter aussitôt à des esprits si essentiellement pratiques.

De là le plan, aussitôt mis à l'étude que conçu, d'un canal creusé entre les deux Amériques, afin de mettre en communication directe les parties de mer qui entourent le nouveau continent.

Mais à cette conception non moins intéressante pour le commerce et les intérêts du monde entier, que pour l'Amérique elle-même, les puissances maritimes ne pouvaient manquer de s'émouvoir.

Ce n'était pas trop, en effet, pour étudier ce gigantesque et important projet, que de réunir toutes les lumières des corps savants.

Toutefois, le gouvernement des Etats-Unis voulant, après avoir été le promoteur du projet, en conserver l'exploitation, se chargea seul des longs et coûteux efforts qui devaient en préparer l'exécution.

Ces premières études eurent l'important résultat de fixer le point précis où le percement devait être fait : L'isthme du Darien fut choisi au lieu de l'isthme de Panama, dont il avait été d'abord question (1).

Ce premier point fixé, l'Europe entra en lice, au point de vue des études préparatoires scientifiques.

Pour ne parler que de la France, une commission d'exploration fut envoyée sur les lieux en 1876.

Cette commission vient de terminer ses travaux, et c'est avec le compte rendu, que publie, au moment même où nous écrivons ces lignes (2), *la Revue Maritime*, que nous allons faire apprécier à nos lecteurs le point de départ, la marche et l'avenir d'une entreprise que son importance, au point de vue général, élève au rang d'une de ces œuvres internationales, dont aucun pays n'a le droit de se désintéresser.

C'est M. Lucien M. H. Wyse, lieutenant de vaisseau, qui parle (3) :

(1) Ces études préalables faites par ordre du gouvernement des Etats-Unis de l'Amérique du Nord, durèrent trois ans, de 1870 à 1873.

(2) Octobre 1877.

(3) *Notes sur les études* pour le canal interocéanique faites par la Commission d'exploration de 1876-1877.

Coup d'œil général sur l'isthme du Darien.

« L'isthme du Darien, compris entre 7° 30' et 9° 30' de latitude nord, 79° et 81° 30' de longitude ouest, est séparé de celui de Panama par les montagnes de San-Blas ; il s'étend jusqu'aux plaines du Choco dans l'état de Cauca, et au massif du Pirri, d'où, selon certains auteurs, Vasco Nunez de Balboa, en 1513, aperçut pour la première fois la mer du Sud. Le Darien est traversé par une chaîne de montagnes qui porte différents noms, dont les moins inconnus sont ceux de Cordillère-Llorana, de Nique et de Mali. Cette chaîne et les nombreux contreforts qui en dérivent ont une élévation très-variable, et se trouvent en général beaucoup plus près de l'Atlantique que du Pacifique, configuration qui explique pourquoi il n'y a pas de fleuves importants sur le premier versant. Trois grandes artères recueillent la plupart des eaux qui arrosent abondamment cette région ; ce sont : le Bayano, se déversant dans le Pacifique à l'endroit où l'isthme est le plus resserré ; le Chucunaque et la Tuyra, se jetant, après s'être réunis, dans le golfe de San-Miguel par un grand estuaire constituant un superbe havre intérieur.

» Une communication a évidemment existé entre les deux Océans, à une époque géologique relativement moderne ; mais il est difficile de préciser à quel moment a eu lieu le dernier soulèvement, par suite de la rareté de fossiles. Les côtes, surtout celles de l'Atlantique, sont souvent défendues par des récifs de corail ; les plaines sont formées d'alluvions argilo-sablonneuses. A mesure qu'on s'élève et qu'on pénètre dans l'intérieur, le schiste apparaît, puis ensuite le grès et des conglomérats calcaires. La houille, le fer, le cuivre, le mercure, l'argent, l'or et le platine abondent particulièrement dans la région occidentale. Les ramifications du mont Pirri contiennent des quartz aurifères et des calcaires argileux très-riches ; les nombreux *rios* qui en découlent charrient presque tous de l'or et autres métaux précieux.

» Une végétation luxuriante couvre partout le sol, et rend par cela même les vues d'ensemble très-rares et les explorations fatigantes, minutieuses et peu fécondes en résultats immédiats.

» Sur les côtes se pressent les mangliers, les avicennias, qui cèdent bientôt la place à la grande végétation forestière des *quipos*, des *espavès*, des cèdres, des *bongos* et des *curutus*. Ces géants de la forêt qui se retrouvent jusqu'à la Cordillère, et dont les derniers servent à faire des pirogues et même de grandes embarcations d'une seule pièce, qui peuvent porter jusqu'à trente tonneaux, atteignent leurs dimensions les plus imposantes vers l'embouchure des fleuves. Sur leurs berges se rangent les innombrables files des musacées et des cannacées qui semblent servir de palissade à la forêt, tandis que les pointes abandonnées par le fleuve et qui forment aujourd'hui la rive intérieure de ses courbes, disparaissent sous une épaisse prairie de *cana brava* ou roseau sauvage, que dominent seulement des aroliacées au port bizarre et au feuillage découpé. Le cocotier ne se rencontre qu'autour des habitations, ainsi que le cacao, qui réussit bien dans les plantations des indigènes et fournit, avec le manioc, la canne à sucre et surtout le bananier, les principaux articles d'alimentation. Quelques palmistes, de loin en loin, sont les seuls représentants de leur importante famille, dont le faible développement, contrairement à ce qui a lieu d'ordinaire sous les tropiques, est un des traits les plus caractéristiques de la végétation vers le bas des fleuves; mais les palmiers deviennent beaucoup plus nombreux vers la montagne, et l'un des plus remarquables est l'*éléphantusia*, dont le fruit constitue, sous le nom de *tagua* ou noix d'ivoire, un des principaux articles d'exportation. Le *siphonia*, qui fournit le caoutchouc, et qui fit à un moment la fortune du pays, devient de plus en plus rare par suite du mode barbare d'exploitation usité par les *caucheros*.

» Ces hommes, mulâtres plus ou moins foncés, dont la dure et pénible vie se passe presque entièrement dans la forêt, sont obligés de tailler à coups de hache ou de *machete* (sabre droit et court dont ils se servent avec une prodigieuse adresse), le sentier qui doit les mener vers l'arbre convoité au milieu de la végétation luxuriante qui leur oppose mille obstacles.

» Les tiges bizarres des gnétacées, semblables à des cordages déroulés, les passiflores aux fleurs éclatantes, les aristolochiées au feuillage touffu, aux fleurs monstrueuses, s'enlacent étroitement aux troncs des grands arbres, et retombent de leurs faîtes en courbes élégantes, ou s'entre-croisent en tous sens en formant une impénétrable barrière. Les parasites et les épiphytes atteignent des dimensions considérables, mais les orchidées sont relativement en petit nombre. Des touffes de bambous que l'on rencontre principalement le long des rivières, représentent presque seules la végétation herbacée, qui paraît comme étouffée par la végétation forestière. Des fougères, une verveine, quelques asclépiadées sont, avec des malvacées, les seules plantes que l'on remarque, au lieu que les endroits découverts, et surtout les terres basses, sont cachés sous une herbe épaisse, au milieu de laquelle s'épanouissent beaucoup de légumineuses et une immense variété de convolvulacées de toutes tailles et de toutes couleurs.

» D'innombrables lianes rendent les forêts impossibles à parcourir sans être armé de haches et de *machetes*. Plusieurs de ces lianes ont des propriétés médicinales importantes et qu'il serait avantageux de bien connaître. D'autres produisent des fleurs admirables par leurs dimensions et leurs couleurs éclatantes, telles que la *clavellina* et le *membrillo*.

» Le règne animal n'est pas moins riche, pas moins varié que le monde végétal. Si, dans les eaux marines nagent les balœnoptères, les narvals, les dauphins et les requins énormes, les ondes de l'Atrato renferment de nombreuses troupes de lamentins, et sur les bords de tous les cours d'eau, le voyageur voit plonger à son approche, des alligators qui peuvent atteindre une taille de quinze à vingt pieds. Toutes les plages ensoleillées portent les traces de ces monstres, dont les indigènes ne font pas la chasse et se bornent à détruire les œufs, avec autant d'empressement qu'ils recherchent, pour les manger, ceux des tortues, assez nombreuses vers le bas des fleuves. La *raya* à l'épine redoutable, la *mojara*, le *sabalo* sauteur animent les eaux de la côte de l'Atlantique, tandis que les rivières du versant occidental renferment les troupes des siluridées et les innombrables légions de chalcinopis, qui portent ici le nom vulgaire de *sardinita*. Ces dernières fournissent leur principale nourriture aux divers martins-pêcheurs dont l'aile rapide effleure les eaux, aux échassiers de toutes tailles et de toutes couleurs, grues, foulques, hérons; aux *patos cuervos* et aux bandes de canards dont le vol lourd égaie le paysage. Quelques gallinazos, diverses espèces de faucons perchés sur les arbres de la rive surveillent aussi la surface du fleuve, au-dessus duquel voltige un magnifique papillon du genre des morphidées, dont les splendides nuances métalliques, réfléchies dans l'eau tranquille, semblent traîner après lui comme un large ruban d'azur. De loin en loin, un couple de perroquets ou d'aras traverse la rivière, à une grande hauteur, avec des cris assourdissants que peuvent seules dominer les bandes de perruches qui s'abattent à grand bruit sur les arbres élevés. Les *urupendos,* dont les nids étranges pendent par centaines au sommet des grands quipos; les *paraos* au chant agréable, aux vives couleurs; les *maizeros* font retentir l'air de leurs cris, tandis que des troupes d'oiseaux-mouches bourdonnent autour des arbres en fleurs, que l'iguane s'enfuit sous les feuilles sèches, et que, tapie sur un vieux tronc, la loutre guette sa proie dans le silence et l'immobilité. Plus loin, dans le bois, la vie est intense, mais change de caractère; le silence n'est guère troublé que par les coups de marteau du pic ou les cris affreux du singe hurleur. Le jaguar, le puma, le lion noir, le tapir, le pecari, le cerf passent silencieux sous les grands arbres où se suspendent des bandes de titis, de *carita-blancos*, de belzébuths et d'autres singes. Les grands rongeurs, le lapin bariolé, le *nieque*, le tatou, le grand ours fourmilier, se cachent dans les fourrés obscurs où se suspendent pendant le jour les rhinolophes et les vampires, tandis que la *sora*, seul représentant de la famille des marsupiaux et diverses espèces d'écureuils, ont leurs demeures aériennes sur les géants de la forêt, où vivent aussi les aras, les perroquets et les toucans. Le boa ne se rencontre que rarement; la *équis*, le *bejuco*, qui s'enroulent autour des branches, le *coral*, le *mapana*, l'immobile *dormitor*, sont les principaux serpents venimeux. Les autres reptiles sont quelques petites tortues, de nombreux lézards, dont quelques-uns courent sur l'eau avec une légèreté prodigieuse, et d'innombrables batraciens qui entonnent à la chute du jour leur infernale sérénade. Les scorpions, les araignées de toutes tailles et les affreux *garrapates* ne représentent que trop l'ordre des arachnides, et celui des insectes renferme les nombreuses variétés des fourmis, les termites, les guêpes, les *congos*, le *gusano* de *monte*, les chiques et les tourbillons de moustiques de toute sorte, qui sont la plus grande plaie de cette belle contrée.

» Comme beaucoup de climats chauds, celui du Darien est humide et pluvieux. Il y a deux saisons : la première, de janvier à la fin d'avril, est sèche et agréable. Les pluies commencent habituellement en mai sur les côtes, plus tôt près de la Cordillère, diminuent de fréquence et d'intensité depuis la fin de juin jusqu'au commencement d'août, et reprennent avec une abondance extraordinaire jusqu'à la fin de novembre. Les rivières débordent alors et le bas pays est inondé. Il y a encore des orages en décembre, et ce n'est que du 15 janvier au 15 mars qu'on peut être assuré de voir cesser la pluie.

» La température n'est jamais excessive, le thermomètre se maintient entre 20 et 30 degrés, et le plus souvent il n'oscille en 24 heures qu'entre 25 et 28 degrés. La pression barométrique est tout à fait normale, et ne subit guère d'autres variations que le mouvement diurne qui, sous la zone torride, a la régularité d'une marée atmosphérique.

» Il est certain que le Darien ne mérite pas la réputation d'insalubrité qui lui a été faite; à l'exception de quelques localités mal aérées, situées près de marais stagnants où s'amoncellent et se décomposent les détritus végétaux, la contrée est saine. Malgré des fatigues excessives, une alimentation irrégulière, l'humidité perpétuelle des vêtements, les insomnies produites par les hordes d'insectes qui infestent les forêts vierges, plusieurs des membres de la Commission internationale se sont mieux portés qu'ils n'auraient pu le faire dans les zones tempérées. Du reste, l'expérience faite par l'expédition américaine sur un grand nombre d'hommes blancs et pendant un laps de temps considérable, est concluante à cet égard. Ainsi que le déclare formellement le *com-*

mander Selfridge, le Darien est au moins aussi sain que n'importe quel pays tropical réputé pour sa salubrité. Dans des conditions de confortable suffisant et avec les facilités que présentent certaines hauteurs pour l'établissement d'un *Sanatorium* à l'époque toujours plus dangereuse des changements de saison, l'Européen pourrait y vivre longtemps sans même s'y anémier beaucoup.

» Les aborigènes du Darien sont de race caraïbe; ils appartiennent aux tribus des Indiens Cunas ou Irraiques, s'appellent *Tule* en leur langue, et ne diffèrent entre eux que par le plus ou moins de sauvagerie. Tous ont l'esprit indépendant, mais il n'y a que les Indiens qui habitent les bords du Canaza tributaire de Bayano et les sources du Chucunaque qui soient vraiment féroces, et qui repoussent à main armée les incursions faites sur leur territoire. Ceux de la côte de l'Atlantique et ceux de Paya surtout, sont fort doux, ils font des échanges avec les chercheurs de caoutchouc qui ont envahi leur patrie, et s'ils souffrent parfois des abus que ces derniers commettent, ils ne se sentent pas assez forts pour interdire l'accès de leurs villages. Quoiqu'il n'y ait pas d'exemple de mélange entre les Indiens et les autres races, le type est en général fort dégénéré. Il y a bien quelques hommes aux traits accentués, aux membres développés, mais la généralité a des formes grêles, une figure ratatinée, et tous les symptômes d'une assez grande dégradation physique; leur chevelure cependant, dont ils prennent grand soin, est belle, abondante, et ne grisonne jamais. Ils s'enduisent fréquemment le corps avec le jus noirâtre d'un fruit appelé *Agua*, qui tient la peau fraîche, et quelquefois ils s'ornent le nez et le front avec une peinture rouge en forme de grecque.

» Les femmes, qui s'occupent de tous les travaux, sans êtres laides, sont peu agréables; un anneau qu'elles se passent dans le nez, ne contribue pas à les embellir; en revanche, les adolescents jusqu'à l'âge de quinze ans sont assez jolis.

» Les hommes chassent et pêchent avec adresse, conduisent les pirogues, et aident un peu les femmes pour déboiser les terres à cultiver, et au moment des semailles ou des récoltes. Ils marchent avec une grande rapidité et se fatiguent assez vite. Ils s'orientent admirablement, grâce à une étonnante mémoire des localités. Une incurable paresse serait le seul de leurs défauts, si le contact des hommes de couleur, qui les ont si souvent trompés, ne les avait rendus faux, vindicatifs et ivrognes. En les traitant avec douceur, justice et fermeté, on peut nouer avec eux des relations assez sûres, mais il ne faut pas compter les assujettir à un travail quelconque, leur dignité exagérée les en empêche. Ils ne sauraient être employés que comme chasseurs ou patrons d'embarcations de rivière, et ne manqueront pas dans l'avenir de fuir le bruit, l'activité débordante résultant d'une grande agglomération d'ouvriers : leur naturel timide et réservé, étant en opposition complète avec l'expansion des races plus vigoureusement trempées, dont ils sont forcés de s'éloigner sous peine de se voir absorber entièrement par elles.

. . . .

» Au Venezuela, à Colon et à Panama surtout, nous fûmes reçus avec enthousiasme. Les ressources abondantes qui existent dans cette dernière ville, les facilités spéciales de communication avec le Darien, l'appui du président de l'État souverain de Panama et des autres autorités m'engagèrent à débuter par le Pacifique.

» M. Lacharme, ingénieur civil, qui habite ordinairement l'Amérique méridionale, ayant rejoint l'expédition le 7 décembre, et le président de Panama, en sa qualité d'agent constitutionnel du gouvernement central de Bogota, ayant nommé les deux ingénieurs délégués et les deux guides qui devaient nous être adjoints, la commission internationale pour l'exploration du Darien se trouva ainsi composée :

» MM. Lucien A.-B. Wyse, lieutenant de vaisseau délégué avec pleins pouvoirs pour commander l'expédition, chargé des services astronomiques et hydrographiques, etc., A. Reclus, lieutenant de vaisseau; O. Bixio, capitaine d'état-major, officier d'ordonnance honoraire du roi d'Italie; G. Musso, ingénieur italien; A. Baudouin, ingénieur civil; L. Lacharme, ingénieur civil; Dr C. Viguier, médecin-naturaliste; V. Celler, ingénieur en chef des ponts-et-chaussées, directeur des études de nivellement; W. Brooks, M. C. E. J., ingénieur anglais chargé du service géologique; B. Gerster, ingénieur d'État austro-hongrois; J. Millat, ingénieur civil; J. Barbiez, ingénieur civil; P. Sosa, ingénieur, premier délégué du gouvernement colombien; R. Pouydesseau, quartier-maître de la marine, adjudant-secrétaire du commandant; J. Lenoan, quartier-maître de la marine ; D. Giocanti, magasinier ; Archibald Balfour, aide-ingénieur, deuxième délégué du gouvernement colombien ; E. Genty, contre-maître foreur ; L. Charlot, aide-opérateur ; C. de Mérendol, aide-opérateur.

» Le 11 décembre, le président Aizpuru, qui tenait à montrer officiellement combien notre mission était agréable et paraissait importante à la Colombie, mit un vapeur à notre disposition et à celle des travailleurs que j'étais parvenu à recruter. Il vint lui-même nous accompagner jusqu'à Chepigana, où se termine le profond et magnifique golfe de San-Miguel. C'est là que commencèrent les opérations.

» Je chargeai M. le lieutenant de vaisseau Reclus de compléter les études sur le régime de la Tuyra maritime, comptant venir l'aider plus tard à en terminer l'hydrographie. C'est aussi cet officier si distingué que je désignai pour me succéder dans le commandement s'il m'arrivait quelque accident. — Jusqu'à Chepigana, où les plus grands navires peuvent venir mouiller, les cartes, sans être parfaites, sont suffisantes, celle surtout dressée par les officiers de la corvette américaine *Resaca*, en 1871, annexée au rapport du *commander* Selfridge est assez bonne. Il existe cependant entre le golfe extérieur et le havre du Darien une troisième passe non indiquée entre Boca-Chica et Boca-Grande ; c'est-à-dire que l'île San-Carlos ou Stanley est séparée en deux par un chenal étroit mais profond.

» Le meilleur mouillage de ce vaste estuaire est au village de la Palma ; la tenue y est bonne, le courant de jusant n'a jamais dépassé 3 milles, bien que la mer y monte de $7^{m},16$ dans les grandes marées de sygyzie, tandis qu'à Chepigana le courant est plus violent et les fonds moins réguliers.

» La Tuyra est très-belle jusqu'au confluent du Chucunaque, et elle pourrait être utilisée pour la grande navigation dans cette partie-là à très-peu de frais. Quelques coups de drague et une ou deux courbes à rectifier, voilà tout ce qu'il y a à faire. Au-dessus du Réal de Santa-Maria, ce magnifique cours d'eau se resserre insensiblement, le jusant diminue de violence, les rives deviennent de plus en plus pittoresques et la végétation plus luxuriante encore. Les terres environnantes sont généralement très-plates et formées d'alluvions vaseuses.

» Le 14, l'expédition que j'avais l'honneur de commander arrivait au village de Pinogana, situé un peu en dessous de la limite des marées, où j'établis, avec l'aide de M. le capitaine Bixio, un dépôt de vivres et de matériel et où fut complété le recrutement des ouvriers nécessaires parmi les hommes de couleur adonnés au dur, mais quelquefois lucratif métier de chercheurs de caoutchouc.

» MM. les ingénieurs Brooks et Baudouin reçurent l'ordre de faire en amont de cette localité avec l'appareil à forer un sondage géologique jusqu'au niveau du plafond du canal projeté. Les échantillons des terrains traversés composés d'alluvions et d'argiles diversement colorées, bonnes pour la fabrication des briques, furent soigneusement étiquetés et conservés. Dès le 18, je faisais exécuter un levé tachéométrique et un nivellement de précision au niveau à bulle d'air en suivant le cours de la Tuyra et de son principal tribütaire, le Paya.

» Aussitôt que les brigades furent convenablement organisées et que le difficile service des approvisionnements nécessaires à soixante hommes dans un pays tout à fait désert fut régulièrement installé, je laissai la direction des campements à M. Bixio et je partis en avant faire une reconnaissance des deux versants entre le Paya et le Cucarica ou Caquirri. J'avais aussi à m'assurer de l'accueil favorable des Indiens Cunas et à prendre des dispositions pour permettre la continuation de notre mission du côté de l'Atrato.

» Je relevai chemin faisant le cours de la Tuyra. Les cartes, même les meilleures et les plus récentes, fourmillent d'erreurs. La position et le nom des affluents sont fort mal indiqués....

» ..... J'obtins du cacique du Paya toutes les facilités désirables, et le 28 décembre je découvris le col du Tihule, le plus bas de toute la contrée. Je m'empressai dès lors de retourner à Pinogana pour communiquer à M. l'ingénieur en chef le résultat de mes observations.

» Le 8 janvier, la commission avait le malheur de perdre l'un de ses membres les plus sympathiques, l'énergique et intelligent capitaine Bixio succombait à une pleurésie bilieuse. Malgré ce funeste événement et pendant que les ingénieurs achevaient leurs opérations sur la Tuyra, j'allai reconnaître les vallées du Capeti, du Pucro et du Tapalisa pour tâcher de trouver un thalweg déprimé permettant d'éviter les collines de schiste et de grès compactes situées près de l'embouchure du Pucro.

» Le Capeti a un cours très-sinueux pendant 18 kilomètres jusqu'au confluent du *rio* Clauta (42 mètres au-dessus du niveau de la mer). Je me dirigeai de cet endroit, en choisissant toujours les points les plus déprimés, sur le village indien de Tapalisa, sur les bords du *rio* du même nom tributaire de gauche du Pucro.

. . . .

» Le 15 janvier, nous étions tous réunis à Paya, à l'exception de M. Baudouin, occupé à un troisième forage près des Asientos del Diablo, et de M. Balfour qui continuait les observations de marées à Chepigana, d'après les instructions laissées par M. Reclus. Le Dr Viguier, imparfaitement guéri, était venu rejoindre son poste et se disposait à établir une ambulance à Paya qui allait servir de point central pendant plusieurs semaines.

» Le 22, nous partîmes pour nous rendre à Pésisi sur l'Atlantique en franchissant la Cordillère par le chemin des Indiens et en suivant le Tulégua jusqu'à son confluent avec le Caquirri. Cette rivière étrange a un régime torrentiel depuis sa source jusqu'un peu en amont de deux grandes obstructions ou *pallissades* formées par des arbres déracinés ; elle devient extrêmement sinueuse, se retrécit et se subdivise en passant sous les sombres arcades d'une forêt touffue à laquelle succède un inextricable fouillis de gigantesques lataniers qui manquent absolument dans la première partie. Les berges s'abaissent de plus en plus, et bientôt c'est à peine si l'on voit émerger un peu de vase noirâtre et fétide. Un silence éternel règne dans ces solitudes habitées seulement par des myriades d'abominables insectes; mais la vie animale reparaît au contraire avec une profusion étonnante en entrant dans la région des grandes herbes ou des prairies flottantes sous lesquelles le Caquirri, devenu tout à coup plus large et profond de 10 mètres, roule avec lenteur ses eaux visqueuses chargées de détritus organiques. Des sauriens gigantesques, des lamentins, d'énormes échassiers à la silhouette bizarre reportent involontairement la pensée sur les époques géologiques disparues et donnent à ce pays aussi curieux que malsain, l'aspect d'un monde inachevé. Notre carte diffère sensiblement du croquis fait à la hâte par le *commander* Selfridge, mais elle est surtout en contradiction complète avec les assertions et les dessins imaginaires des explorateurs *in partibus*.

» On laisse à droite le Perancho qui sort d'un lac ou *cienaga*, le seul qui soit dans ces parages, et l'on arrive enfin à la colline ou *loma* de Cristal qui forme l'extrémité sud d'un petit contrefort. De son sommet on a une bonne vue générale des pays environnants, et l'on remarque fort bien qu'on est au centre de terres basses et vaseuses fréquemment inondées, mais on n'aperçoit pas les marais profonds du Cucarica dont il est fait si souvent mention. Les moustiques et les myriades d'insectes qui n'ont cessé de nous assaillir dans toute la vallée du Caquirri et même dans celle de l'Atrato sont tellement nombreux, tellement insupportables et occasionnent par la privation continuelle de sommeil de tels ennuis et de telles fatigues, qu'on comprend enfin l'insistance que met le *commander* Selfridge à mentionner les tourments qu'ils font subir. Entre la *loma* de Cristal et la *loma* Vieja, qui est complétement isolée, on a encore à franchir des *tapons* ou amas d'herbes et de branches formant des sortes de prairies flottantes, et on débouche enfin dans l'Atrato qui a 500 mètres de large et qui roule ses eaux profondes avec une vitesse d'au moins un mille et demi à l'heure, entre des berges très-peu élevées et couvertes cependant d'une belle végétation. Le vent de Nord, très-frais dans cette saison, rend fort dangereuse, pour une aussi petite pirogue que la nôtre, la navigation de ce fleuve puissant et la traversée du golfe d'Uraba dans lequel nous débouchâmes par le *cano* Doquito. Ce bras, qui n'a guère que 10 mètres de large, est le plus étroit de tous ceux de l'Atrato, sa barre est la plus profonde (1^m,60) et la plus fixe. Cela est dû à la proximité de l'île des Morts qui la protége contre les vents régnants.

» Pesisi ou Turbo compte une population supérieure à celle de Pinogana et offre cependant beaucoup moins de ressources. Du 27 au 30 janvier, je n'avais pu réussir qu'à me procurer une pirogue et trois hommes, et encore il m'avait fallu pour ainsi dire acheter ces derniers aux patrons auxquels ils devaient de l'argent ; au dernier moment ils refusèrent de partir. Il est fort heureux que nous n'ayons pas commencé nos opérations du côté de l'Atlantique, où nous nous serions trouvés sans hommes, sans vivres, sans ressources et sans moyen de s'en procurer promptement. Plusieurs d'entre nous auraient vraisemblablement péri par suite de l'insalubrité plus grande du Caquirri. Malgré sa grande vigueur morale et son habitude des climats chauds et malsains, M. Reclus fut indisposé à diverses reprises, et cependant nous avons été les deux seuls blancs à traverser en entier l'isthme du Darien.

» En partant de Pésisi, je laissai une lettre pour le commandant du navire de guerre qui avait pu être envoyé pour nous aider. Je lui annonçais les raisons qui nous avaient fait abréger nos travaux et je le priais de se procurer tous les renseignements possibles sur les ports compris entre le Tanela et le cap Tiburon.

» Nous sondâmes attentivement les alentours de la bouche d'Uraba par laquelle nous revînmes; des observations furent faites et de nombreux angles pris pour compléter l'hydrographie de l'expédition américaine qui, du reste, est fort bonne; c'est à peine si, en six ans, il y a eu quelques changements dans les atterrissements du fleuve. . . . .

» Nous continuâmes nos observations tout le long du *cano* Uraba qui porte aussi le nom de *rio* de Leon; sa partie antérieure a une largeur moyenne de 80 mètres, et les plus grandes sondes se trouvent rapprochées de la rive droite. Le chenal au nord des îles formées par le fleuve a une tendance à s'oblitérer. Au sud et à l'ouest de ces îles, le *cano* a une largeur moyenne de 200 mètres jusqu'à l'Atrato; ses bords sont dessinés par une luxuriante végétation, mais il n'existe pas de rives à proprement parler ; l'on peut pénétrer en pirogue à travers les arbres qui les composent, la terre est partout submergée, et l'on doit voyager nuit et jour ou camper sur un arbre à l'instar des nombreux singes qui pullulent dans ces vastes forêts aquatiques. La cuisine même ne peut se faire que dans l'embarcation.

» A mon retour à Paya, j'appris la mort de M. Brooks, qui avait succombé, le 26 janvier, à la suite d'une morsure de chauve-souris vampire que son grand âge avait rendue fatale.

» Pendant que la plus grande partie des ingénieurs achevait le nivellement commencé sur la crête, de façon à trancher définitivement la question des dépressions profondes imaginées par les fabricants de projets, M. Baudouin faisait, sans rencontrer de roches cristallines, un quatrième forage au confluent de la Tuyra et du Paya. Devant l'impossibilité d'exécution d'un canal à niveau dans la région que mes instructions me prescrivaient tout d'abord d'examiner, je me décidai à effectuer des recherches sur tous les points du territoire concédé paraissant présenter des probabilités de succès et surtout dans la région étroite, mais complétement déserte et inconnue qui sépare la limite des marées dans la Tuyra et le Chucunaque de la côte de l'Atlantique.

» Dans ce but, je prescrivis à MM. Reclus et Lacharme de niveler en droite ligne depuis le confluent des *quebradas* Aputi et Chuperti avec la Tuyra jusqu'aux environs de Port-Gandi ou Acanti sur l'Atlantique. La direction indiquée correspond à une vallée très-importante que j'avais pu voir du sommet déboisé de la colline de Tuno près de Pinogana. L'exécution d'un pareil nivellement, pour lequel on est obligé de faire une trouée ou *trocha* en pleine forêt vierge, présente des difficultés de toutes espèces dont il est impossible de se rendre compte quand on ne connaît pas les localités. Pendant que MM. Reclus et Lacharme se mettaient courageusement à l'œuvre, je partis pour le Tupisa, grand affluent de gauche du Chucunaque, en relevant le cours, fort négligé jusqu'à présent, de ce dernier fleuve beaucoup plus profond et à pente beaucoup plus douce que la Tuyra.

. . . .

» Le 1er mars, j'allai explorer le massif du Pirri et les célèbres mines de Cana, autrefois les plus importantes du Nouveau-Monde, dont la position a été l'objet de tant de controverses depuis quatre-vingt-dix ans. Toute incertitude doit cesser maintenant, car j'ai rapporté un canon se chargeant par la culasse, fondu à Barcelone en 1744 et portant sur sa volée le nom de *El Mero* et les armes d'Espagne. J'ai trouvé ce canon sous un fourré épais recouvrant actuellement un ancien fort que les Espagnols avaient construit entre le village et les mines pour contenir les révoltes des esclaves ou se défendre contre les incursions des flibustiers guidés par les Indiens insoumis. Depuis quatre ans environ, il s'est formé, au confluent (480 mètres d'altitude) des *rios* Cana et Stegatiti, affluent de droite de la Tuyra supérieure, un hameau d'Indiens dociles du Choco qui pourraient rendre d'utiles services lorsqu'on exploitera les fabuleuses richesses en or, argent et platine, contenues dans les quartz et les calcaires argileux des collines d'Espiritu Santo. Ces ramifications du Pirri, où le Cana prend sa source, occupent presque le centre d'un vaste plateau environné de hautes montagnes où l'on jouit d'une température délicieuse et d'un climat très-sain.

» Ayant appris en revenant à Pinogana que M. Reclus était indisposé et retenu sur les bords du Tesca, affluent de gauche du *rio* Chico, je courus le rejoindre, et nous continuâmes à nous deux le nivellement de précision en descendant le Tesca et en remontant le Chico jusqu'à son confluent avec le Porcona, où nous nous rencontrâmes avec M. Lacharme, venant du nord.

» Pour arriver au Tupisa, près du point que j'avais déjà atteint au mois de février, il fallut modifier vers l'ouest la direction de la Trocha qui courut dès lors presque parallèlement à la côte. Malgré son zèle et son énergie, M. Reclus dut retourner à Pinogana pour s'y reposer, et je me chargeai de continuer le travail commencé au milieu de toutes les difficultés imaginables encore augmentées par des pluies diluviennes. Les côtes obtenues sur le Tupisa et surtout celles qui s'appliquent à son principal affluent de gauche, le Tiati, me récompensèrent du reste de la persévérance déployée. Afin de mettre hors de doute l'exactitude des opérations faites dans des conditions si pénibles, j'écrivis, à Pinogana, à M. l'ingénieur en chef Celler d'envoyer une brigade d'opérateurs raccorder, par une autre voie, le piquet *zéro* de la

Tuyra avec ceux que je venais de planter dans le Tupisa, comptant poursuivre moi-même jusqu'à l'Atlantique.

» Malheureusement, plusieurs ingénieurs étaient déjà partis, et c'est à peine s'il a été possible de songer à accomplir, dans le peu de temps disponible, la moitié de ce programme, grâce au concours actif et dévoué de M. le lieutenant de vaisseau Reclus et de MM. les ingénieurs Lacharme, Musso, Sosa et Millat qui seuls restèrent à leur poste. L'hivernage, venu du reste plus tôt que de coutume, m'a forcé de remettre à une autre époque l'achèvement de travaux aussi neufs que féconds, pour l'exécution desquels il aurait fallu encore six semaines de temps sec et un personnel moins éprouvé.

. . . .

» Toutefois je suis convaincu que par la nature du terrain, la brièveté du parcours, le canal direct par les vallées du Tupisa et du Tiati sera encore plus satisfaisant que celui par la Tuyra et le Caquirri avec les modifications que M. Celler juge les plus avantageuses. Le tracé que je propose aura l'avantage fort apprécié par les marins et les hommes pratiques d'être complètement à niveau et ne présentera qu'un cube relativement restreint de terres à enlever si on se résout à forer un tunnel. Ce souterrain ne saurait effrayer l'industrie moderne, il ne reviendrait qu'à 15,000,000 de francs le kilomètre, grâce à une disposition spéciale que j'ai imaginée, permettant de réduire sa section en facilitant la navigation aux plus grands navires et en supprimant les causes d'avaries. L'exploitation et l'entretien d'un canal dans ces conditions seraient certainement peu coûteux.

» Quel que soit d'ailleurs le projet qu'un minutieux examen comparatif amène finalement à adopter, je me crois en droit de répéter : Le canal interocéanique se fera bientôt et se fera en Colombie si la foi, l'énergie et la persévérance du public intelligent ne font pas défaut à cette entreprise colossale si féconde en vastes conséquences humanitaires et économiques.

Signé : » Lucien M.-B. Wyse,

» Lieutenant de vaisseau. »

Tels sont, sur la situation de l'importante entreprise du canal interocéanique, les plus récents documents ; l'opinion du savant officier chargé de diriger une mission que, en tenant compte de la manière dont elle était composée, on peut, bien que le mérite et l'honneur en reviennent tout entiers à la France, considérer comme internationale, ne laisse aucun doute sur son exécution prochaine.

Quoi qu'il en soit d'ailleurs, la mission de 1876-1877 et la manière heureuse et brillante dont elle a été remplie, associera à jamais le nom de la France au succès de l'entreprise.

FIN.

TABLE

— Lille. Typ. J. Lefort. 1878. —

CHEZ LE MÊME ÉDITEUR

Volumes in-8° à 2 fr. 50 c.

Auvergne (Mgr) : ses voyages au mont Liban, au Sinaï, à Rome, etc.
Château de Bois-le-Brun (le), ou la Famille mixte; par S. Bigot.
Christianisme au Japon (le); par M. le comte de Lambel.
Constantinople, histoire de cette ville célèbre; par M. de Montrond.
Dieu, le Christ, son Eglise, ses Sacrements; par l'abbé Petit, vicaire général de la Rochelle.
Dorsigny (les), ou deux Éducations; par S. Bigot.
Etudes et Portraits; par M. Poujoulat.
Gerbert, archevêque de Reims, pape sous le nom de Sylvestre II : sa vie et ses écrits; par M. l'abbé Loupot.
Laure de Cernan; par S. Bigot.
Lacordaire (le P.); par M. de Montrond.
Musiciens (les), les plus célèbres; par le même.
Naples : histoire, monuments, beaux-arts, littérature. L. L. F.
Poëtes les plus célèbres (les) : français, italiens, anglais, espagnols, etc.
Prélats les plus illustres (les) de la France; par M. de Montrond.
Saint Amand (histoire de), évêque-missionnaire, et Etude sur l'état du christianisme chez les Francs du Nord au VIIe siècle; par l'abbé C. J. Destombes.
Saint Ambroise, évêque de Milan : sa vie et extraits de ses écrits.
Saint Athanase : sa vie et extraits de ses écrits.
Saint Augustin : sa vie et extraits de ses écrits.
Saint Cyprien : sa vie et extraits de ses écrits.
Saint Eloi (vie de), évêque de Noyon et de Tournai, par saint Ouen, traduite et annotée par M. l'abbé Parenty. 2 *gravures sur acier*.
Saint Ephrem : sa vie et extraits de ses écrits.
Saint Grégoire de Nazianze : sa vie et extraits de ses écrits.
Saint Jean Chrysostôme : sa vie et extraits de ses écrits.
Saint Jérôme, prêtre et solitaire : sa vie et extraits de ses écrits.
Saint Laurent, diacre et martyr; par l'abbé Labosse. 4 *gravures*.
Saint Martin, évêque de Tours; par M. de Montrond.
Savants les plus célèbres (les); par le même.
Sicile (la) : souvenirs, récits et légendes; par M. l'abbé V. Postel.
Syrie (la) en 1860 et 1861 : massacres du Liban et de Damas, et expédition française; par M. l'abbé Jobin.
Variétés littéraires; par M. Poujoulat.
Vendeville (Mgr), évêque de Tournai; par le R. P. Possoz.
Wiseman (le cardinal) : étude biographique; par M. de Montrond.

— Lille. Typ. J. Lefort. —

www.ingramcontent.com/pod-product-compliance
Lightning Source LLC
LaVergne TN
LVHW020618060726
842526LV00003B/780

* 9 7 8 2 0 1 3 7 1 2 6 5 1 *